■2025年度中学受験用

埼玉栄中学校

3年間スーパー過去問

●収録内容一覧

入試問題と解説・解答の収録内容

2024年度　１回	算数・社会・理科・国語
2024年度　２回	算数・国語 （解答のみ）
2024年度　３回	算数・社会・理科・国語 （解答のみ）
2023年度　１回	算数・社会・理科・国語
2023年度　２回	算数・国語 （解答のみ）
2023年度　３回	算数・社会・理科・国語 （解答のみ）
2022年度　１回	算数・社会・理科・国語
2022年度　３回	算数・社会・理科・国語 （解答のみ）

～本書ご利用上の注意～　以下の点について，あらかじめご了承ください。

★別冊解答用紙は巻末にございます。本書に収録している試験の実物解答用紙は，弊社サイトの各校商品情報ページより，一部または全部をダウンロードできます。
★編集の都合上，学校実施のすべての試験を掲載していない場合がございます。
★当問題集のバックナンバーは，弊社には在庫がございません（ネット書店などに一部在庫あり）。

合格を勝ち取るための『スーパー過去問』の使い方

本書に掲載されている過去問をご覧になって，「難しそう」と感じたかもしれません。でも，多くの受験生が同じように感じているはずです。なぜなら，中学入試で出題される問題は，小学校で習う内容よりも高度なものが多く，たくさんの知識や解き方のコツを身につけることも必要だからです。ですから，初めて本書に取り組むさいには，点数を気にしすぎないようにしましょう。本番でしっかり点数を取れることが大事なのです。

過去問で重要なのは「まちがえること」です。自分の弱点を知るために，過去問に取り組むのです。当然，まちがえた問題をそのままにしておいては意味がありません。

本書には，長年にわたって中学入試にたずさわっているスタッフによるていねいな解説がついています。まちがえた問題はしっかりと解説を読み，できるようになるまで何度も解き直しをしてください。理解できていないと感じた分野については，参考書や資料集などを活用し，改めて整理しておきましょう。

このページも参考にしてみましょう！

◆どの年度から解こうかな　「入試問題と解説・解答の収録内容一覧」

本書のはじめには収録内容が掲載されていますので，収録年度や収録されている入試回などを確認できます。

※著作権上の都合によって掲載できない問題が収録されている場合は，最新年度の問題の前に，ピンク色の紙を差しこんでご案内しています。

◆学校の情報を知ろう!!「学校紹介ページ」

このページのあとに，各学校の基本情報などを掲載しています。問題を解くのに疲れたら息ぬきに読んで，志望校合格への気持ちを新たにし，再び過去問に挑戦してみるのもよいでしょう。なお，最新の情報につきましては，学校のホームページなどでご確認ください。

◆入試に向けてどんな対策をしよう？「出題傾向＆対策」

「学校紹介ページ」に続いて，「出題傾向＆対策」ページがあります。過去にどのような分野の問題が出題され，どのように対策すればよいかをアドバイスしていますので，参考にしてください。

◇別冊「入試問題解答用紙編」

本書の巻末には，ぬき取って使える別冊の解答用紙が収録してあります。解答用紙が非公表の場合などを除き，（注）が記載されたページの指定倍率にしたがって拡大コピーをとれば，実際の入試問題とほぼ同じ解答欄の大きさで，何度でも過去問に取り組むことができます。このように，入試本番に近い条件で練習できるのも，本書の強みです。また，データが公表されている学校は別冊の１ページ目に過去の「入試結果表」を掲載しています。合格に必要な得点の目安として活用してください。

本書がみなさんの志望校合格の助けとなることを，心より願っています。

株式会社　声の教育社　編集部

埼玉栄中学校

所在地	〒331-0078 埼玉県さいたま市西区西大宮3-11-1
電話	048-621-2121
ホームページ	https://www.saitamasakae-h.ed.jp/
交通案内	JR川越線（埼京線）「西大宮駅」より徒歩4分

くわしい情報はホームページへ

トピックス

★2018年1月に南グラウンドが完成。
★1/10の試験会場は大宮ソニックシティも選択可（参考：昨年度）。

創立年 平成12年 / 男女共学 / 高校募集あり

応募状況

年度	募集数		応募数	受験数	合格数	倍率
2024	①医	50名	1940名	1884名	684名	1.4倍
	①難				419名	
	①進				250名	
	②医	10名	1556名	1498名	596名	1.6倍
	②難				358名	
	③医	30名	805名	674名	180名	1.5倍
	③難				131名	
	③進				128名	
	④医	10名	610名	496名	172名	1.5倍
	④難				149名	
	⑤医	20名	518名	384名	111名	1.4倍
	⑤難				88名	
	⑤進				74名	

※合格数はスライド合格を含まない。

本校の教育

建学の精神「人間是宝」（ヒトは生きた資本であり，資産である）と，校訓「今日学べ」（今日のことは今日やる）のもと，５つ教育目標「①けじめある心を育てる　②自己開発に努力する心を育てる　③創意工夫する心を培う　④敬愛と感謝の心を育てる　⑤健全な体と心をスポーツと文化で育てる」を定め，自己を発展させていく心豊かな人間の育成に努めています。

入試情報（参考：昨年度）

【2024年１回　１月10日　９：00集合】
医学クラス／難関大クラス／進学クラス：４科
【2024年２回　１月10日　14：10集合】
医学クラス／難関大クラス：２科
【2024年３回　１月11日　９：00集合】
医学クラス／難関大クラス／進学クラス：４科
【2024年４回　１月11日　14：10集合】
医学クラス／難関大クラス：２科
【2024年５回　１月13日　９：00集合】
医学クラス／難関大クラス／進学クラス：４科

＊合格発表はいずれの回も試験当日の夜（HP）

2024年春の主な大学合格実績

＜国公立大学・大学校＞
筑波大，茨城大，福井県立大，防衛大

＜私立大学＞
早稲田大，明治大，青山学院大，立教大，中央大，法政大，成蹊大，國學院大，武蔵大，同志社大，日本大，東洋大，駒澤大，専修大，帝京大，昭和大，城西大，東京薬科大，日本歯科大，立命館大

編集部注─本書の内容は2024年4月現在のものであり，変更されている場合があります。正式な情報は，学校のホームページ等で必ずご確認ください。

算数 出題傾向＆対策

◆基本データ（2024年度１回）

試験時間／満点	50分／100点
問題構成	・大問数…４題 計算１題（６問）／応用小問２題（11問）／応用問題１題 ・小問数…19問
解答形式	解答のみを記入する形式で，単位は印刷されている。作図問題は見られない。
実際の問題用紙	Ａ４サイズ，小冊子形式
実際の解答用紙	Ａ４サイズ

◆出題傾向と内容

▶過去３年の出題率トップ３
１位：四則計算・逆算23％　２位：角度・面積・長さ12％　３位：計算のくふう９％
▶今年の出題率トップ３
１位：四則計算・逆算22％　２位：角度・面積・長さ15％　３位：計算のくふう11％

全体を見わたすと，さまざまな分野から出題されていて，かたよりのない構成です。基本となる問題が多く，難問奇問はありません。

計算問題は，小数と分数のまじったものが出ることもあり，やや難解な問題がふくまれることもありますが，落ち着いて取り組みましょう。

応用問題は，いくつもの単元がからみあった複雑な問題はほとんどないものの，広い範囲から出されています。具体的には，濃度，速さ，図形の面積，立体の体積・表面積，調べ，場合の数などが見られます。

◆対策～合格点を取るには？～

まず，計算力を高めるために，標準的な計算問題集を１冊用意して，毎日欠かさずに取り組みましょう。そうすることで，着実に力がついてきます。なかには式をくふうすることで簡単に解ける問題もあるので，演習問題でいろいろな計算のくふうにふれておく必要があります。

図形問題については，面積の求め方，正多角形の内角・外角の求め方，円柱・円すいの体積の求め方など，公式や解き方をノートにまとめ，類題にあたって練習をしておきましょう。特に，円・おうぎ形と正方形・長方形を組み合わせた複合図形は重要です。

分野 ＼ 年度		2024			2023		
		１回	２回	３回	１回	２回	３回
計算	四則計算・逆算	●	●	●	●	●	●
	計算のくふう	◎	◎	◎	◎	◎	◎
	単位の計算						
和と差	和差算・分配算						
	消去算						
	つるかめ算						
	平均とのべ	○					
	過不足算・差集め算				○	○	○
	集まり						
	年齢算						
割合と比	割合と比		○	◎			
	正比例と反比例						
	還元算・相当算	○			○		
	比の性質	○					
	倍数算						
	売買損益						
	濃度	○	○	○		○	○
	仕事算		○	○			○
	ニュートン算						
速さ	速さ						
	旅人算			○	○	○	
	通過算						
	流水算						
	時計算						
	速さと比				○		○
図形	角度・面積・長さ	●	●	◎	●	●	◎
	辺の比と面積の比・相似						○
	体積・表面積	○	○	○	◎	◎	◎
	水の深さと体積				○		
	展開図			○			○
	構成・分割					○	○
	図形・点の移動		○		○		
表とグラフ							
数の性質	約数と倍数		○				
	N進数					○	
	約束記号・文字式		○				
	整数・小数・分数の性質	○					
規則性	植木算						
	周期算	○	○				
	数列				○	○	○
	方陣算						
	図形と規則	○			○		○
場合の数		○	○	○			
調べ・推理・条件の整理			○	○	○	◎	○
その他							

※　○印はその分野の問題が１題，◎印は２題，●印は３題以上出題されたことをしめします。

社会 出題傾向＆対策

◆基本データ(2024年度１回)

試験時間／満点	理科と合わせて50分／50点
問題構成	・大問数…３題 ・小問数…18問
解答形式	記号選択と用語の記入が大半をしめているが，記述問題も出されている。
実際の問題用紙	Ａ４サイズ，小冊子形式
実際の解答用紙	Ａ４サイズ

◆出題傾向と内容

●**地理**…各地方の地図を取り上げて，地域の特ちょう的な自然，産業などが中心に出題されています。また，山地・山脈や河川・平野といった国土や自然についても問われることがあります。はば広い知識が必要となるので，都道府県それぞれの自然，工業，農業，水産業，歴史との関連などを整理しておさえておく必要があります。

●**歴史**…試験回ごとに扱われるテーマや時代が異なりますが，全体としてはば広い時代から出題されています。人物・できごとについては混同しないように気をつけて覚えるとともに，重要な用語は漢字で書けるようにしておきましょう。

●**政治**…日本国憲法を題材に出題されており，グラフの読み取り，人権と社会保障について問われています。また，時事的な問題が出題されることもあるので，政治や経済の重要な動きには，新聞やテレビなどを通じて日ごろから関心を寄せておくことが必要です。

分野 ＼ 年度			2024		2023		2022	
			1回	3回	1回	3回	1回	3回
日本の地理		地図の見方				○		
		国土・自然・気候	○	○	○	○		○
		資源						
		農林水産業	○	○	○			○
		工業			○			○
		交通・通信・貿易	○	○	○		○	
		人口・生活・文化			○	○	○	
		各地方の特色	★	★	★	★	★	★
		地理総合		★				
世界の地理								
日本の歴史	時代	原始～古代	★					
		中世～近世		★	○		○	○
		近代～現代			○	★		
	テーマ	政治・法律史						
		産業・経済史						
		文化・宗教史						
		外交・戦争史		★			★	★
		歴史総合			★			
世界の歴史								
政治		憲法	○		○		○	
		国会・内閣・裁判所	○	★	★	★		
		地方自治						
		経済						★
		生活と福祉						
		国際関係・国際政治						
		政治総合	★				★	
環境問題							○	○
時事問題				○				
世界遺産				○			○	
複数分野総合								

※　原始～古代…平安時代以前，中世～近世…鎌倉時代～江戸時代，近代～現代…明治時代以降
※　★印は大問の中心となる分野をしめします。

◆対策～合格点を取るには？～

はば広い知識が問われていますが，問題のレベルは標準的ですから，まず，基礎を固めることを心がけてください。教科書のほか，説明がていねいでやさしい標準的な参考書を選び，基本事項をしっかりと身につけましょう。

地理分野では，地図とグラフ・表が欠かせません。つねにこれらを参照しながら，白地図作業帳を利用して地形と気候をまとめ，そこから産業のようす(もちろん統計表も使います)へと広げていってください。

歴史分野では，教科書や参考書を読むだけでなく，自分で年表を作って覚えると学習効果が上がります。できあがった年表は，各時代，各分野のまとめに活用できます。本校の歴史の問題にはさまざまな分野が取り上げられていますから，この作業はおおいに威力を発揮するはずです。

政治分野では，日本国憲法の基本的な内容と三権についてはひと通りおさえておいた方がよいでしょう。また，時事問題については，新聞やテレビ番組などでニュースを確認し，国の政治や経済の動き，世界各国の情勢などについて，ノートにまとめておきましょう。

理科 出題傾向＆対策

◆基本データ（2024年度１回）

試験時間／満点	社会と合わせて50分／50点
問題構成	・大問数…５題 ・小問数…25問
解答形式	記号選択や用語，数値の記入のほかに，作図問題も見られる。
実際の問題用紙	Ａ４サイズ，小冊子形式
実際の解答用紙	Ａ４サイズ

分野＼年度		2024		2023		2022	
		1回	3回	1回	3回	1回	3回
生命	植物	○		○		○	★
	動物	★	★		★		
	人体			★		★	○
	生物と環境						
	季節と生物						
	生命総合						
物質	物質のすがた			○	★		
	気体の性質		○	○		★	★
	水溶液の性質	○					
	ものの溶け方						
	金属の性質			★			
	ものの燃え方		★				○
	物質総合						
エネルギー	てこ・滑車・輪軸			★			
	ばねののび方						
	ふりこ・物体の運動	○	★		★		○
	浮力と密度・圧力	★				○	
	光の進み方	★		○	○	★	
	ものの温まり方		○				
	音の伝わり方	○				○	★
	電気回路		○				
	磁石・電磁石						
	エネルギー総合						
地球	地球・月・太陽系				★		★
	星と星座				○	★	○
	風・雲と天候	★		★		○	
	気温・地温・湿度						
	流水のはたらき・地層と岩石		★				
	火山・地震	○	○	○			
	地球総合						
実験器具							
観察							
環境問題							
時事問題							
複数分野総合		★	★	★	★	★	★

※　★印は大問の中心となる分野をしめします。

◆出題傾向と内容

総小問数はそれほど多くなく，試験時間に見合った適量といえます。とりわけ難しいものはありませんが，日常的な観察力が求められる問題です。また，昨年起きた理科に関するできごとが出題されることもあります。

●**生命**…こん虫のつくりと分類，植物のつくりとはたらき，せきつい動物の分類，人体などが，バランスよく出題されています。

●**物質**…水溶液の性質と分類，金属と気体の発生，実験の方法，気体の性質，ものの燃え方，気体の発生と分類，エタノールや化石燃料などが取り上げられています。問題文の長いものが見られますので，注意深く読むようにこころがけましょう。

●**エネルギー**…てこのつり合い，ふりこの運動，ものの温まり方，光の進み方，磁石などが出されています。

●**地球**…天体の動き，星の明るさ，太陽の動き，雲と天気の移りかわり，台風，地層などについての問題が見られます。

◆対策～合格点を取るには？～

出題される分野にかたよりはありません。したがって，すべての内容について基礎的な知識をはやいうちに身につけ，そのうえで問題集で演習をくり返しながら実力アップをめざしましょう。

「生命」は，身につけなければならない基本知識の多い分野ですが，山登りでもする気持ちで，一歩一歩楽しみながら確実に学習する心がけが大切です。

「物質」では，気体の発生や水溶液の性質に重点をおいて学習してください。そのさい，中和反応や濃度など，表やグラフをもとに計算する問題にも積極的に取り組むように心がけてください。

「エネルギー」は，かん電池のつなぎ方や電流，電熱線なども出題が予想される単元です。ばねののび方やてこのつり合いとあわせて，しっかりと学習しておきましょう。

「地球」では，太陽・月・地球の動き，季節と星座の動き，天気と気温・湿度の変化，地層のでき方などが重要なポイントです。

なお，環境問題や身近な自然現象に日ごろから注意をはらうことや，テレビの科学番組，新聞・雑誌の科学に関する記事，読書などを通じて科学にふれることも大切です。

国語 出題傾向＆対策

◆基本データ（2024年度１回）

試験時間／満点	50分／100点
問題構成	・大問数…４題 文章読解題２題／知識問題２題 ・小問数…30問
解答形式	記号選択のほか，適語・適文の書きぬき，文章中のことばを使ってまとめる記述問題など，バラエティーに富んでいる。
実際の問題用紙	Ａ４サイズ，小冊子形式
実際の解答用紙	Ａ３サイズ

◆出題傾向と内容

▶近年の出典情報（著者名）
説明文：森　博嗣　長澤信城　山口真美
小　説：青山七恵　壁井ユカコ　重松　清

●読解問題…大問１題あたり小設問が10問程度あります。出題内容は典型的なものばかりで，小説・物語文では場面，登場人物の気持ちや性格の読み取りが，説明文・論説文では段落のつながりや要点・要旨の読み取りが中心となっています。そのほか，接続語や副詞などの補充，指示語の内容，表現技法，大意なども出題されています。

●知識問題…漢字の書き取りが10問ほど出されます。ほかに，慣用句の完成，表現技法，文の成分，助詞・助動詞の用法なども取り上げられています。

◆対策～合格点を取るには？～

入試で正しい答えを出せるようにするためには，なるべく多くの読解問題にあたり，出題内容や形式に慣れることが大切です。問題集に取り組むさいは，指示語の内容や接続語に注意しながら，文章がどのように展開しているかを読み取ること。答え合わせをした後は，漢字やことばの意味を辞書で調べるのはもちろん，正解した設問でも解説をしっかり読んで解答の道すじを明らかにし，本番で自信を持って答えられるようにしておきましょう。

知識問題については，分野ごとに，短期間に集中して覚えるのが効果的です。漢字については，毎日少しずつ学習するとよいでしょう。

分野＼年度			2024			2023		
			1回	2回	3回	1回	2回	3回
読解	文章の種類	説明文・論説文	★	★	★	★	★	★
		小説・物語・伝記	★	★	★	★	★	★
		随筆・紀行・日記						
		会話・戯曲						
		詩						
		短歌・俳句						
	内容の分類	主題・要旨	○	○	○	○	○	○
		内容理解	○	○	○	○	○	○
		文脈・段落構成		○	○		○	○
		指示語・接続語	○	○	○	○	○	○
		その他	○	○	○	○	○	○
知識	漢字	漢字の読み						
		漢字の書き取り	★	★	★	★	★	★
		部首・画数・筆順						
	語句	語句の意味			○	○	○	
		かなづかい						
		熟語	○	○	○	○	○	○
		慣用句・ことわざ	○	○		○	○	○
	文法	文の組み立て			○			
		品詞・用法		○		○	○	
		敬語						
	形式・技法			○	○	○	○	○
	文学作品の知識							
	その他							○
	知識総合		★	★	★	★	★	★
表現	作文							
	短文記述							
	その他							
放送問題								

※　★印は大問の中心となる分野をしめします。

カコを追いかけ
ミライをつかめ

2025年度 中学受験用

埼玉栄中学校 3年間スーパー過去問

をご購入の皆様へ

お詫び

本書、埼玉栄中学校の入試問題につきまして、誠に申し訳ございませんが、以下の問題は著作権上の都合により掲載することができません。設問と解答は掲載してございますので、ご必要とされる方は原典をご参照くださいますよう、お願い申し上げます。

記

2024年度〈第2回試験〉国語 一 の問題文

以上

株式会社 声の教育社 編集部

2024年度 埼玉栄中学校

【算　数】〈第１回試験〉（50分）〈満点：100点〉

※問題を解く上で，円周率を利用するときは3.14としなさい。

1 次の計算をしなさい。(6) については，□にあてはまる数を答えなさい。

(1) $11+36\div4\div3-8$

(2) $3\frac{1}{4}+4\frac{2}{3}-5\frac{1}{2}$

(3) $1.2\times\frac{1}{6}+3.4\times\frac{2}{17}+5.6\times\frac{3}{28}+7.8\times\frac{4}{39}+90\times0.2$

(4) $412\times523+413\times298+414\times179$

(5) $\frac{1}{2}+\frac{1}{6}+\frac{1}{12}+\frac{1}{20}+\frac{1}{5\times6}$

(6) $4\times\left\{\square\div2+(100-64)\times\frac{1}{6}\right\}=2024$

2 次の問いに答えなさい。

(1) [2]，[4]，[6]，[8] の4枚のカードを使って4けたの整数をつくります。
4けたの整数は，全部で何通りできるか答えなさい。

(2) ある年の9月19日は火曜日でした。この年の3月20日は何曜日であったか答えなさい。

(3) ある製品を注文したところ，注文した個数より12個不足して届きました。 また，届いた製品の4%が不良品でした。このため，良品の個数は，注文した個数の$\frac{8}{9}$でした。注文した製品の個数は何個か答えなさい。

(4) クラスで算数のテストをしました。男子22人の平均点は74.5点で女子18人の平均点は78点でした。このクラス全体の平均点を小数第2位を四捨五入して求めなさい。

(5) 1から30までの整数をかけた数には，おわりに0が何個つくか答えなさい。

(6) 3つの容器A，B，Cがあり，A，Bには食塩水100g，Cには水100gが入っています。まずA，B，Cからそれぞれ10gずつ取り出します。そして，Aから取り出したものをBに，Bから取り出したものをCに，Cから取り出したものをAに入れてそれぞれよくかき混ぜます。すると，Bには12%の食塩水，Cには1%の食塩水ができました。このとき，Aには何%の食塩水ができるか答えなさい。

(7) 次の図のように，同じ大きさの碁石を正三角形の形に並べます。次の問いに答えなさい。

① 1辺の個数が5個のとき，碁石の数は全部でいくつになるか答えなさい。

② 1辺の個数が102個のとき，碁石の数は全部でいくつになるか答えなさい。

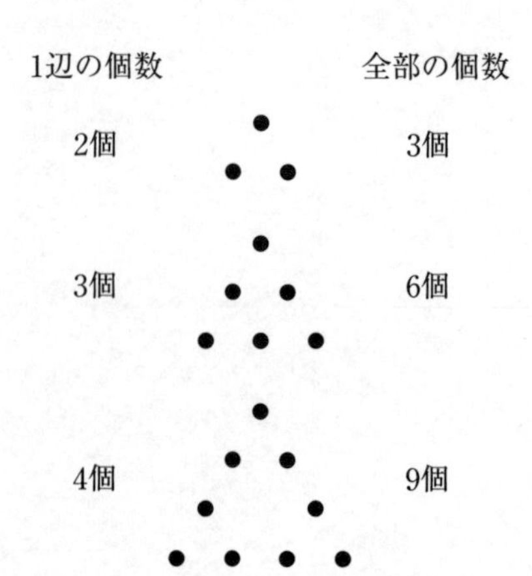

3 次の問いに答えなさい。

(1) 次の図において直線アと直線イと直線ウは平行で，八角形ABCDEFGHは正八角形です。角aの大きさを求めなさい。

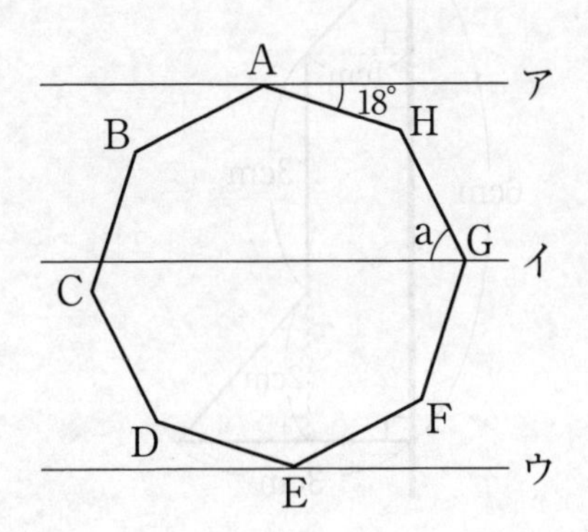

(2) 次の図のように正方形ABCDの中に長辺が短辺の2倍である長方形EFGHがあります。このとき，斜線部(しゃせんぶ)の面積を求めなさい。ここで，ACとEFとHGは平行であるとします。

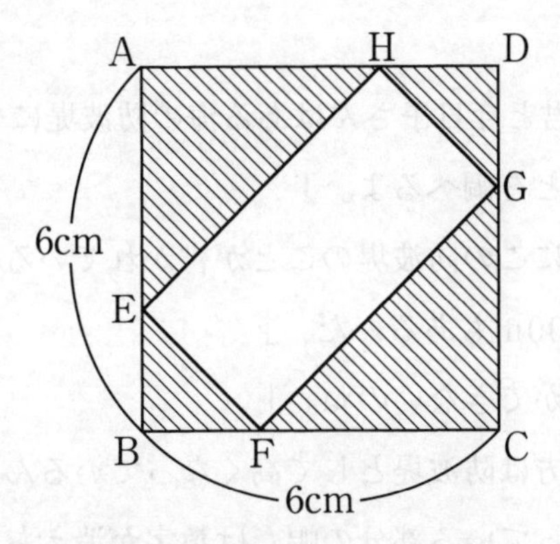

(3) 右の図において，AB＝12cmを直径とする半円ABに対して，辺ABを1：2に分ける点をCとします。ACを直径とする半円とCBを直径とする半円をかき足したとき，色のついた部分の図形のまわりの長さを求めなさい。

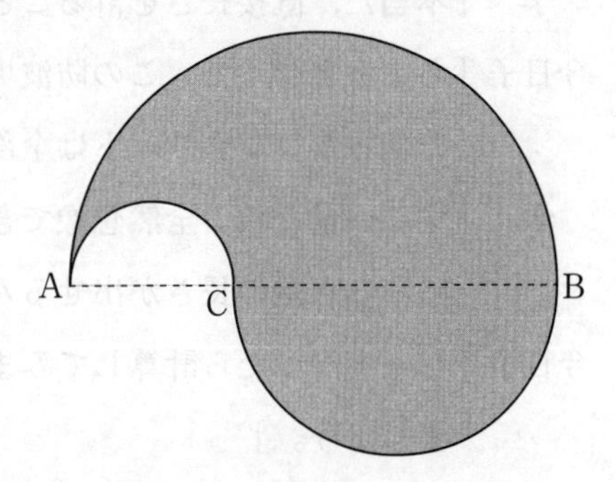

(4) 次の図のように図形を直線Lのまわりに1回転させてできる立体の体積を求めなさい。

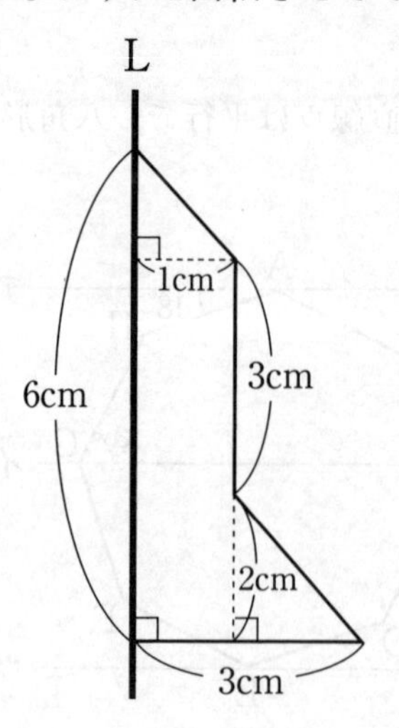

4 次の文章を読んで問いに答えなさい。

夏休みの調べ学習の宿題で学君と今日子さんはある海の防波堤(ぼうはてい)にやってきました。

学　「今日はこの防波堤のことを調べるよ。」

今日子「学君見て，入口の看板にこの防波堤のことが書かれているわ。」

学　「どれどれ，すごい！ 400mもあるんだ。」

今日子「だけど片方でしか釣(つ)りができないのね。」

学　「見て，釣りができない方は防波堤として高くなっているんだね。」

今日子「あれ，断面図の高くなっている部分の幅(はば)だけ数字が消えちゃっているわ。」

学　「本当だ，直接長さを計ることもできないし，長さを調べられないかな。」

今日子「ちょっと待って，この防波堤のことがほかにも書いてあるわ。海から出ている部分で使ったコンクリートは全部で18,400トンにもなるそうよ！」

学　「すごい量だね！全然想像できないよ。そうだ，コンクリートの重さを調べれば消えちゃった幅の長さが出せるんじゃないかな？」

今日子「じゃあ帰ったら計算してみましょう。今度はここで何が釣れたかアンケート調査しましょう。」

後日

学　「みんなアンケートに協力してくれたおかげでいい調査ができたね。」

今日子「この日に釣れた魚のほとんどは『アジ』『イワシ』『サバ』の3種類だったみたいね。」

学　「全部で850匹釣れたみたいだよ。釣れた魚の比率は『アジ』と『イワシ』は9：7で『イワシ』と『サバ』は4：3だったよ。」

今日子「分かったわ。そういえばコンクリートの重さについて調べてみたけど，$1m^3$で2.3トンらしいわ。」

学　「普段（ふだん）あんまり使わない単位だからちょっとピンとこないけど，これをまとめて発表しよう。」

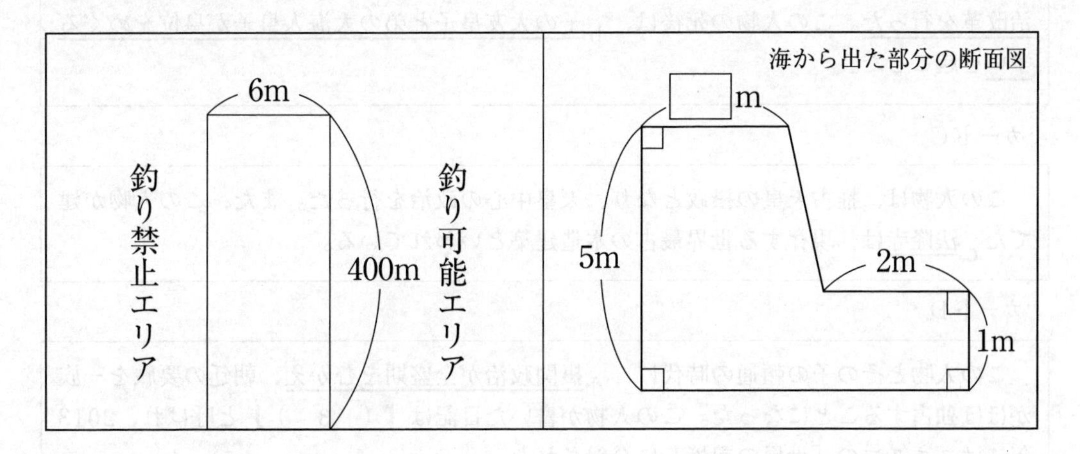

(1)　上の図の［　　　］の部分を求めなさい。

(2)　この日に釣れた『アジ』の数を求めなさい。

【社　会】〈第１回試験〉（理科と合わせて50分）〈満点：50点〉

1　次の資料（カードＡ～Ｄ）を見て、あとの問いに答えなさい。

カードＡ

この人物は、貴族や僧の間で勢力争いが激しくなり、政治が混乱したことから、都を（　1　）に移して政治の立て直しを図った。また、征夷大将軍に任命した坂上田村麻呂の軍を派遣し、（　2　）と呼ばれた東北地方で朝廷の支配に抵抗していた人々を降伏させた。

カードＢ

この人物は、中臣鎌足とともに蘇我氏をたおし、ａ天皇中心の国づくりをめざして政治改革を行った。この人物の死後は、ｂ子の大友皇子と弟の大海人皇子が皇位をめぐる争いを起こした。

カードＣ

この人物は、推古天皇の摂政となり、天皇中心の政治を行った。また、この人物が建てたｃ法隆寺は、現存する世界最古の木造建築といわれている。

カードＤ

この人物とその子の頼通の時代に、ｄ摂関政治が全盛期をむかえ、朝廷の要職を一族がほぼ独占することになった。この人物が書いた日記は『（　3　）』と呼ばれ、2013年にはユネスコの「世界の記憶」に登録された。

問1　カードＡについて、あとの問いに答えなさい。

①　空欄（1）に適する語句を次のア～エから選び、記号で答えなさい。

ア　藤原京　　イ　平城京　　ウ　福原京　　エ　平安京

②　空欄（2）に適する語句を次のア～エから選び、記号で答えなさい。

ア　アイヌ　　イ　イヌイット　　ウ　隼人　　エ　蝦夷

問2　カードＢについて、あとの問いに答えなさい。

①　下線部ａの政治改革を何といいますか。

②　下線部ｂの名称として適する語句を次のア～エから選び、記号で答えなさい。

ア　壬申の乱　　イ　承久の乱　　ウ　保元の乱　　エ　平治の乱

問3　カードCについて、あとの問いに答えなさい。

①　下線部cにある彫刻として適するものを次のア～エから選び、記号で答えなさい。

ア

イ

ウ

エ

②　カードCの人物が行った政策として正しくないものを次のア～エから選び、記号で答えなさい。

ア　冠位十二階の制定　　イ　十七条の憲法の制定

ウ　大宝律令の制定　　エ　遣隋使の派遣

問4　カードDについて、あとの問いに答えなさい。

①　下線部dについて、この一族が栄華を極めたことを表す歌として正しいものを次のア～エから選び、記号で答えなさい。

ア　太平の眠気をさます上喜撰たった四杯で夜もねられず

イ　この世をばわが世とぞ思う望月の欠けたることも無しと思えば

ウ　小早川加藤小西が世にあらば今宵の月をいかに見るらん

エ　白河の清きに魚のすみかねて元のにごりの田沼こいしき

②　空欄（3）に適する語句を次のア～エから選び、記号で答えなさい。

ア　御堂関白記　　イ　土佐日記　　ウ　更級日記　　エ　小右記

問5　カードA～Dのできごとを古いものから順に並べかえたときに、3番目にくるものをアルファベットで答えなさい。また、そのカードに書かれている人物名を漢字で答えなさい。

2　中部地方について、あとの問いに答えなさい。

【略地図①】

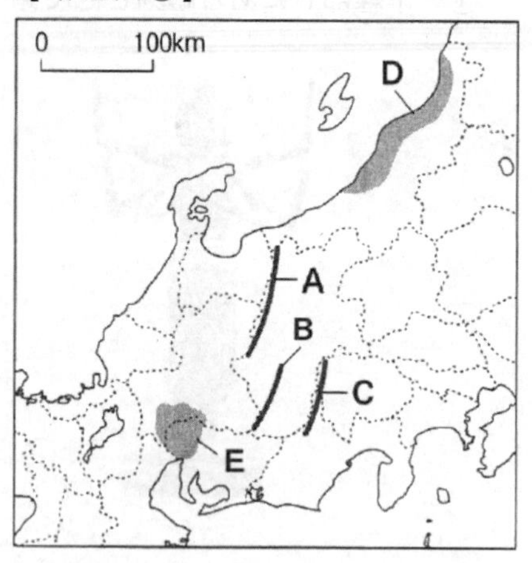

問1　略地図①中にあるＡ・Ｂ・Ｃの山脈の組み合わせとして、正しいものを次のア～エから選び、記号で答えなさい。

ア　Ａ：飛騨山脈　Ｂ：木曽山脈　Ｃ：赤石山脈
イ　Ａ：木曽山脈　Ｂ：赤石山脈　Ｃ：越後山脈
ウ　Ａ：赤石山脈　Ｂ：越後山脈　Ｃ：飛騨山脈
エ　Ａ：越後山脈　Ｂ：飛騨山脈　Ｃ：木曽山脈

問2　略地図①中にあるＤの平野を説明した文章として、正しいものを次のア～エから選び、記号で答えなさい。

ア　平野全体が水面よりも低地となっており、冬場には山地からからっ風がふきおろす。
イ　大部分が稲作の単作地帯であり、日本有数の穀倉地帯となっている。
ウ　利根川や長良川など、大きな川からの土砂が堆積したことでこの平野がつくられた。
エ　日本海沿岸は砂丘地帯が広がり、沼や池が点在する日本最大のリンゴの栽培地となっている。

問3　略地図①中にあるＥの平野を流れる河川の組み合わせとして、正しいものを次のア～エから選び、記号で答えなさい。

ア　天竜川・揖斐川・富士川
イ　木曽川・富士川・揖斐川
ウ　揖斐川・木曽川・長良川
エ　長良川・木曽川・天竜川

【略地図②】

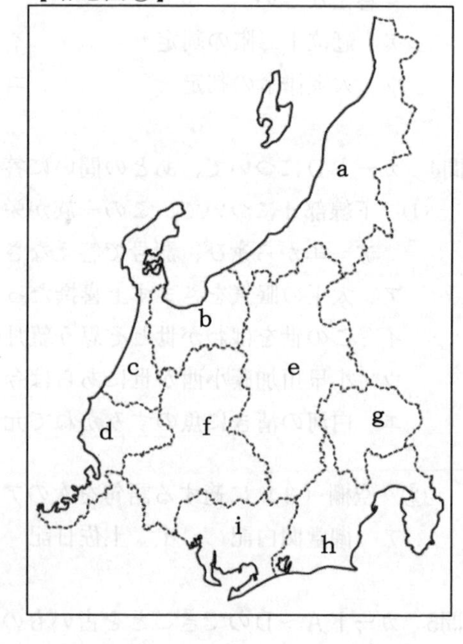

問4　略地図②中にあるａ～ｉの県の中で、県庁所在地名が県名と異なり、政令指定都市にも定められている県をａ～ｉから選び、記号で答えなさい。

問5　次の雨温図は略地図②中のａ～ｉのいずれかのものです。雨温図と該当する県の記号の組み合わせとして正しいものを次のア～エから選び、記号で答えなさい。

ア　①ａ　②ｆ　③ｈ
イ　①ｄ　②ｇ　③ｉ
ウ　①ｅ　②ｉ　③ｂ
エ　①ｈ　②ｅ　③ｃ

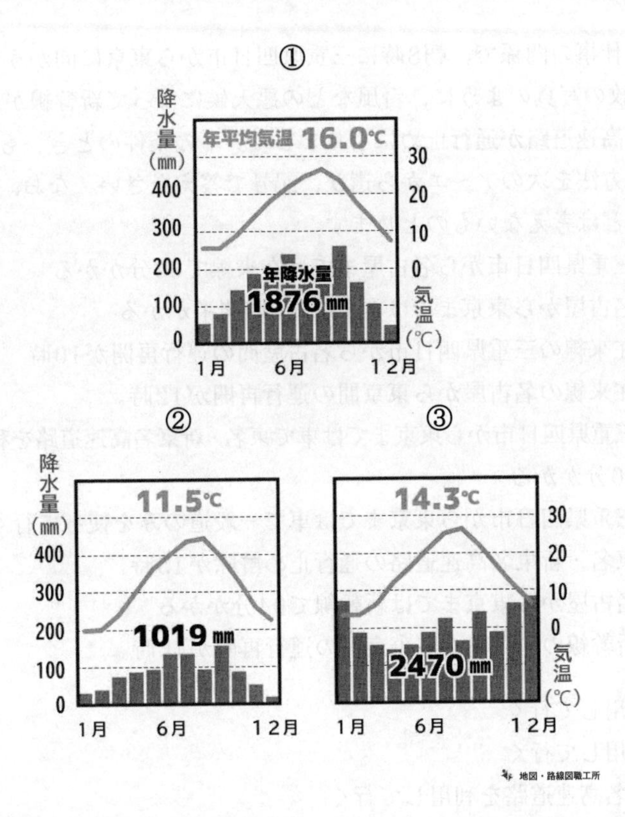

問6　栄吉くんは夏休みに中部地方へ旅行に行きました。栄吉くんの感想を読み、行き先を略地図②中のａ～ｉから選び、記号で答えなさい。また、文中の（①）と（②）に入る適切な語句を下の語群からそれぞれ選び、記号で答えなさい。

ぼくは夏休みに（　①　）とリンゴの生産量が日本有数である県の避暑地・別荘地に観光に行きました。アウトレットで買い物をしたり、大自然を満喫し、帰りには冬場のワカサギ釣りで有名な信州一の大きさを誇る（　②　）湖の花火大会を観覧して帰ってきました。

語群：ア　みかん　　イ　自動車　　ウ　ぶどう　　エ　山中　　オ　諏訪

問7　栄吉くんは世界文化遺産のある観光地に車で出かけ、右の写真を撮りました。この写真に写る建物は合掌造りと呼ばれますが、合掌造りの特徴を地域の気候に着目しながら説明しなさい。

問8　栄吉くんは、仕事の関係で、朝8時に三重県四日市から東京に向かう予定です。ところが、下の2枚の写真のように、台風などの悪天候によって新幹線が運転を見合わせ、東名・新東名高速道路が通行止めになりました。下の条件のとき、もっとも早く目的地に到着する方法を次のア～エから選び、記号で答えなさい。なお、渋滞や乗り換えの待ち時間などは考えないものとします。

条件：①　三重県四日市から名古屋までは在来線で60分かかる
②　名古屋から東京までは在来線で6時間半かかる
③　在来線の三重県四日市から名古屋間の運行再開が10時
④　在来線の名古屋から東京間の運行再開が12時
⑤　三重県四日市から東京までは車で東名・新東名高速道路を利用すると4時間30分かかる
⑥　三重県四日市から東京までは車で一般道のみを使って行くと9時間かかる
⑦　東名・新東名高速道路の通行止め解除が13時
⑧　名古屋から東京までは新幹線で94分かかる
⑨　新幹線の名古屋から東京間の運行再開が16時

ア　新幹線を利用して行く
イ　在来線を利用して行く
ウ　東名・新東名高速道路を利用して行く
エ　一般道のみを使って車で行く

※この写真の情報は、問題の条件とは関係ありません。

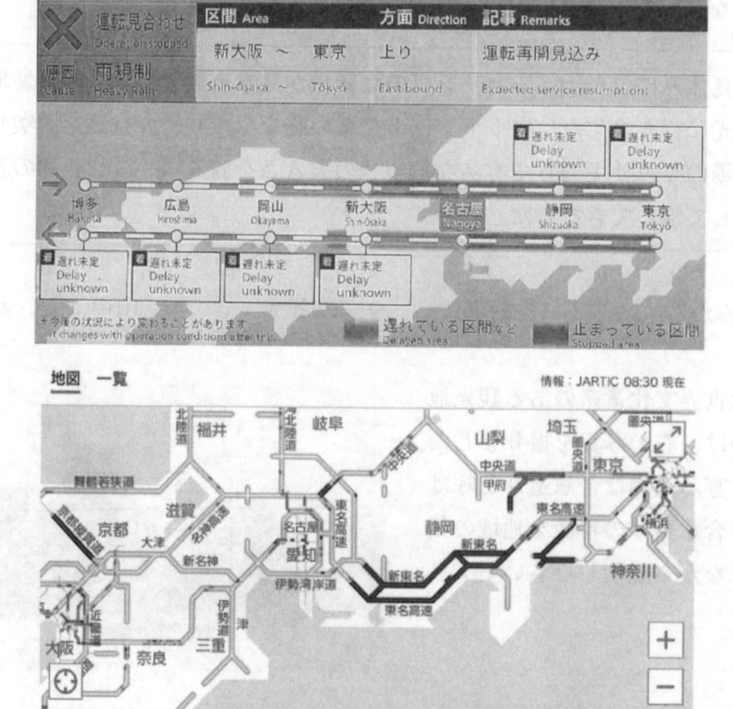

3 埼玉栄中学校では、行事で国会議事堂や官公庁を訪問します。次の文章は、訪問の様子をまとめた記事です。これを読み、あとの問いに答えなさい。

> **タイトル**：中学2年生難関大コースの生徒が官公庁を訪問しました。
>
> 投稿日：9月20日
>
> 9月12日に難関大コースの生徒による官公庁訪問が行われました。その時の様子をお伝えします。まず、日比谷公園の噴水広場に集合したのち、①事前に選択した省庁に班ごとに見学を行いました。また、②首相官邸を見学した班もありました。
>
> 各省庁の見学終了後、再度集合し昼食をとった後、③国会議事堂と④最高裁判所に分かれて見学を行いました。
>
> 見学が終わった後は、自由に周辺を散策し、⑤皇居や東京駅周辺を見て回る生徒が多くいました。

問1 下線部①について、次の4つの文章は、行事の後に各班が提出した報告書の一部です。これを読み、下のア～オの中から**どの班も訪れていない省**を選び、記号で答えなさい。

> 1班 見学報告
> この省の見学を希望した理由は、災害時に官邸と連携して全国の防災について検討する防災センターがあり、それを見学したかったからです。また、新幹線よりも高速なリニアモーターの普及による将来の交通網の変化についても教えてもらいました。

> 2班 見学報告
> 私がこの省に興味を持ったのは、義務教育で使用される教科書が無償で配布されているということを知ったからです。担当の方のお話を聞いて、教育のみならずスポーツの振興などもされていることを知りました。

> 3班 見学報告
> 私は、死刑制度についてとても関心があります。なぜ日本では認められるようになったのか、その経緯について聞いてみたかったのでこの省を見学することにしました。古い資料などもたくさんあり、今度は個人で訪れたいと思いました。

> 4班 見学報告
> 私は日本の将来に不安を感じています。年金や生活保護といった社会の仕組みがどのように運用されているのか知りたくなり、この省を見学することにしました。これをきっかけに福祉政策についてより深く学ぼうと考えました。

ア 文部科学省　イ 法務省　ウ 国土交通省　エ 経済産業省
オ 厚生労働省

問2 下線部②について、首相の権限として正しいものを次のア～エから選び、記号で答えなさい。

ア 法律が憲法に違反していないか審査することができる。
イ 国務大臣を任命することができる。
ウ 消費税率を変更することができる。
エ 国会議員の職を解くことができる。

問3　下線部③について、下の文章は国会議事堂を訪問した生徒が、SNSに投稿した記事です。この生徒が訪れた場所を後の国会議事堂のイラストのア～エから選び、記号で答えなさい。

やっほー (^)o(^)
今日は、みんなで国会見学してるよー。小学4年生の時以来かな。
ここがどこかわかるひと―？
ヒントは優越っていうのが認められた人たちの本会議場だよ！

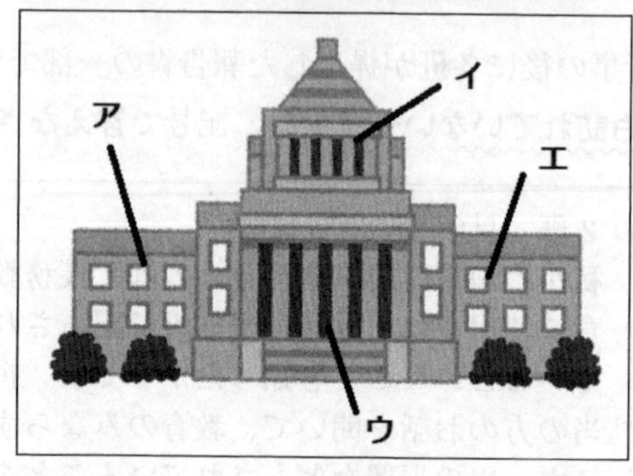

問4　下線部④について、最高裁判所の説明として正しいものを次のア～エから選び、記号で答えなさい。

ア　すべての裁判が最高裁判所での最終的な判決がでるまで続くことになっている。
イ　最高裁判所で扱う事件は殺人事件に限定されることになっている。
ウ　最高裁判所の裁判官は国民審査を受けることになっている。
エ　最高裁判所によって憲法改正の発議が行われることになっている。

問5　下線部⑤に関連して、天皇の地位について定めた次の条文の空欄【Ａ】～【Ｄ】に入らないものを下のア～オから選び、記号で答えなさい。

【憲法第１条】
天皇は、日本国の【　Ａ　】であり日本国民【　Ｂ　】の【　Ａ　】であって、この地位は、主権の存する日本国民の総意に基づく

【憲法第４条第１項】
天皇は、日本国【　Ｃ　】の定める【　Ｄ　】行為のみを行い、国政に関する権能を有しない

ア　権利　　イ　統合　　ウ　象徴　　エ　国事　　オ　憲法

【理　科】〈第１回試験〉（社会と合わせて50分）〈満点：50点〉

1　以下の各問いに答えなさい。

問1　山の頂上から向かいの山に向かって大声を出したところ、2.5秒後にこだまが返ってきました。空気中の音の速さを秒速340mとすると、この山から向かいの山までの距離は何mか答えなさい。

問2　アルカリ性の溶液の性質として正しいものを次の選択肢から選び、記号で答えなさい。

ア　BTB溶液を緑色から黄色に変化させる。
イ　フェノールフタレイン溶液を無色から青色に変化させる。
ウ　赤色リトマス紙を青色に変化させる。
エ　鉄と反応して水素を発生する。

問3　花のはいしゅが子房でつつまれている植物を何というか答えなさい。

問4　地震のゆれが発生した場所の真上に位置する地表の地点を何というか答えなさい。

問5　ふり子の周期を長くするための方法として正しいものを次の選択肢から選び、記号で答えなさい。

ア　おもりを重くする　　イ　おもりを軽くする
ウ　ひもを長くする　　エ　ひもを短くする
オ　振れ幅を大きくする　　カ　振れ幅を小さくする

2　次の会話と文章を読んで、後の各問いに答えなさい。

今日子：次の春休みに家族で川へキャンプをしに行くことになったよ。
学　：川遊びなんていいね。
今日子：うん、楽しみ。でも、泳ぎが不得意だから少し不安なの。
学　：気をつけないといけないね。人は水に浮くって言うけど、本当かな？
今日子：えーと…①川と海で違いがあるみたいだけど、川の場合は人の②体積の2%が水面から出るみたいだよ。
学　：それって頭を上にしたときに、何cmくらい水面に頭を出せるのかな。
今日子：難しいね…仮に人を縦20cm、横40cm、高さ150cmの直方体として考えると（　1　）cmだけ水面から出るね。
学　：それじゃあ、呼吸ができないよ。ああ、そうか、だからあおむけで浮くようにしないといけないんだね。

今日子：そうだね。肺の中の空気の量でも変化するらしいから、やはりライフジャケットを着ていないといけないね。

学　：中学校で習った浮力の勉強が活かされた気がするよ。理科は面白いね。

※ 淡水（川の水も含む）は1cm^{3}あたり１gとします。

問1　文章中の下線部①について、人は海と川ではどちらのほうが浮きやすいですか。その理由として正しいものを、次の選択肢から選び、記号で答えなさい。

ア　海水のほうが淡水よりも密度が大きいので海のほうが浮きやすい。
イ　海水のほうが淡水よりも密度が大きいので川のほうが浮きやすい。
ウ　海水のほうが淡水よりも密度が小さいので海のほうが浮きやすい。
エ　海水のほうが淡水よりも密度が小さいので川のほうが浮きやすい。

問2　文章中の下線部②の場合、人の1cm^{3}あたりの重さは何gか答えなさい。

問3　文章中の空欄（　１　）にあてはまる数値を答えなさい。

浮力が生活に利用されている例として、水洗トイレの貯水タンクがあります。トイレのレバーを回すと貯水タンク内の水が便器へ流れます。貯水タンク内の水位が下がることで浮きが下がると同時に栓が開き、タンク内へ水が注がれます。タンク内の水位が一定量までたまると、浮きが上がり、水も止まります。図1、2は貯水タンクを簡単に表したものです。ただし、図2の状態のときに完全に水の流入が止まるものとします。

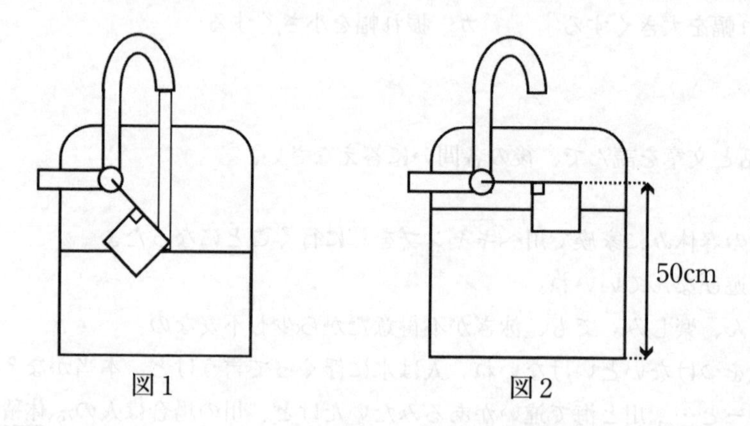

図１　図２

問4　貯水タンク内の浮きが重さ50g、1辺10cmの立方体とすると、完全に水が止まったとき浮きは水面から何cm出ているか答えなさい。

問5　図2の状態のとき、貯水タンクには何cm^{3}の水がたまっているか答えなさい。ただし、貯水タンクの底面積を1000cm^{2}とします。

3　次の文章を読んで、後の各問いに答えなさい。

万華鏡は図1のように3枚の長方形の鏡を三角形のつつ状に並べ、その底の部分にビーズなどをつめたような構造をしています。

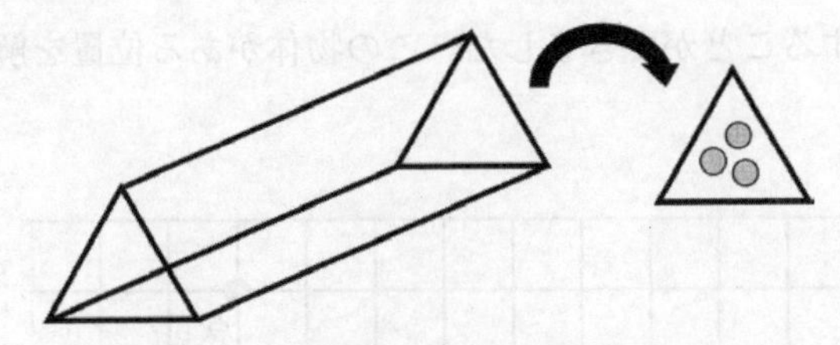

図1　万華鏡を簡単に表した図

万華鏡の仕組みについて理解するため、鏡の性質について調べました。鏡の正面から自分を見ると、鏡の奥に自分がいるように見えます。同じように、斜めから鏡を通して物体を見たとき、反射した光の延長線上と、物体の鏡に対する直角な線との交点にあたかも実物があるように見えます。

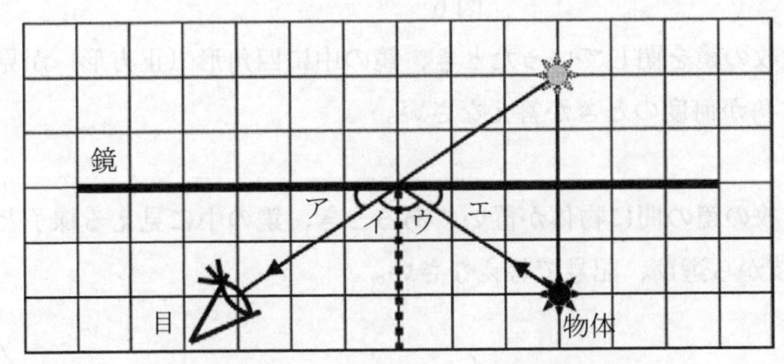

図2　斜めから鏡を通して物体を見た図

そこで、図3のように2枚の鏡を180°に開き、その前に色紙を置きました。その後、図4のように2枚の鏡を徐々に閉じていき、その角が60°になったとき鏡の中に正六角形が見えました。図5の色紙の端に鏡を置いた状態が万華鏡の中を見ているのと同じ状況です。

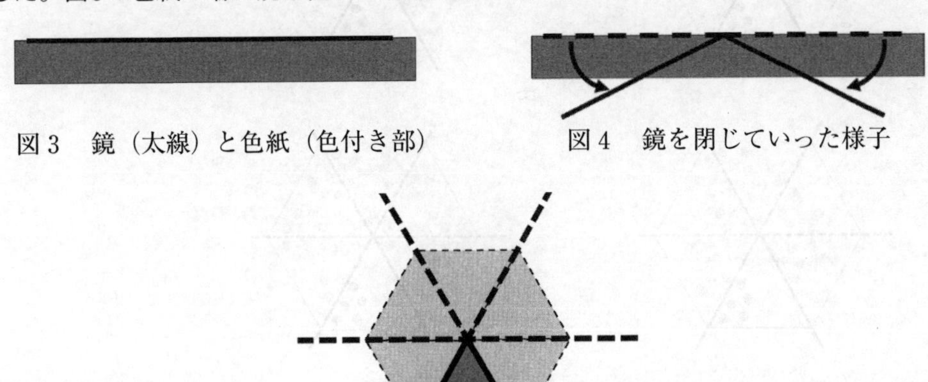

図３　鏡（太線）と色紙（色付き部）

図４　鏡を閉じていった様子

図５　鏡の中の様子（実線が鏡、濃い色付き部が色紙、薄い色付き部が鏡の中に見える色紙）

問1　図2における物体の位置から同じように光を当てたときの入射角を、図2中のア～エから選び、記号で答えなさい。

問2　次の図6の点Aに立っている人からは壁の奥を直視することはできませんが、鏡の中の点Bに物体を確認することができました。この物体がある位置を解答用紙の図に黒い点●で記しなさい。

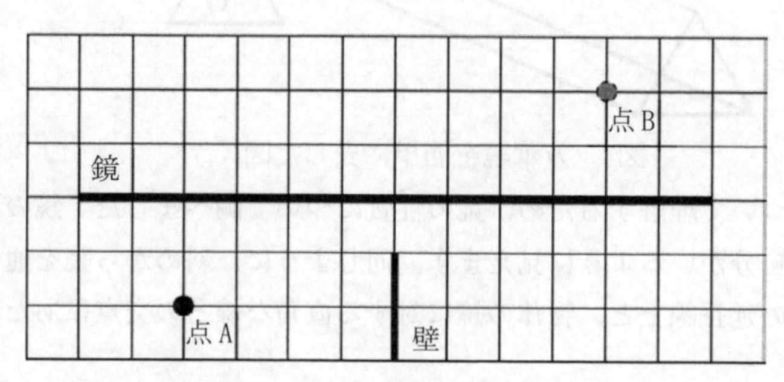

図6

問3　図4のように2枚の鏡を閉じていったとき、鏡の中に四角形（正方形）が見えるのは2枚の鏡のなす角が何度のときか答えなさい。

問4　図7のように2枚の鏡の間に物体が置いてあるとき、鏡の中に見える様子として適する図を次の選択肢から選び、記号で答えなさい。

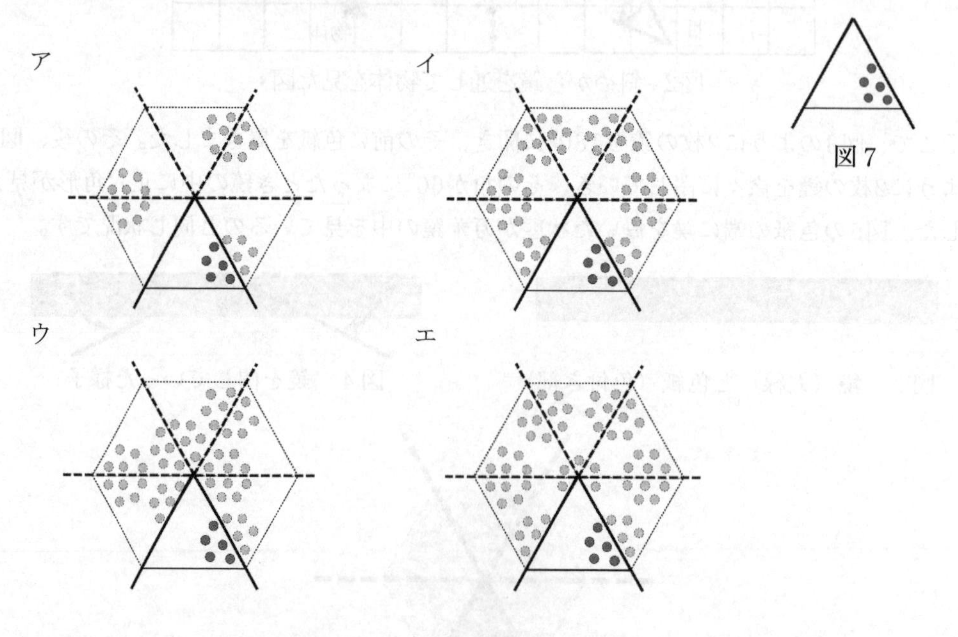

図7

問5　万華鏡の中のビーズが図8のように位置しているときに見える様子として適する図を次の選択肢から選び、記号で答えなさい。

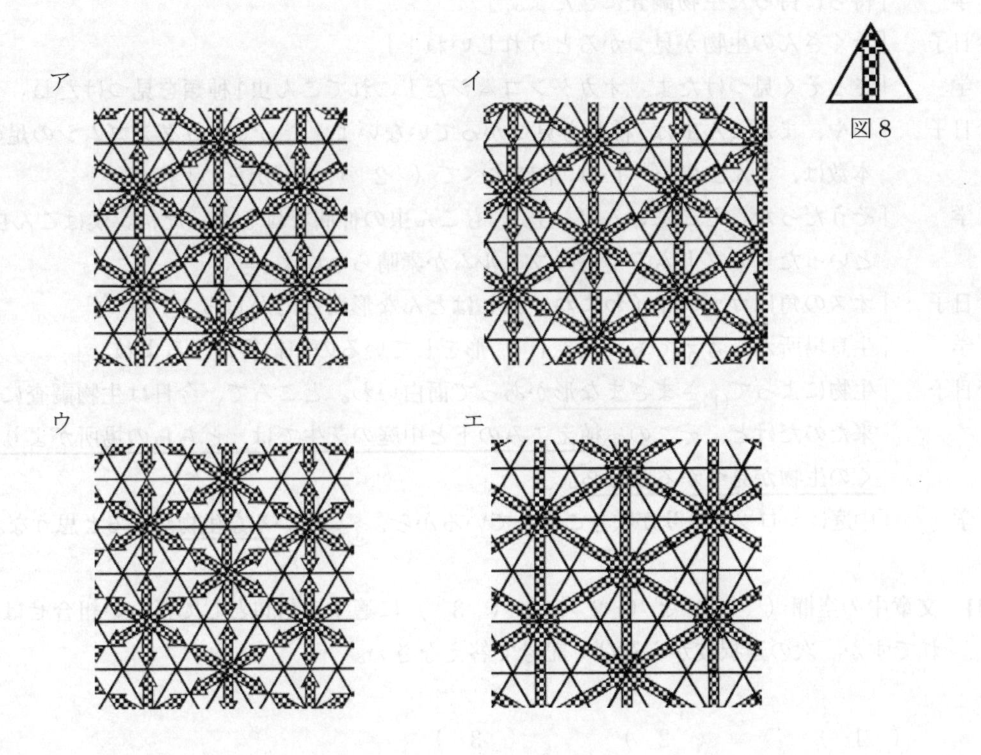

図８

4 次の会話を読んで、後の各問いに答えなさい。

学　「待ちに待った生物調査にきたよ。」
今日子　「たくさんの生物が見つかるとうれしいね！」
学　「さっそく見つけたよ。オカダンゴムシだ！これでこん虫1種類を見つけたね。」
今日子　「いや、まだこん虫は1種類も見つかっていないよ。だってオカダンゴムシの足の本数は、こん虫の（　１　）本に比べて（　２　）のだから。」
学　「そうだった。そこにいる（　３　）もこん虫の仲間ではなかったね。僕はこん虫といったらカブトムシ！あのフォルムが素晴らしいよ。」
今日子　「オスの角はカッコイイわよね。あしはどんな形だったかしら？」
学　「生息場所から考えても、（　４　）形をしているのが納得できるよね。」
今日子　「生物によって①さまざまな形があって面白いわ。ところで、今日は生物調査に来たのだけど、そこの②植えこみの下と中庭の芝生では、どちらの場所がより多くの生物が見つかるかしら。」
学　「中庭はシロツメクサが咲きこぼれているから、③いろいろな生物がいると思うな。」

問1　文章中の空欄（　１　）と（　２　）と（　３　）に適する語句として正しい組合せはどれですか。次の選択肢から選び、記号で答えなさい。

	（１）	（２）	（３）
ア	4	同じ	ワラジムシ
イ	4	少ない	トノサマバッタ
ウ	4	多い	スズムシ
エ	6	同じ	クロオオアリ
オ	6	少ない	モンシロチョウ
カ	6	多い	ジョロウグモ

問2　文章中の空欄（　４　）に適する文を次の選択肢から選び、記号で答えなさい。

ア　遠くまでとぶことができるように、太くて長い
イ　えものをつかまえるために、草かりのかまのような
ウ　水のなかを素早く泳ぐことができるように、船のオールのような
エ　木にしっかりとつかまって登れるように、するどいつめがある

問3　下線部①について、下図はさまざまなこん虫のあしの模式図となります。バッタのあしに最も近い形をしているものを選択肢から選び、記号で答えなさい。

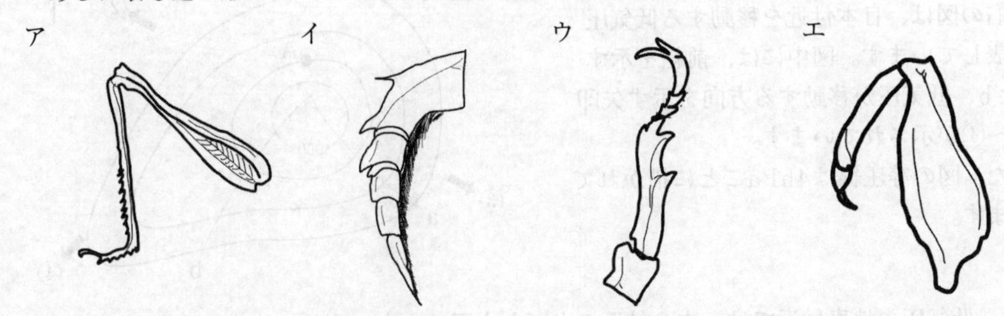

問4　下線部②について、下の表は学さんと今日子さんが植えこみの下と中庭の芝生でそれぞれ観察した生物種と数を記録したものです。学さんと今日子さんの会話と、これらのデータと観察された生物の特ちょうから考えられることを次の選択肢からすべて選び、記号で答えなさい。

表1　植え込みの下から見つかった生物（匹/m²）

ダニのなかま	トビムシのなかま	オカダンゴムシ	エンマコオロギ	モンシロチョウ
148	67	24	6	0

表2　中庭の芝生から見つかった生物（匹/m²）

ダニのなかま	トビムシのなかま	オカダンゴムシ	エンマコオロギ	モンシロチョウ
51	12	1	0	4

ア　観察された生物種や数は植えこみの下よりも、中庭の芝生のほうが多い。

イ　植えこみの下でオカダンゴムシが多く観察されるのは落ち葉や落枝などの食べるものが多くあり、暗くしめった環境であるからだと考えられる。

ウ　エンマコオロギは、明るくあたたかな中庭の芝生を好んで生活している。

エ　モンシロチョウが中庭で観察されたのは、花のみつを吸いにきたためと考えられる。

オ　ミンミンゼミの口が針のようにとがっているのは、木の汁を吸うためである。

問5　下線部③について、生物は多種多様な特ちょうを持ちます。こん虫の育ち方について述べた次の文章中の空欄（　A　）に当てはまる語句を答えなさい。

モンシロチョウのように、（　A　）の時期がある育ち方を完全変態といい、トノサマバッタのように、（　A　）の時期がない育ち方を不完全変態といいます。

5 次の文章を読み、以下の各問いに答えなさい。

右の図は、日本付近を移動する低気圧を表しています。図中には、前線を示すaとb、低気圧が移動する方向を示す矢印①～④が示されています。
また、図の等圧線は4hPaごとに描かれています。

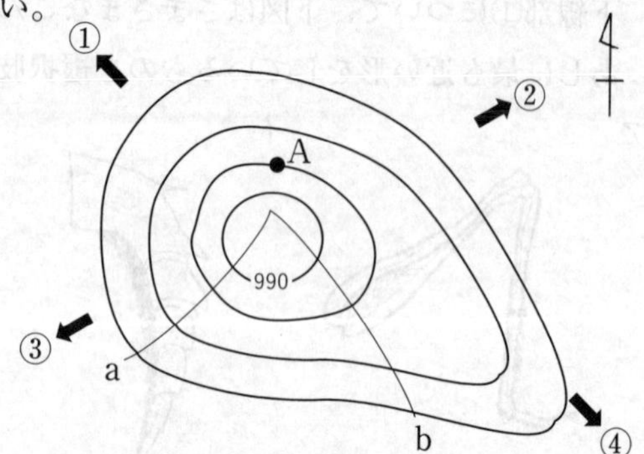

問1 低気圧の地表付近では、中心付近の上下と水平の方向の空気の流れはどのようになりますか。最も適切なものを次の選択肢から選び、記号で答えなさい。

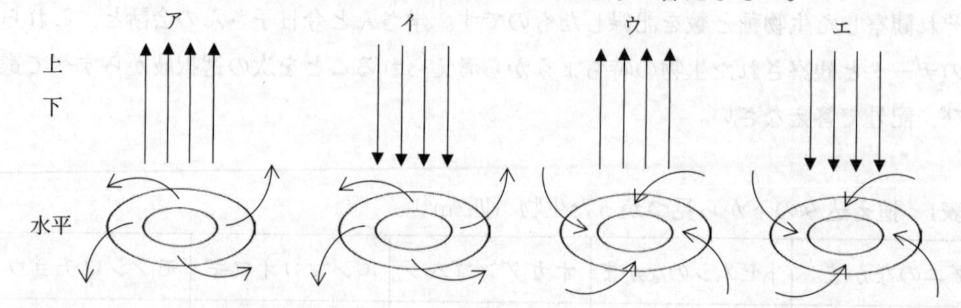

問2 図の点Aで気象観測をしました。このときの風向として正しいものを次のア～エから選び、記号で答えなさい。

ア 北東
イ 北西
ウ 南東
エ 南西

問3 図の点Aの気圧は何hPaか答えなさい。

問4 低気圧はどの方向に移動することが多いですか。図中の矢印①～④から選び、答えなさい。

問5 熱帯低気圧がある条件に達することで台風と呼ばれるようになります。ある条件として正しいものを次の選択肢から選び、記号で答えなさい。

ア 南西太平洋の南西で発生した熱帯低気圧のうち、17m/s未満のものを「台風」と呼びます。
イ 南西太平洋の南西で発生した熱帯低気圧のうち、17m/s以上のものを「台風」と呼びます。
ウ 北西太平洋の南西で発生した熱帯低気圧のうち、17m/s未満のものを「台風」と呼びます。
エ 北西太平洋の南西で発生した熱帯低気圧のうち、17m/s以上のものを「台風」と呼びます。

四 次の――線部のカタカナを漢字に直しなさい。また、送りがなのあるものは書きなさい。

① 私の祖父は蚕を原料とするセイシ工場ではたらく。
② 妹の進級のお祝いにセキハンを炊く。
③ このあたりはボクソウがたくさん生えている。
④ 北海道も家の中はとてもアタタカイ。
⑤ マルタをのこぎりで切ってまきにする。
⑥ 若者の中に老人がマジッテ話をする。
⑦ 電車で倒れた病人をカンゴする。
⑧ みなさんフルッテ大会にご参加ください。
⑨ ずっと夢だった船のソウジュウを学ぶことができた。
⑩ 引っ越してからキテキの音で目が覚めるようになった。

⑤ 斜(しゃ)にかまえた態度をとる。

ア 皮肉な

イ ばかにする

ウ 不真面目な

問二 次の□にあてはまる故事成語をあとから選び、それぞれ記号で答えなさい。ただし、同じ記号を二度使うことはできません。

① この問題をどう解決したらよいのか、□の状態だ。

② この試合に勝たないと、決勝トーナメントに進めない。まさに□で臨む一戦だ。

③ 未来のことをいくら心配してもきりがなく、□に終わることが多い。

④ あなたの推理は□だらけで、事件の解決の手がかりにならない。

⑤ 兄たちがけんかをする中、一つしかないアイスを弟が食べたのは□だ。

ア 守株(しゅしゅ)　イ 蛍雪(けいせつ)の功(こう)　ウ 五里霧中(ごりむちゅう)　エ 呉越同舟(ごえつどうしゅう)　オ 杞憂(きゆう)

カ 背水(はいすい)の陣(じん)　キ 登竜門(とうりゅうもん)　ク 矛盾(むじゅん)　ケ 四面楚歌(しめんそか)　コ 漁夫の利

三 次の各問いに答えなさい。

問一 次の――線部の語句の意味として正しいものをあとから選び、それぞれ記号で答えなさい。

① 彼には頭が上がらない。
ア 恥ずかしくて相手の顔を見られない
イ 申し訳なくてたまらない
ウ 引け目を感じて対等な関係に立てない

② クラスメイトがとった行動に舌を巻く。
ア とても感心する
イ がっかりした気持ちになる
ウ 言葉を失う

③ 彼女は気が置けない友人だ。
ア 完全に信頼することができない
イ 人を気遣うことができない
ウ 遠慮せずに心から打ち解けられる

④ 近所のおばさんは目が早い。
ア 起きる時間が早い
イ ものを見つけるのがすばやい
ウ 決めてから行動するまでが早い

問八 ――線7「自分の精神世界の問題」の内容として最も適当なものを次から選び、記号で答えなさい。

ア 夫との会話がない状況(じょうきょう)が続いており、それによる精神的な不満
イ 息子たちの大学の学費を払うことが困難になったことからくる精神的不安
ウ 子育て等、自身のことが一段落した雪子にふたたびやってきた不安定な自分の感情
エ 母親である自分の言うことを聞いてくれない息子に対するいらだち
オ 娘と直接会話ができない仕事に対してのモチベーション低下

問九 文章の説明としてふさわしくないものを次から選び、記号で答えなさい。

ア 主人公は女学生について、外見や学食の様子から彼女の内面までを勝手に想像している。
イ 主人公は女学生を自分の娘と妄想(もうそう)することで、自身の楽しみをより深いものにしようとした。
ウ 主人公は過去にさまざまなシチュエーションを想像し、楽しんでいた。
エ 想像の世界の中で、女学生と仲良くなった主人公は実際の世界でも女学生と親しくなった。
オ 学食では毎日様々な学生と関わるが、主人公が気になるのは娘と呼んでいる女学生だけである。

問六　――線５「夜な夜な繰り広げられる大絵巻」とありますが、この部分の内容としてふさわしくないものを次から選び、記号で答えなさい。

ア　髪や背を伸ばし臨(のぞ)む撮影(さつえい)
イ　俳優の恋人との幸せな生活
ウ　平安時代の歌人の姿
エ　部屋の掃除(そうじ)や料理の様子
オ　牢獄に集まる民衆

問七　――線６「あのドア」の内容として最も適当なものを次から選び、記号で答えなさい。

ア　雪子が昔住んでいた実家の部屋のドア
イ　雪子と娘しか入ることのできない部屋のドア
ウ　雪子の想像の中にある無限に広がる部屋のドア
エ　息子たちや夫と日常生活を送る部屋のドア
オ　職場である学食にある立ち入り禁止の部屋のドア

問二　（　Ａ　）から（　Ｄ　）にあてはまる言葉として最も適当なものを次から選び、それぞれ記号で答えなさい。

Ａ　ア　ふくらんで　イ　しぼんで　ウ　まって　エ　きえて　オ　ちらばって
Ｂ　ア　けろっと　イ　くしゃっと　ウ　はっと　エ　そっと　オ　にかっと
Ｃ　ア　徐々に　イ　突然（とつぜん）　ウ　なんとか　エ　やっと　オ　かろうじて
Ｄ　ア　くたびれた　イ　ういういしい　ウ　元気な　エ　細い　オ　自信満々の

問三　――線２「小さな事件」の内容として最も適当なものを次から選び、記号で答えなさい。

ア　午後二時に学食に来る女学生のことを、勝手に自分の娘として接していることが周りにばれてしまったこと。
イ　二人の手が触れたことがきっかけで、雪子は娘が自分に笑顔を向けていたことに初めて気が付いたということ。
ウ　わかめうどんを渡すときに、娘と雪子の手が一瞬触れ合い、娘の指を雪子が引っかいてしまったということ。
エ　美しい顔をしている娘だと、雪子が一方的に気にかけていた女学生がいつもとは違うメニューを注文したこと。
オ　雪子と娘の指先が触れ合ったことで、雪子の持っていたうどんの汁が娘にかかってしまったということ。

問四　――線３「テーブルの端のほうでうどんをすすり始める彼女のようすを観察した」とありますが、それはなぜですか。文章中の言葉を使って四十字以内で書きなさい。

問五　――線４「雪子は日に日に、娘が学食にやってくるのを意識的に待つようになった」とありますが、それはなぜですか。文章中の言葉を使って六十字以内で書きなさい。

やられてしまった。しかし今、若者たちにどんぶりを差し出しながら娘がやってくるのを待っていると、雪子は自分が再び6あのドアの前に立たされているのを感じた。ひとめぐりしたということなのかもしれない。彼女はぼんやり思った。雪子は五十歳になっていた。半世紀生きたという実感は、彼女にふしぎな※感慨を与えた。数年前から始まった心身の喧騒は徐々に収束に向かっていたが、同時に、家庭に入り子どもを育てていた濃密な二十数年間の印象がうすれつつあった。その長い時間を押し出すかのように、少女時代に親しんでいたあいまいな不安が再び、雪子の（　Ｄ　）体を染めていった。

わたしの心は十九歳で止まっている。二十代のころ何度も口にしたこの言葉を、彼女は今、そのころには知るすべもない真剣さでつぶやくようになった。他人には苦笑いされるであろうこの言葉を、雪子はしばしば心の中にうちたて、つるしあげ、より具体的な何かがあぶり出されてくるのを待った。しかしそこに何かの形が現れる前に、彼女の目には鏡に映った自分の顔や、夫や息子たちの姿が入りこんできた。すると7自分の精神世界の問題などこの世でもっともとるにたりない事柄に思えて、それよりは洗面台に飛び散った泡の飛沫やシンクの茶色い水垢をごしごし落としたくなるのだった。

（青山七恵『お別れの音』より　一部省略）

※喧騒……人声や物音で騒がしいこと。
※咀嚼……口に入れた食べ物を噛み砕き、唾液と混ぜ合わせて、飲み込みやすいかたまりにすること。
※肋骨……胸部を覆う骨。ここでは学食の机の並びをたとえている。
※感慨……物事に感じてしみじみとした気持ちになること。

問一　――線１「陰気」の対義語を考えて漢字で書きなさい。

「ほんとに毎日なのよ。お昼にうどんだけじゃあ、ぜったいに持たないわよね」
「今の子って食べないから、特に女の子は」
「ダイエットなのかしら。あんなに細くて……」
「気にすることないのにね。若いうちは若いってだけでそれなりの価値があるんだから」
「そうよね。もっと食べたらいいのにね」
　田巻さんは熱い緑茶をすすって、「おいしい」と目を細めた。雪子も小袋をひとつ開け、甘しょっぱい醬油の味を楽しんだ。
「おいしいわ」
　雪子はふと、あのさみしい娘の肩を叩いて、このせんべいを分けてやりたくなった。しかし彼女の遠い後ろ姿は、ガラスを溶かしたような硬質な空気で塗り固められていた。それはこちら側で呑気にお茶を飲んでいる自分には触れることができない何か神聖なもののように見えて、雪子は一瞬でもなれなれしい行動を起こそうとした心を恥ずかしく思った。
4雪子は日に日に、娘が学食にやってくるのを意識的に待つようになった。
　それは就労時間終了が近づいているという一つのサインでもあったし、雪子自身の個人的な楽しみのようでもあった。雪子は同僚の目を盗んで、さらには娘にも気づかれない程度に、彼女のどんぶりにだけわかめか葱を心持ち多めに盛ってやっていた。油揚げとかき揚げもつけてやりたいくらいだが、それではさすがに彼女が気づいてしまうので、自重した。彼女を自分の娘として眺めてみる気になったのは、その個人的な楽しみにもっと深みを与えるためだ。
　雪子はもともと、想像好きな少女であった。彼女は夜が好きだった。一日が終わって眠りにつく前、幼い雪子は目を閉じて、頭の中にある想像の部屋に立つ。そして暗闇の中でぼんやり発光するドアを静かにノックする。彼女はその部屋の中で、テレビドラマに出てくる長髪の俳優と恋人になり、結婚し、子どもを作った。あるときは、髪と背を伸ばし、きらびやかな衣装を着てカメラの前で微笑んだ。またあるときは平安時代の歌人でもあったし、バスティーユ牢獄に集まった民衆の一人でもあった。しかし、その部屋で5夜な夜な繰り広げられる大絵巻とは無関係に、眠りについて数時間後に朝が来れば、彼女は一日分きちんと成長していた。現実の世界で、雪子は少女時代を脱し、成人し、恋愛し、俳優ではない男と結婚し、男の子どもを二人産んだ。その過程で（　C　）、四隅が見渡せないほど無限に広がっていたあの想像の部屋に出入りをしなくなっていった。夜、目を閉じても、光るドアは見えなくなった。それは現実のどの部屋よりも身近で気安い部屋であったはずなのに、いつのまにか地図がなくては行き方さえわからない、奥まった区画に押し

たくして、雨の日も晴れの日も顔色が悪かった。しかし彼女には笑顔があった。雪子がうどんのどんぶりを差し出すと、決まって「どうも」と礼を言い、微笑みを浮かべた。強く見つめすぎたら、その青ざめた皮膚に溶けてしまいそうなほど、ごくごく淡い一瞬の微笑みだった。

雪子がその微笑みに気づいたのは、娘の顔を覚えてしばらくしてからのことだった。

その日、娘が食券を差し出すタイミングと雪子の手が伸びたタイミングが偶然重なって、一秒にも満たない時間、二人の指先が触れた。娘の伸びた爪が、雪子の人さし指の腹を軽くひっかいた。娘はすぐに「あっ、ごめんなさい」と謝った。そしてあやまちを恥じるように（　Ｂ　）微笑んだ。向けられた笑顔の近さに、雪子はかすかなとまどいを覚えて「いえ」とだけ答えた。どんぶりを差し出すと、娘は「どうも」ともう一度微笑んで、テーブルのほうに向かった。雪子は思わず左右を見回した。そしてこの2小さな事件の目撃者の不在を確かめた。

もしかしたら、あの子は今までもずっと、ああしてわたしに微笑みかけていたのかもしれない。そう思いつくと雪子はなんだか申し訳ないような気持ちになって、翌日から必ず、どんぶりを差し出すと同時に娘の顔にちらりと目をやることにした。予想通り、ほとんど毎回、娘は微笑んでいた。まれに笑わないことがあると、雪子は何があったのかとその後ろ姿を見送り、3テーブルの端のほうでうどんをすすり始める彼女のようすを観察した。

学食の中央には、白く細長いテーブルが調理カウンターに突き刺さる背骨のように一つに置かれていて、その左右に八列ずつ、※肋骨のような形でテーブルが並んでいる。テーブルに覆いかぶさって仮眠をとっている若者たちを眺めていると、雪子は自分の骨にもいらない何かが直にくっついているような気がして、内臓の奥がむずがゆくなった。娘が好んで座るのは、向かって左側の肋骨部分だった。

「いつもわかめうどんばっかり頼む子がいるの」

最後の皿洗いが終わり、調理台のパイプ椅子に座って同僚とお茶を飲んでいるとき、雪子はその娘の話をしたことがある。

「ほら、あの子」

彼女はあごでその後ろ姿を指し示した。娘はうどんのトレイを横にのけて、本を読んでいるのか携帯電話をいじっているのか、じっと動かずに前傾姿勢で座っていた。

「へえ、そうなの」

同僚の田巻さんは歌舞伎揚の小袋を開け、威勢のいい音をたてて嚙み砕いた。そして、雪子の示した後ろ姿を見て、「やせてるわね」と言った。

問九　次の各文が、文章の内容と合っていれば○、合っていなければ×とそれぞれ書きなさい。

①　練習を重ねることによって知識が身につき、様々なことに対応できる能力を得ることができる。
②　自由を手に入れるとは自分の変化を推し進めることであり、決して簡単なことではない。
③　地球に存在する全生物に共通することは自由を求めていない存在であるということである。
④　個人の自由は大切であるが、かと言って支配が悪いということではない。
⑤　当たり前だと思っていること、不可避なことは残念ながらこの世の中には多くある。

二　次の文章を読んで、あとの問いに答えなさい。

毎日わかめうどんばかり頼むその女学生を、雪子はいつからか自分の娘として眺めるようになった。

都心のビル街にある大学の食堂で、週に四回、雪子は働いている。

勤めてもう三年になるが、カウンターにトレイを持って並んでいる学生たちはいつ見てもおしなべて顔色が悪く、1陰気で、声が小さかった。しかし昼の十二時前後、体育館のように広いこの学食を彼らが占領し始めると、どこからともなくわきでた※喧騒が空間いっぱいにたちこめ、学食の面積はふたまわりほど縮んでいるように思える。

あの陰気な学生たちの、いったい誰がしゃべっているのだろう。冷凍うどんの玉を熱湯に落とし入れながら一瞬、雪子はテーブルのほうに目を向けてみる。しかし学生たちは壁にはねかえって（　Ａ　）いく雑音とは無関係に、疲れた顔で味噌汁をすすり、からあげやショウガ焼きを噛み切り、白米を※咀嚼しているだけである。雪子は常々それをふしぎに思いながら、大量の麺類をゆで、薬味類を補充し、手がすけば返却された汚い食器を洗った。

テーブルに図面を広げる学生や、突っ伏して仮眠する学生しかいなくなる午後二時過ぎ、その娘はいつもひとりでやってくる。入口のガラスドアを開け、「ビ」と音が出る券売機で食券を購入すると、彼女はまっすぐ雪子の担当する麺類コーナーに近づいてきて「わかめうどんください」と低い声で注文し、オレンジ色の食券を差し出す。

娘は美しく、整った顔立ちをしていた。そして他の学生と同じように、ひどく個人的で深刻な問題を抱えているかのように口元をか

問四　――線２「支配されることが心地良い」とありますが、それはなぜですか。「～から」に続くように文章中から七字で探して、書きぬきなさい。

問五　――線３「本能」とありますが、これ以外に人間はどのような性質を持っていますか。最も適当なものを次から選び、記号で答えなさい。

ア　支配されることの良さの究極を求め、さらにより良く支配されることを望む性質を持っている。
イ　支配されることを否定しながらも、結局はその心地良さに流されてしまうという性質を持っている。
ウ　支配されることの快適さから、それ以外のことを志向しないことが良いと考える性質を持っている。
エ　支配されることを嫌悪(けんお)し、個人の自由を求めるということも大切だと考える性質を持っている。
オ　支配されることを嫌い、支配する側の人間になろうとする性質を持っている。

問六　――線４「『自覚』こそが重要だ」とありますが、それはなぜですか。文章中の言葉を使って六十字以内で答えなさい。

問七　［Ⅱ］にあてはまる語句を漢字二字で考えて書きなさい。

問八　――線５「科学」とありますが、「科学」がもたらした良さとしてふさわしくないものを次から選び、記号で答えなさい。

ア　科学技術の発展が人々を支配から解放し、自由を与(あた)えた。
イ　テクノロジィの目覚ましい発展によって、機械が進歩し強制労働が減少した。
ウ　科学技術の進歩によって機械生産が盛(さか)んになり人々の生活が豊かになった。
エ　自然や神の支配から科学の支配になったことで物事が効率的になり、人間に自由をもたらした。
オ　少なからず問題点も生み出したが、科学技術の発展は素晴らしいものであった。

う。

あらゆる動物の中で、人間が一番自由を求める。もう少しいえば、自由を求めるだけの思考力を持っていた、といえる。したがって、極論すれば、支配は動物的であり自然であるが、自由は人間的であり［Ⅱ］である、といえる。

5 科学というのは、自然（あるいは神）の支配から人間を解放するものだった。科学技術は、数々の自由を人間にもたらした。あらゆるテクノロジィは、人間をより自由にするためのものである。

昔に比べて、今の世の中は豊かになった。鞭(むち)で打たれて強制労働を強(し)いられるようなことも既にほとんどなくなった。何故(なぜ)か？それは、機械が働いているからだ。機械が生産することで、社会はトータルとして豊かになり、沢山の人間が自由になれた（もちろん、まだ偏(かたよ)りはあるが）。この豊かさが、人口の爆発的(ばくはつてき)な増加を許したのは、少々やっかいな問題であるけれど、いずれは人間の知恵(ちえ)が解決するだろう、と僕は楽観している。なにしろ、人間の知恵以外に、人間が頼れるものはないのだから。

（森(もり)　博嗣(ひろし)『自由をつくる　自在に生きる』より）

※概念……事物の本質をとらえる思考の形式。
※傘下……支配を受ける立場にあること。
※不可避……避(さ)けようがないこと。

問一　（Ａ）から（Ｃ）にあてはまる言葉として最も適当なものを次から選び、それぞれ記号で答えなさい。ただし、同じ記号を二度使うことはできません。

ア　しかし　　イ　つまり　　ウ　だから　　エ　たとえば　　オ　なぜなら

問二　［Ⅰ］にあてはまる語句として最も適当なものを次から選び、記号で答えなさい。

ア　鱗(うろこ)　　イ　鰓(えら)　　ウ　火　　エ　鼻　　オ　敵

問三　――線１「使える自分」とありますが、どのような「自分」のことですか。文章中の言葉を使って四十字以内で答えなさい。

存在なのである。

ペットを飼えばわかるけれど、彼らは飼い主に忠実であることが好きだ。人間にもこの傾向が強い。つまり、2支配されることが心地良い状態だと感じる3本能を持っている。

人間の歴史を振り返ってみても、個人の自由が確立したのはつい最近のことで、今でも完全には確立していないという意見もあるだろう。どの地方、どの文化にも、奴隷制というシステムがあり、また身分があり、差別があった。人が人を支配していた。

それ以外にも、人間は「神」という※概念を作り出し、それによって自分たちが支配されていると思い込もうとした。今でも多くの人が、そう信じている。

そこまでいかなくても、「自然」に支配されていると感じているし、その支配から逃れることはできない、と考えている。おとなしく慎ましく生きていくことが、人間のあるべき姿だと主張する人は大勢いる。科学に頼って自然に逆らったことが人間の過ちだった、と本気で考えている人も沢山いる。

支配されていれば、なんらかの恩恵を受けることができる、という思想も極めて根強い。殿様に忠誠を尽くせば取り立ててもらえる。ペットが飼い主に尻尾を振るのと同じである。支配の※傘下に入ることは、余計な心配から逃れられる手っ取り早い方法なのだ。保険に加入するように、安心が得られる（もう少し客観的にいえば「安心」という錯覚が得られる）。今でも、この感覚は人間の根幹にある挙動だと考えられる。

何度も書いているが、僕は、この「支配されていることが安心」を悪いというつもりは毛頭ない。支配にもいろいろなものがある。母親が子供を可愛がる愛情でさえ、支配といえる。すべての支配を排除して、完全に自由奔放になろうとすれば、人間として破綻を来すことはまちがいない。

ただ、そういったものが「支配」であるという認識が大切だ、ということをいいたいのである。

この4「自覚」こそが重要だと考える。支配だと気づくことで、その傘の下にいる自分を初めて客観的に捉えることができる。それが見えれば、自分にとっての自由をもっと積極的に考えることができ、自分の可能性は大きく広がるだろう。

当たり前だと思っていること、※不可避だと信じていたことが、単なる選択肢の一つにすぎないものだとわかってくる。何事も「自覚」が一番大切なことであり、これがすべての改革のスタートになる。

人間が「支配」を受け入れる本能的な傾向を持っていることは事実であるけれど、一方では、それを嫌う性質、つまり「自由」を志向する感覚を持ち合わせているのも、人間という生きものの大きな特徴といえる。ほかの動物と比べれば、これは歴然としているだろ

2024年度

埼玉栄中学校

【国語】〈第一回試験〉（五〇分）〈満点：一〇〇点〉

《注意》字数制限のある問題では、句読点（。や、）符号（「」など）も一字と数えます。

一 次の文章を読んで、あとの問いに答えなさい。

練習することで、いったい何が変わるのか？

まるでなにかが自分に取り込まれた、（ A ）付加されたような気がする。たとえば、「技術」は「身につく」と表現される。

「知識」も、コンピュータに入力されるデータのように、自分の中に入るものだが、練習して身につくものは、知識とは少し傾向が違っている。知識というのは道具のようなもので、（ B ）、金槌と釘を手にすれば、それだけで大工さんと同じ能力を持つかというとそうではない。知識を持っていても、それをどう使えば良いのかがわかっていない、すなわち技術がないからだ。

だからこそ、講義を受けるだけでは不足で、実践的な訓練を積むわけである。そうすることで、「使える自分」がだんだんとできてくる。こうして思いどおり自在に行動できる自分に変わる。

結局、自由を手に入れるということは、そういう「できる自分」を作り上げることである。自分の変化を積極的に推し進めること、といえると思う。

さて、（ C ）、口でいうこと、文章を書くこと、それを聞いて、読んで、うんうんと納得することは容易い。「目から［ I ］が落ちました」と感動する人は多いけれど、感動しただけでは、人間は何も変わらない。まだ「1使える自分」を見つけていないからだ。やる気さえ出せば良い、といった簡単なものではない。一歩踏み出すことが大事だし、一歩踏み出せば、このような自由を獲得する道のりは意外と険しいことにたちまち気づくだろう。以下では、その険しさについて、少し考えてみたい。

既に書いたとおり、人間という動物は（あるいは他の動物すべてに共通することだが、）そもそもそれほど強く自由を求めていない

2024年度 埼玉栄中学校 ▶解説と解答

算数 ＜第１回試験＞（50分）＜満点：100点＞

解答

[1] (1) 6 (2) $2\frac{5}{12}$ (3) 20 (4) 412656 (5) $\frac{5}{6}$ (6) 1000 [2] (1) 24通り (2) 月曜日 (3) 162個 (4) 76.1点 (5) 7個 (6) 27％ (7) ① 12個 ② 303個 [3] (1) 63度 (2) 20cm² (3) 37.68cm (4) 37.68cm³ [4] (1) 3 (2) 360匹

解説

[1] 四則計算，計算のくふう，逆算

(1) $11+36\div4\div3-8=11+9\div3-8=11+3-8=14-8=6$

(2) $3\frac{1}{4}+4\frac{2}{3}-5\frac{1}{2}=3\frac{3}{12}+4\frac{8}{12}-5\frac{6}{12}=7\frac{11}{12}-5\frac{6}{12}=2\frac{5}{12}$

(3) $1.2\times\frac{1}{6}+3.4\times\frac{2}{17}+5.6\times\frac{3}{28}+7.8\times\frac{4}{39}+90\times0.2=\frac{12}{10}\times\frac{1}{6}+\frac{34}{10}\times\frac{2}{17}+\frac{56}{10}\times\frac{3}{28}+\frac{78}{10}\times\frac{4}{39}+18=\frac{1}{5}+\frac{2}{5}+\frac{3}{5}+\frac{4}{5}+18=\frac{10}{5}+18=2+18=20$

(4) $412\times523+413\times298+414\times179=412\times523+412\times298+1\times298+412\times179+2\times179=412\times(523+298+179)+298+358=412\times1000+656=412000+656=412656$

(5) $\frac{1}{2}+\frac{1}{6}+\frac{1}{12}+\frac{1}{20}+\frac{1}{5\times6}=\frac{1}{1\times2}+\frac{1}{2\times3}+\frac{1}{3\times4}+\frac{1}{4\times5}+\frac{1}{5\times6}=\frac{1}{1}-\frac{1}{2}+\frac{1}{2}-\frac{1}{3}+\frac{1}{3}-\frac{1}{4}+\frac{1}{4}-\frac{1}{5}+\frac{1}{5}-\frac{1}{6}=1-\frac{1}{6}=\frac{5}{6}$

(6) $(100-64)\times\frac{1}{6}=36\times\frac{1}{6}=6$ より，$4\times(\square\div2+6)=2024$，$\square\div2+6=2024\div4=506$，$\square\div2=506-6=500$　よって，$\square=500\times2=1000$

[2] 場合の数，周期算，相当算，平均，整数の性質，濃度（のうど），図形と規則

(1) 千の位は２，４，６，８の４通りあり，それぞれの場合で，百の位は残りの３通りずつある。さらに，十の位は残りの２通り，一の位は残りの１通りとなる。よって，４けたの整数は全部で，$4\times3\times2\times1=24$(通り)できる。

(2) ３月20日から３月31日までは，$31-20+1=12$(日)ある。すると，３月20日から９月18日までの日数は，$12+30+31+30+31+31+18=183$(日)なので，３月20日は９月19日から183日前である。これは，$183\div7=26$あまり１より，26週間と１日前だから，３月20日の曜日は，９月19日の１日前の曜日と同じで，月曜日とわかる。

(3) 注文した個数を[1]とすると，良品の個数は$\boxed{\frac{8}{9}}$と表せる。また，届いた製品の４％が不良品なので，良品の個数は届いた製品の，$100-4=96$(％)である。よって，(届いた製品の個数)×0.96＝$\boxed{\frac{8}{9}}$より，届いた製品の個数は，$\boxed{\frac{8}{9}}\div0.96=\boxed{\frac{25}{27}}$となる。これが[1]よりも12個少ないから，$\boxed{1}-\boxed{\frac{25}{27}}=\boxed{\frac{2}{27}}$が12個にあたる。したがって，注文した製品の個数は，$\boxed{1}=12\div\frac{2}{27}=162$(個)と求められる。

⑷　男子22人の合計点は，74.5×22＝1639(点)，女子18人の合計点は，78×18＝1404(点)となる。よって，クラス全体の合計点は，1639＋1404＝3043(点)で，クラス全体の人数は，22＋18＝40(人)だから，クラス全体の平均点は，3043÷40＝76.075(点)となり，小数第２位を四捨五入して76.1点と求められる。

⑸　おわりにつく０の個数は10でわり切れる回数と同じである。また，10＝２×５より，10で１回わり切れるには２と５で１回ずつわり切れる必要がある。１から30までの整数のうち，５の倍数は，30÷５＝６(個)あり，このうち25だけは，25＝５×５より，５で２回わり切れるから，１から30までかけた数は５で，６＋１＝７(回)わり切れる。また，１から30までの整数のうち，２の倍数は７個以上あるので，１から30までかけた数は２で７回以上わり切れる。よって，１から30までかけた数は，10で７回わり切れるから，おわりに０が７個つく。

⑹　操作後のＡ，Ｂ，Ｃには食塩水が100ｇずつ入っている。このとき，Ｃの濃度は１％だから，Ｃの食塩水には食塩が，100×0.01＝１(ｇ)ふくまれる。これは，ＢからＣに入れた10ｇの食塩水にふくまれていたものなので，初めのＢの食塩水の濃度は，１÷10×100＝10(％)とわかる。また，初めのＢの食塩水，100－10＝90(ｇ)には食塩が，90×0.1＝９(ｇ)，操作後のＢの食塩水100ｇには食塩が，100×0.12＝12(ｇ)ふくまれているので，初めのＡの食塩水10ｇには食塩が，12－９＝３(ｇ)ふくまれていたとわかる。よって，初めのＡの食塩水の濃度は，３÷10×100＝30(％)となる。さらに，操作後のＡの食塩水100ｇは，初めのＡの食塩水90ｇと初めのＣの水10ｇを混ぜたものだから，その中に食塩は，90×0.3＝27(ｇ)ふくまれる。したがって，その濃度は，27÷100×100＝27(％)である。

⑺　①　１辺の個数が５個のとき，３辺の個数の合計は，５×３＝15(個)となる。ただし，頂点にある３個の碁石(ごいし)は２回ずつ数えているので，碁石の数は全部で，15－３＝12(個)となる。　②　１辺の個数が102個のとき，３辺の個数の合計は，102×３＝306(個)となる。ただし，頂点にある３個の碁石は２回ずつ数えているので，碁石の数は全部で，306－３＝303(個)である。

３　角度，面積，長さ，体積

⑴　下の図１のように，辺GHをのばした線と直線アの交わる点をＩとして角bをとると，直線アとイは平行なので，角aの大きさは角bと等しくなる。また，角AHIは正八角形の外角であり，多角形の外角の和は360度だから，角AHIの大きさは，360÷８＝45(度)である。すると，三角形AHIの内角と外角の関係から，角bの大きさは，18＋45＝63(度)とわかる。よって，角aの大きさも63度となる。

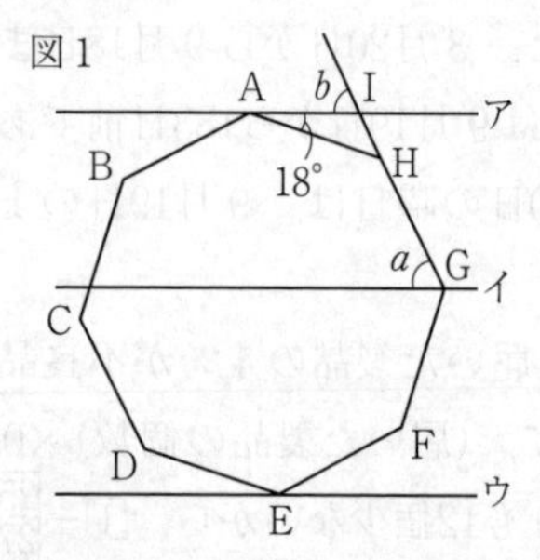

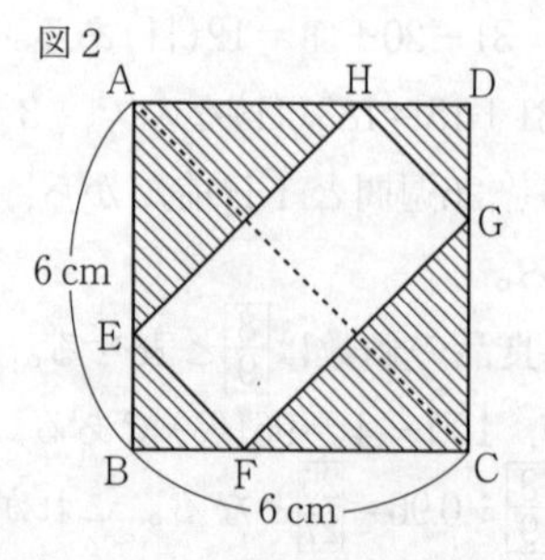

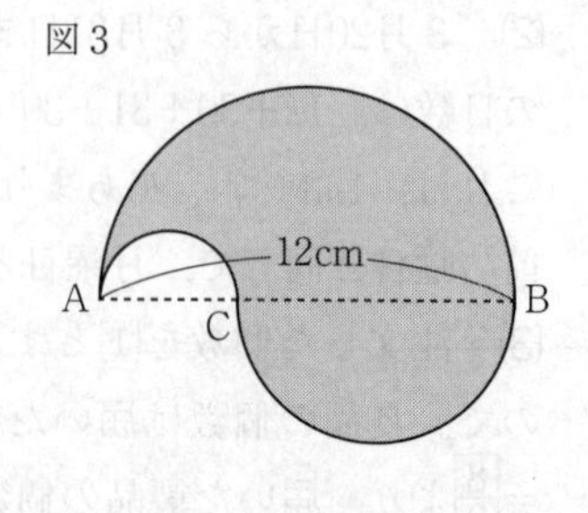

⑵　上の図２で，ACとEFが平行だから，三角形EBFは三角形ABCと相似で直角二等辺三角形となる。同様に，三角形GDHも直角二等辺三角形である。また，角AEHと角CGFの大きさはどちら

も，180－90－45＝45(度)だから，三角形HAEと三角形FCGも直角二等辺三角形とわかる。すると，三角形EBFと三角形FCGも相似で，相似比は，EF：FG＝１：２である。よって，BF：FC＝１：２より，BFの長さは，$6\times\frac{1}{1+2}=2$(cm)，FCの長さは，$6-2=4$(cm)となる。したがって，三角形EBFと三角形GDHの面積はどちらも，$2\times2\div2=2$(cm^2)，三角形HAEと三角形FCGの面積はどちらも，$4\times4\div2=8$(cm^2)だから，斜線部の面積は，$2\times2+8\times2=20$(cm^2)と求められる。

(3)　上の図３で，ACの長さは，$12\times\frac{1}{1+2}=4$(cm)，CBの長さは，$12-4=8$(cm)だから，色のついた部分のまわりの長さは，直径４cm，８cm，12cmの半円の弧の長さの和となる。よって，$4\times3.14\div2+8\times3.14\div2+12\times3.14\div2=(2+4+6)\times3.14=12\times3.14=37.68$(cm)と求められる。

(4)　右の図４で，ABの長さは，$6-3-2=1$(cm)，GHの長さは，$3-1=2$(cm)なので，三角形ABCと三角形EGHはどちらも直角二等辺三角形になる。すると，三角形ABCと台形DFHEを１回転させてできる立体を合わせると，底面の半径が３cm，高さが，$1+2=3$(cm)の円すいになり，その体積は，$3\times3\times3.14\times3\div3=9\times3.14$(cm^3)である。次に，四角形BDECを１回転させてできる立体は，底面の半径が１cm，高さが３cmの円柱になり，その体積は，$1\times1\times3.14\times3=3\times3.14$(cm^3)である。したがって，図４の図形を１回転させてできる立体の体積は，$9\times3.14+3\times3.14=12\times3.14=37.68$(cm^3)と求められる。

図４
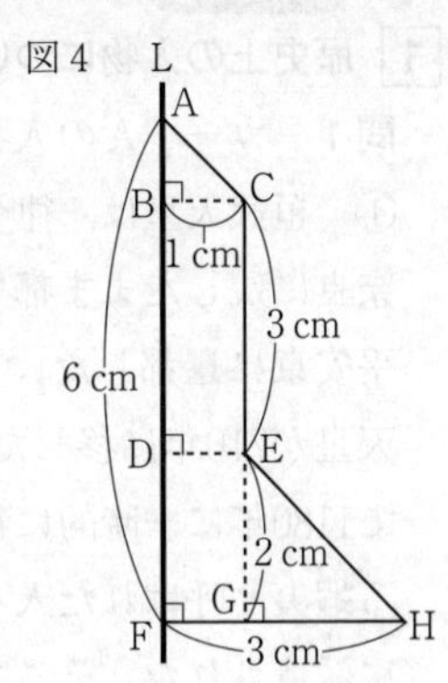

4　長さ，比の性質

(1)　防波堤の長さは400mだから，海から出た部分は，右の図１の断面図を底面とする高さが400mの角柱とみることができる。また，コンクリート１m^{3}あたりの重さは2.3トンなので，海から出た部分の体積は，$18400\div2.3=8000$(m^3)である。よって，断面図の面積は，$8000\div400=20$(m^2)とわかる。また，図１のアの長さは問題文中の図より６mなので，長方形BCDEの面積は，$1\times6=6$(m^2)，台形ABFGの面積は，$20-6=14$(m^2)となる。さらに，BFの長さは，$6-2=4$(m)，ABの長さは，$5-1=4$(m)だから，台形ABFGの面積について，$(□+4)\times4\div2=14$(m^2)と表せる。したがって，$□+4=14\times2\div4=7$より，$□=7-4=3$(m)と求められる。

図１
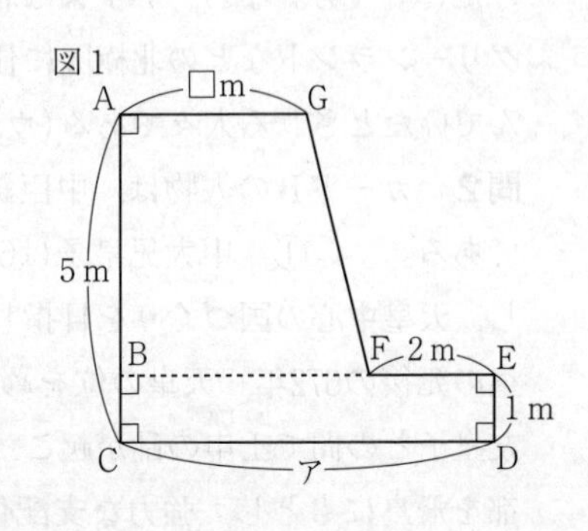

(2)　アジとイワシの比が９：７，イワシとサバの比が４：３なので，右の図２のように比をそろえると，アジとイワシとサバの比は，36：28：21になる。よって，この日に釣れたアジの数は，$850\times\frac{36}{36+28+21}=850\times\frac{36}{85}=360$(匹)と求められる。

図２

	アジ		イワシ		サバ	
×４	9	：	7			
			4	：	3	×７
	36	：	28	：	21	

社　会　＜第１回試験＞（理科と合わせて50分）＜満点：50点＞

解答

1 **問１**　①　エ　②　エ　**問２**　①　大化の改新　②　ア　**問３**　①　イ　②　ウ　**問４**　①　イ　②　ア　**問５**　A，桓武天皇　**2** **問１**　ア　**問２**　イ　**問３**　ウ　**問４**　i　**問５**　エ　**問６**　行き先…e　①　ウ　②　オ　**問７**　（例）　たくさん雪が降り，屋根に雪が積もらないように屋根の傾斜が急になっている。　**問８**　エ　**3** **問１**　エ　**問２**　イ　**問３**　ア　**問４**　ウ　**問５**　ア

解説

1 **歴史上の人物についての問題**

問１　カードAの人物は，坂上田村麻呂を征夷大将軍に任命していることから，桓武天皇である。①　桓武天皇は，律令政治がくずれ始め，仏教寺院の勢力が政治と結びついてくると，仏教勢力を奈良に残したまま都を移すことを決意し，784年に長岡京，次いで794年に水の便のよい京都盆地の平安京に遷都した(エ…○)。なお，藤原京は持統天皇が694年に移した都(ア…×)，平城京は元明天皇が710年に移した都である(イ…×)。福原京は現在の兵庫県神戸市に位置した，平清盛によって1180年に一時的に都となった地である(ウ…×)。　②　坂上田村麻呂は，朝廷の支配に抵抗する蝦夷と呼ばれた人々をおさえるため，８世紀末に桓武天皇から征夷大将軍に任命され，東北地方に派遣された。そこで胆沢城を築き，蝦夷の族長であるアテルイを服属させ，朝廷の支配地域を広げた(エ…○)。なお，アイヌは北海道の先住民族(ア…×)，イヌイットはアラスカやカナダ北部，グリーンランドなどの北極圏に住む先住民(イ…×)，隼人は古代日本の鹿児島県にあたる地域に住んでいたとされる人々である(ウ…×)。

問２　カードBの人物は，中臣鎌足とともに蘇我氏をたおしたことから，中大兄皇子(天智天皇)である。　①　中大兄皇子は645年に蘇我蝦夷・入鹿父子をたおすと，難波宮(大阪府)に都を移し，天皇中心の国づくりを目指して政治改革を行った。これを大化の改新という。　②　天智天皇の死後の672年，天皇の位をめぐって，天智天皇の弟である大海人皇子と天智天皇の子である大友皇子との間で壬申の乱が起こった。この戦いに勝利した大海人皇子は即位して天武天皇となり，都を飛鳥にもどし，強力な支配体制をつくりあげていった(ア…○)。なお，承久の乱は1221年(イ…×)，保元の乱は1156年(ウ…×)，平治の乱は1159年(エ…×)の出来事である。

問３　カードCの人物は，推古天皇の摂政となったことから，聖徳太子(厩戸王)である。　①　法隆寺は７世紀の初めに聖徳太子が建てた寺院で，現存する世界最古の木造建築とされる。金堂に，太子の死後の安楽を祈るために止利仏師(鞍作鳥)に命じてつくらせたとされる釈迦三尊像が安置されている(イ…○)。なお，アは興福寺にある阿修羅像，ウは唐招提寺にある鑑真和上坐像，エは六波羅蜜寺にある空也上人立像である。　②　大宝律令は，唐(中国)の律令を手本としてつくられた古代律令体制の基本となるもので，刑部親王や藤原不比等らが中心となって701年に完成させた(ウ…×)。なお，聖徳太子は，冠位十二階の制定は603年に，十七条の憲法の制定は604年に，遣隋使の派遣は607年に行った。

問４　カードDの人物は，摂関政治の最盛期を築き，頼通の親であることから，藤原道長である。

① 11世紀の初め，藤原道長は娘の威子を後一条天皇の后とした祝いの席で，藤原氏が栄華を極め，世の中が自分の思い通りになっていることを満月にたとえたとされるこの歌を詠んだ(イ…○)。なお，アは幕末にペリーが軍艦を率いて来航したときの様子が詠まれた歌，ウは1910年に韓国併合が実現したときに初代の朝鮮総督となる寺内正毅が詠んだ歌，エは江戸時代の寛政の改革を風刺して詠まれた歌。 ②『御堂関白記』は，藤原道長が日々の政務や生活の様子をつづった自筆の日記で，2013年にユネスコ(国連教育科学文化機関)の「世界の記憶」に登録された(ア…○)。なお，『土佐日記』は10世紀に紀貫之が著した紀行日記(イ…×)。『更級日記』は，11世紀に菅原孝標女が少女時代から晩年までの回想をつづった日記(ウ…×)。『小右記』は，藤原道長と同時代の藤原実資が著した日記である(エ…×)。

問５ Ａは平安時代初期，Ｂは飛鳥時代後期，Ｃは飛鳥時代前期，Ｄは平安時代中期のことであるので，時代の古い順に，Ｃ→Ｂ→Ａ→Ｄとなる。したがって，３番目にくるのはＡで，そのカードの人物は桓武天皇である。

2 中部地方についての問題

問１ 日本のほぼ中央にある山岳地帯には，北西から順に，飛騨山脈(北アルプス)，木曽山脈(中央アルプス)，赤石山脈(南アルプス)という3000m級の山々が南北に連なっており，ヨーロッパにあるアルプス山脈にちなんで「日本アルプス」と呼ばれている。なお，越後山脈は，新潟県東部と福島県西部・群馬県北西部にまたがる山脈である。

問２ Ｄは，新潟県北部から中部にかけての信濃川と阿賀野川流域に広がる越後平野であり，大部分が稲作の単作地帯になっている。水はけの悪い湿田であったが，乾田化したことにより米の収穫量が増大し，ブランド米であるコシヒカリの一大産地となった。

問３ Ｅは，愛知県北西部と岐阜県南部にまたがる濃尾平野であり，西から順に揖斐川，長良川，木曽川の３つの河川が流れている。３つの河川が集まる河口周辺では，住宅と農地を洪水から守るために堤防で囲んだ輪中と呼ばれる集落がつくられた。

問４ ａは新潟県，ｂは富山県，ｃは石川県，ｄは福井県，ｅは長野県，ｆは岐阜県，ｇは山梨県，ｈは静岡県，ｉは愛知県である。この中で県庁所在地名が県名と異なるのは，ｃの石川県と金沢市，ｇの山梨県と甲府市，ｉの愛知県と名古屋市であり，政令指定都市となっているのはｉである。

問５ 雨温図①は夏に降水量が多いことから，太平洋側の気候に属するｇ～ｉのいずれかである。雨温図②は年間を通して降水量が少なく，夏と冬の気温の差が大きいことから内陸の気候に属するｅかｆである。雨温図③は冬の降水量が多いことから，日本海側の気候に属するａ～ｄのいずれかである。よって，正しい組み合わせはエと判断できる。

問６ 文中にある「信州」は長野県の旧国名である「信濃」の別名である。長野県は，リンゴの生産量が青森県に次いで第２位，ぶどうの生産量が山梨県に次いで第２位である(①…ウ)。県の中央に位置する諏訪湖は，10～12月に盛んとなるワカサギ釣り，８月15日に開催される花火大会が有名である(②…オ)。

問７ 岐阜県北部の白川郷と富山県南部の五箇山地方の山間地域は日本有数の豪雪地帯で，写真のような，屋根に雪が積もるのを防ぐために急傾斜になった茅葺屋根の合掌造りと呼ばれる家屋がある。この合掌造り集落は，「白川郷・五箇山の合掌造り集落」として，1995年にユネスコの世界文化遺産に登録された。

問８　アは，条件①③⑧⑨から，名古屋を16時に出発して新幹線で94分かかるので，東京到着は17時34分である。イは，条件①②③④から，名古屋を12時に出発して在来線で６時間半かかるので，東京到着は18時30分である。ウは，条件⑤⑦から，四日市を13時に出発して高速道路で４時間30分かかるので，東京到着は17時30分である。エは，問題文と条件⑥から，四日市を８時に出発して一般道で９時間かかるので，東京到着は17時である。したがって，これらの条件のとき，エの「一般道のみを使って車で行く」方法が，最も早く目的地に到着する。

[3]　国会議事堂や官公庁についての問題

問１　１班が訪れたのは，大規模災害時に情報や被害状況を集約する防災センターがあり，交通網を管轄している国土交通省(ウ)である。２班が訪れたのは，教育やスポーツの振興を担当している文部科学省(ア)である。３班が訪れたのは，死刑執行を命じたり，刑務所を管轄したりしている法務省(イ)である。４班が訪れたのは，年金や生活保護といった社会保障を担当している厚生労働省(オ)である。したがって，どの班も訪れていない省はエの経済産業省である。

問２　日本国憲法第68条１項で，「内閣総理大臣は，国務大臣を任命する。但し，その過半数は，国会議員の中から選ばれなければならない」，２項で，「内閣総理大臣は，任意に国務大臣を罷免することができる」と定められている。罷免とは，辞めさせることを意味する(イ…○)。

問３　衆議院は，参議院より任期が短く，任期の途中で解散することもあるので，参議院より国民の意思や世論を反映しやすいと考えられている。そのため，衆議院には参議院よりも強い権限が与えられており，これを衆議院の優越という。したがって，生徒が訪れたのは衆議院であるので，国会議事堂の正面に向かって左側に配置されているアとなる。なお，正面に向かって右側にあたるエには参議院がある。

問４　日本国憲法第79条では，最高裁判所の裁判官がその職に適任であるかどうかを審査する国民審査について規定されており，任命後に初めて行われる衆議院議員総選挙のときと，その後10年を経過して初めて行われる衆議院議員総選挙のたびごとに実施される(ウ…○)。なお，全ての裁判が最高裁判所で判決が出るまで続くわけではない(ア…×)。最高裁場所では民事裁判なども扱われる(イ…×)。憲法改正の発議は国会によって行われる(エ…×)。

問５　日本国憲法第１条では，「天皇は，日本国の象徴であり日本国民統合の象徴」と定められ(Ａ…ウ，Ｂ…イ)，第４条では，「天皇は，この憲法の定める国事に関する行為のみを行い」と定められている(Ｃ…オ，Ｄ…エ)。したがって，Ａ～Ｄに入らないものはアの権利となる。

理　科　＜第１回試験＞（社会と合わせて50分）＜満点：50点＞

解　答

[1] **問１**　425m　**問２**　ウ　**問３**　被子植物　**問４**　震央　**問５**　ウ　[2] **問１** ア　**問２**　0.98 g　**問３**　3　**問４**　9.5cm　**問５**　40450cm³　[3] **問１**　ウ　**問２**　解説の図を参照のこと。　**問３**　90度　**問４**　ア　**問５**　エ　[4] **問１**　カ　**問２**　エ　**問３**　ア　**問４**　イ，エ　**問５**　さなぎ　[5] **問１**　ウ　**問２**　ア　**問３**　994hPa　**問４**　②　**問５**　エ

解説

1 小問集合

問1 山の頂上から向かいの山に向かって出した声が返ってきたとき，声は向かいの山との間を往復しているので，向かいの山までの距離は，340×2.5÷2＝425(m)となる。

問2 アルカリ性の水溶液は，BTB溶液を緑色から青色に，フェノールフタレイン溶液を無色から赤色に，赤色リトマス紙を青色に，それぞれ変化させる性質をもつ。

問3 花のはいしゅが子房につつまれていて，受粉後に子房が変化して果実ができる植物のことを被子植物という。

問4 地震は地下深くで岩ばんに力が加わり，ずれることで発生する。このとき，岩ばんがずれた場所を震源といい，震源の真上に位置する地表の地点のことを震央という。

問5 ふり子の周期はふり子の長さによってのみ決まり，おもりの重さや，ふり子の振れ幅を変えても変わらない。ふり子の周期を長くするにはひもを長くすればよい。

2 浮力についての問題

問1 浮力の大きさは物体がおしのけた液体の重さに等しく，おしのけられた液体の重さは，(おしのけられた液体の体積)×(液体の密度)で計算できる。ここで，密度は淡水よりも海水の方が大きいから，同じ体積が沈んだときに人が受ける浮力の大きさは川よりも海の方が大きくなるので，海の方が浮きやすいといえる。

問2 仮に，人の体積全体を100cm^{3}としたとき，100×0.02＝2(cm^3)が水面上にあり，100－2＝98(cm^3)が水中に沈んでいることがわかる。人が水に浮いていることから，人の重さは水中にある98cm^{3}の水の重さ(98g)と等しいことになり，密度は，(重さ)÷(体積)で求められるので，人の密度は，98÷100＝0.98(g/cm^3)となる。

問3 人のからだを直方体と考えると，この直方体の高さの150cmがこの人の高さとなり，このうち2％が水面上に出ているので，その高さは，150×0.02＝3(cm)となる。

問4 浮きの重さは50gなので，浮きが水に浮いているときに受ける浮力は50gである。このとき，水中にある部分の体積は50gの水の体積と等しい50cm^{3}とわかる。すると，浮きの底面積は，10×10＝100(cm^2)なので，水中にある浮きの高さは，50÷100＝0.5(cm)となる。よって，水面上の高さは，10－0.5＝9.5(cm)と求められる。

問5 貯水タンク内の水の高さは，タンクの底から浮きの上面までの高さから水面上に出ている浮きの高さを引いたものなので，50－9.5＝40.5(cm)となる。このとき，水中には浮きが50cm^{3}入っているので，貯水タンクの水の体積は，1000×40.5－50＝40450(cm^3)となる。

3 光の反射についての問題

問1 光が物体の表面で反射した点を通り，反射した面に垂直な線と，そこに入ってくる入射光線との間にできる角度のことを入射角という。図2の物体の位置から光を当てると，入射角はウになる。

問2 鏡の中にできる像は鏡に対して物体と線対称の位置にできる。問題の図では，像がうつった点Bから鏡までが2マスなので，右の図の●のように鏡面から下に2マスの点に物体があったことがわ

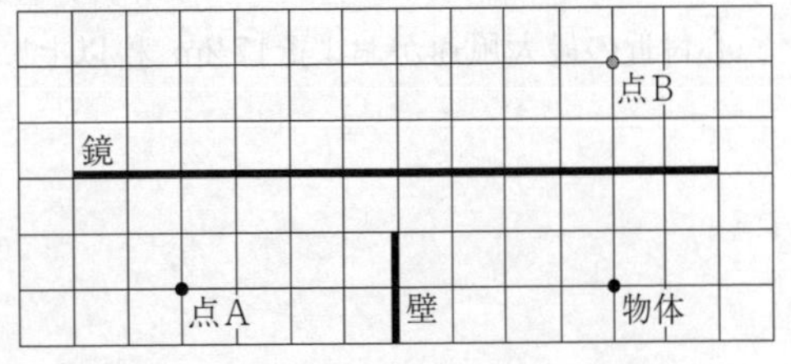

かる。

問3 四角形(正方形)の1つの角の大きさは90度なので，図5と同様に考えると，2枚の鏡がなす角度を90度にすれば，鏡の中に四角形(正方形)が3つ見えるようになる。

問4 図7で1つの三角形の中に5つの黒点が集まったかたまりは1つしかなく，鏡にできる像でもそれは同じなので，鏡の中にできた5つの三角形の中にある点のかたまりの像がそれぞれの三角形で1つしかないアが正しい。

問5 ビーズでできた矢印の模様は三角形の頂点に向かっているので，この矢印の模様の像が頂点でなくその対辺に向いているものは正しい像ではない。したがって，エが正しい図となる。

4 こん虫についての問題

問1 こん虫のなかまは足の本数が6本なのに対して，ダンゴムシの足の本数は14本，クモのなかまは足の本数が8本である。

問2 カブトムシは木から出る樹液をエサとしているので，木の幹にしっかりとつかまってからだを支えるために，足にするどいつめを持っている。

問3 バッタのうしろあしは，高く飛びはねるために発達した筋肉と，他の関節とは反対の方向を向いた関節を持つアのような形をしている。

問4 観察された生物の数は，中庭の芝生(しばふ)よりも植え込(こ)みの下の方が多い。また，エンマコオロギは中庭の芝生では見つからず植え込みの下でだけ見つかった。観察された生物はダニのなかま，トビムシのなかま，オカダンゴムシ，エンマコオロギ，モンシロチョウで，ミンミンゼミは観察されていない。

問5 こん虫の育ち方には，さなぎの時期があって幼虫と成虫のすがたが大きく変化する完全変態と，さなぎの時期がない不完全変態がある。

5 気象についての問題

問1 低気圧の中心付近には，あたためられた空気が上に向かう上昇(じょうしょう)気流があり，中心の空気がうすくなったところに周囲から空気が流れ込んでいる。このとき，地球の自転により北半球では上から見て反時計回りにうずをまく。

問2 低気圧では中心に向かって反時計回りに風が吹(ふ)き込んでいる。そのため中心の真北にあたる地点Aでは北東から風が吹いてくる。

問3 低気圧では中心に近いところほど気圧が低くなっており，等圧線は4hPaごとに描(か)かれていることから，地点Aにおける気圧は，990＋4＝994(hPa)とわかる。

問4 日本付近の上空には西から東に向かう偏西風(へんせいふう)が吹いているため低気圧は東に向かって移動する。また，低気圧のとなりには高気圧があり，高気圧からは上から見て時計回りに風が吹き出しているのでその風に運ばれて，低気圧は北東方向に向かうことが多い。

問5 台風とは，赤道より北で，経度180度より西の北西太平上で発生した熱帯低気圧のうち，中心付近の最大風速がおよそ17.2m/秒以上に発達したものである。

国語 ＜第１回試験＞（50分）＜満点：100点＞

解答

一 問１ A イ B エ C ア 問２ ア 問３ （例） 知識を持っており，さらにそれを使うことのできる技術も持っている自分。 問４ 安心が得られる（から） 問５ エ 問６ （例） 自分を客観的に捉えることで，自分にとっての自由をより積極的に考えることができ，自分の可能性を広げることができるから。 問７ 人工 問８ エ 問９ ① × ② ○ ③ × ④ ○ ⑤ × 二 問１ 陽気 問２ A ア B エ C ア D ア 問３ イ 問４ （例） いつも微笑んでいる娘が笑っていない日があると，何かあったのかと気になるから。 問５ （例） 娘が学食にやってくることは就業時間終了が近づいている一つのサインであり，雪子自身の個人的な楽しみでもあったから。 問６ エ 問７ ウ 問８ ウ 問９ エ 三 問１ ① ウ ② ア ③ ウ ④ イ ⑤ ア 問２ ① ウ ② カ ③ オ ④ ク ⑤ コ 四 下記を参照のこと。

●漢字の書き取り

四 ① 製糸 ② 赤飯 ③ 牧草 ④ 暖かい ⑤ 丸太 ⑥ 交じって ⑦ 看護 ⑧ 奮って ⑨ 操縦 ⑩ 汽笛

解説

一 **出典：森博嗣（もりひろし）『自由をつくる　自在に生きる』**。支配を自覚し，自由を求めることによって，人間は思い通り自在に行動できるようになることが説明されている。

問１ **A** 練習することで起こる自身の変化を，筆者は「まるでなにかが自分に取り込（こ）まれた」ような気がするとしたうえで，再度，あたかも「付加された」ようだと言い直している。よって，前に述べた内容を“要するに”とまとめて言いかえるときに用いる「つまり」がふさわしい。 **B** 「知識」が「道具のようなもの」であることの具体例として「金槌（かなづち）と釘（くぎ）」があげられているので，具体的な例をあげるときに用いる「たとえば」がふさわしい。 **C** 講義を受けるだけでなく，実践（じっせん）的な訓練も積むことで「使える自分」がつくりあげられ，「自由を手に入れる」ことができるとはいうものの，その「道のりは意外と険しい」のだから，前のことがらを受けて，それに反する内容を述べるときに用いる「しかし」がふさわしい。

問２ 話をきいたり文章を読んだりして納得（なっとく）し，感動さえ覚えるのだから，“あることがきっかけで，わからなかったことが急に理解できるようになる”という意味の「目から鱗（うろこ）が落ちる」が合う。

問３ 少し前で筆者は，「講義を受けるだけで」なく「実践的な訓練を積む」ことで「できる自分」（＝「使える自分」）がだんだんとつくられ，「自在に行動できる」ようになると述べている。つまり，得た「知識」を，「練習」の積み重ねにより自分のものとすることで，「自由」になるというのである。

問４ 「自由」を獲得（かくとく）することの険しさについて述べた部分である。人間は，支配されていれば恩恵（おんけい）を受けられると考え，支配されることに安心を感じると説明されているので，「安心が得られる」

という部分がぬき出せる。

問５　「支配されることが心地良い状態だと感じる」のとは別の本能として，人間は，支配を嫌い，「自由」を思考する感覚を持っていると筆者は主張しているので，エがふさわしい。なお，人間が「支配する側の人間になろうとする性質を持っている」とは述べられていないので，オは合わない。

問６　続く部分で筆者は，支配されていることを自覚し，自分を客観的に捉えることによってはじめて，人間は自分にとっての自由をもっと積極的に考え，可能性を広げていくことができると述べている。

問７　すぐ前で，「支配は動物的であり自然」だと述べられているので，対比的に「自由は人間的であり人工である」とするのがよい。

問８　科学が「自然(あるいは神)の支配から人間を解放」したと筆者は言っているものの，「科学の支配になった」とまでは述べていないので，エがふさわしくない。

問９　①　本文の最初のほうで，練習することによって身につくものは「知識とは少し傾向が違っている」と述べられているので，誤り。　②　空らんＣに続いて，「自由を獲得する道のりは意外と険しい」と説明されているので，正しい。　③　本文の後半で，人間は「自由を志向する感覚を持ち合わせている」，「一番自由を求める」存在だと述べられている。よって，誤り。　④　ぼう線４の少し前で筆者は，支配されている状態を悪いものとはとらえていないので，合う。　⑤　ぼう線４に続いて筆者は，何事も「自覚」することで，あたり前だと思っていること，不可避なことが単なる選択肢の一つにすぎないものだとわかってくると述べている。よって，誤り。

二　**出典：青山七恵『お別れの音』**。大学の食堂で働く主人公の「雪子」が，ある女学生を自分の娘として眺めるようになったようすが描かれている。

問１　「陰気」はどことなく暗い感じがすること。対義語は，雰囲気などがはればれしていること，にぎやかで明るいことを表す「陽気」にあたる。

問２　**Ａ**　陰気な学生ばかり集まっているはずの学食内がさわがしくなっていったようすを，「雪子」は不思議に思っているので，アの「ふくらんで」がよい。　**Ｂ**　自分の「爪が，雪子の人さし指の腹を軽く引っかい」てしまったことに気づいた娘は，その「あやまちを恥じるよう」に静かに「微笑んだ」ものと想像できる。よって，エの「そっと」があてはまる。　**Ｃ**　「雪子」が成長して大人になっていくにつれ，だんだんと「想像の部屋」からははなれていったのだから，アの「徐々に」が入る。　**Ｄ**　少女時代の想像好きな性格が，五十歳になった現在の「雪子」に再びあらわれはじめているというのだから，アの「くたびれた」がふさわしい。

問３　「雪子」が娘を気にかけるようになったできごとを指している。互いの手が触れたことではじめて，娘が礼を言いながら自分に「微笑みかけて」いることに「雪子」は気づいているので，イがふさわしい。

問４　今までもずっと自分に微笑みかけていたのかもしれないと思いはじめた「雪子」は，どんぶりを差し出すとき娘の顔に必ず目をやるようになり，いつも微笑んでいる彼女が「まれに笑わないことがあると」，「何があったのかとその後ろ姿を見送」るまでになっている。これをもとに，「いつも微笑んでいる娘が笑っていない日があると，何かあったのかと気になるから」のようにまとめる。

問５　「雪子」が娘を気にかけ，「自分の娘として眺めるようになっ」てから，午後二時過ぎに彼女が学食にやってくるのを待つようになった点をおさえる。直後にあるとおり，娘の来る時間が「就業時間終了が近づいているという一つのサイン」であること，また，彼女が来ることが「雪子自身の個人的な楽しみのよう」であることをふまえてまとめる。

問６　「夜な夜な繰り広げられる大絵巻」は，幼い「雪子」の思い描く，現実の世界とは異なる「想像の部屋」でのようすをたとえているので，エがふさわしくない。

問７　学食の少女を「自分の娘として眺める」ことで，五十歳になった「雪子」は再び，幼かったころに親しんだ「想像の部屋」に近づいているので，ウが合う。

問８　娘との出会いをきっかけに，「家庭に入り子どもを育てていた濃密な二十数年間の印象がうすれ」，「少女時代に親しんでいたあいまいな不安」が再び「雪子」にやってきたのだから，ウがふさわしい。

問９　娘の後ろ姿に「ガラスを溶かしたような硬質な空気」を感じた「雪子」は，彼女に対して「一瞬でもなれなれしい行動を起こそうとした心を恥ずかしく思っ」ている。よって，エがふさわしくない。

三　慣用句の知識

問１　①　「頭が上がらない」は引け目を感じて対等な関係に立てないさま。　②　「舌を巻く」は“あまりにもすぐれていて，感嘆する”という意味。　③　「気が置けない」は遠慮したり気をつかったりする必要がなく，心から打ち解けることができるようす。　④　「目が早い」は見つけるのがすばやいさま。　⑤　「斜にかまえる」は“物事に正対しないで，皮肉な態度で臨む”という意味。「はすにかまえる」とも読む。

問２　①　「五里霧中」は，手がかりがつかめずどのような方針，手段をとっていいか迷うこと。②　「背水の陣」は一歩もひけないような絶体絶命の状況の中で，全力を尽くすこと。　③　「杞憂」は無用な心配をすること。　④　「矛盾」は，つじつまが合わないこと。　⑤　「漁夫の利」は両者が争っているのにつけ込んで，第三者が利益を横取りすること。

四　漢字の書き取り

①　繭から生糸をつくること。　②　もち米に煮た小豆をまぜ，その煮汁とともに蒸した飯。祝いごとのさいにつくることが多い。　③　家畜の飼料とする草。　④　音読みは「ダン」で，「暖気」などの熟語がある。訓読みにはほかに「あたた(まる・める)」がある。　⑤　皮をはいだだけの材木。　⑥　音読みは「コウ」で，「交差」などの熟語がある。訓読みにはほかに「か(わす)」などがある。　⑦　けが人や病人の手当てや世話をすること。　⑧　音読みは「フン」で，「奮起」などの熟語がある。　⑨　機械などを思いどおりに動かすこと。　⑩　蒸気の噴出によって音を出す仕掛けの笛。

Dr.福井の

入試に勝つ！脳とからだのウルトラ科学

試験場でアガらない秘けつ

キミたちの多くは，今まで何度か模擬試験（たとえば合不合判定テストや首都圏模試）を受けていて，大勢のライバルに囲まれながらテストを受ける雰囲気を味わっているだろう。しかし，模擬試験と本番とでは雰囲気がまったくちがう。そういうところでも緊張しない性格ならば問題ないが，入試独特の雰囲気に飲みこまれてアガってしまうと，実力を出せなくなってしまう。

試験場でアガらないためには，試験を突破するぞという意気ごみを持つこと。つまり，気合いを入れることだ。たとえば，中学の校門前にはあちこちの塾の先生が激励(げきれい)のために立っている。もし，キミが通った塾の先生を見つけたら，「がんばります！」とあいさつをしよう。そうすれば先生は必ずはげましてくれる。これだけでもかなり気合いが入るはずだ。ちなみに，ヤル気が出るのは，TRHホルモンという物質の作用によるもので，十分な睡眠をとる，運動する（特に歩く），ガムをかむことなどで出されやすい。

試験開始の直前になってもアガっているときは，腹式呼吸が効果的だ。目を閉じ，おなかをふくらませるようにしながら，ゆっくりと大きく息を吸う。ここでは「ゆっくり」「大きく」がポイントだ。そして，ゆっくりと息をはく。これをくり返し何回も行うと，ノルアドレナリンという悪いホルモンが減っていくので，アガりを解消することができる。

よく「手のひらに“人”の字を書いて飲みこむことを3回行う」とアガらないというが，そのようなおまじないを信じて実行し，自分に暗示をかけてもいいだろう。要は，入試に対するさまざまな不安な気持ちを消し去って，試験に集中できるようなくふうをこらせばいいのだ。

Dr.福井（福井一成(ふくいかずしげ)）…医学博士。開成中・高から東大・文Ⅱに入学後，再受験して翌年東大・理Ⅲに合格。同大医学部卒。さまざまな勉強法や脳科学に関する著書多数。

2024年度

埼玉栄中学校

【算　数】〈第２回試験〉(50分)〈満点：100点〉

※問題を解く上で，円周率を利用するときは3.14としなさい。

1　次の問いに答えなさい。

(1)　$20-4-42\div6$

(2)　$\left(\frac{10}{3}-\frac{5}{12}\right)\div\frac{5}{24}$

(3)　$\left(6\frac{2}{5}-3\frac{1}{4}\right)\times\left\{1-\left(\frac{1}{3}\times\frac{1}{7}\right)\right\}$

(4)　$2024\times2024-2016\times2016$

(5)　$\frac{3}{1\times4}+\frac{5}{4\times9}+\frac{7}{9\times16}+\frac{9}{16\times25}+\frac{11}{25\times36}$

(6)　$A\triangle B=(A+B)\times4$とするとき，$\square\triangle4=48$です。□にあてはまる数を答えなさい。

2 次の問いに答えなさい。

(1) 1から2024までの整数のうち，3で割り切れるが，4で割り切れないものはいくつあるか答えなさい。

(2) ある作業をするのにA，B，Cの3台のロボットを使います。3台すべて使うと10日間で，AとCだけを使うと30日間で，Cだけを使うと48日間で作業を終わらせることができます。

① Bだけを使うと，作業をはじめてから何日間で作業を終わらせることができるか答えなさい。

② Bだけを使って5日間作業をしたあと，Aだけを使って何日間か作業をし，その後Cだけを使って作業をすると41日間で作業を終わらせることができました。Aだけを使って作業をしたのは何日間であるか答えなさい。

(3) $\frac{26}{111}$を小数で表すと，ある位からいくつかの数字が同じ順序でくり返し現れます。小数第28位の数字を答えなさい。

(4) 右の図のような道のある地域で，点Aから点Bまで遠回りしないで行くとき，次の問いに答えなさい。

A
B
C

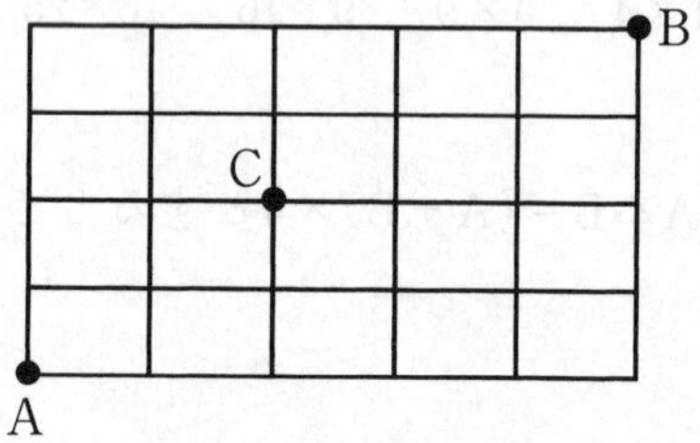

① すべての行き方は何通りあるか答えなさい。

② 点Cを通らない行き方は何通りあるか答えなさい。

(5) 4%の食塩水50gと10%の食塩水150gを混ぜました。さらにこの食塩水から50gを取り出し，この50gの食塩水に150gの水を加えると何%の食塩水になりますか。
ただし，小数第2位を四捨五入して答えなさい。

(6) ある電気店で右のような広告があった。この広告を見て，食器洗い機を購入(こうにゅう)して10年間使用する場合の費用と，食器洗い機を購入せずに10年間食器を手洗いする場合の費用を比較(ひかく)すると，どちらの方がいくら安いか，説明しなさい。

食器洗い機

価格　40,000円（税込）

食器洗い機は手洗いに比べ，食器洗いにかかる費用が20％少なくてすみます。
手洗いの場合，1年間の費用は22,000円
※食器洗いにかかる費用には，光熱費，水道代，洗剤(せんざい)代等食器洗いに必要な金額すべてと，その金額にかかる消費税を含(ふく)んでいます。

3 次の問いに答えなさい。

(1) 次の図のように，斜辺(しゃへん)が8cmの直角二等辺三角形ABCと底辺が6cm，高さが2cm，∠DEF＝45°の平行四辺形DEFGがあります。また，辺BCとEFは直線ℓ上にあり，頂点CとEは同じ位置にあります。
平行四辺形DEFGを直線ℓにそって矢印の方向に，毎秒1cmの速さで移動させます。
このとき，5秒後に，2つの図形が重なっている部分の面積を求めなさい。

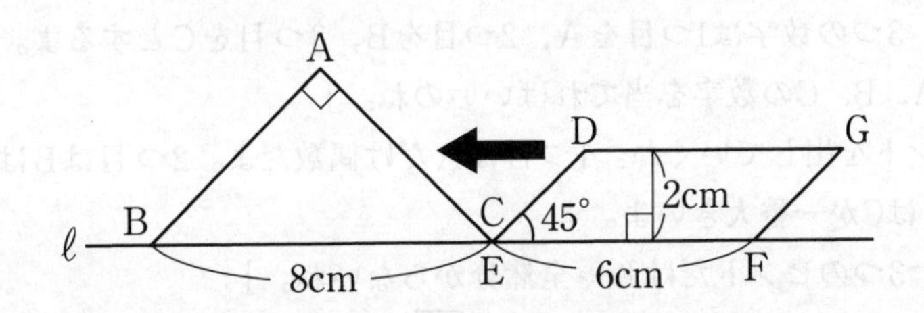

(2) 次の図の太線のように，縦10m，横20mの長方形の辺から2mはなれて歩き，角では円をえがいて歩くと，1周で何m歩くことになるか答えなさい。

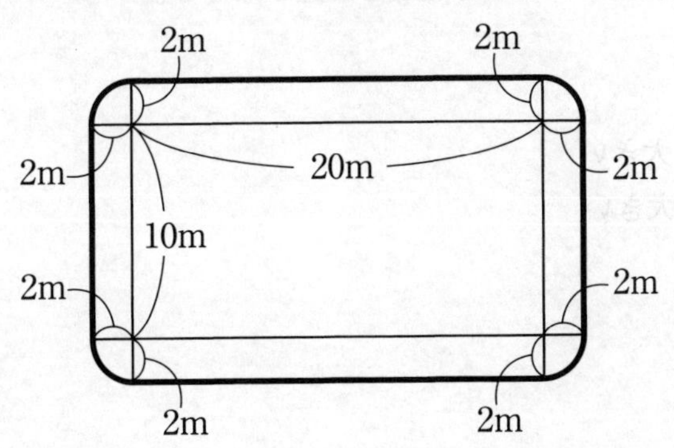

(3) 右の図のように，円柱の形をした2つの容器A，Bがあります。Aは底面の半径が6cmで高さ9cmまで水が入っています。Bには高さ4cmまで水が入っています。

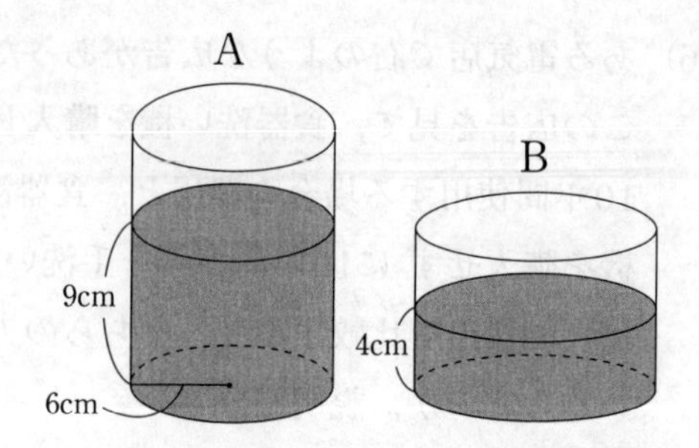

① 容器Aに入っている水の体積を求めなさい。

② 2つの容器に入っている水の量が同じになるとき，容器Bの底面の半径を求めなさい。

4 次の文章を読んで問いに答えなさい。

学君と今日子さんは休み時間にあるゲームをして遊んでいます。

学　「今から始めるゲームは数字を当てるゲームだよ。僕が1～5までの数字から3つを選ぶからね。」
今日子「選ぶ3つの数字は同じものを選んでいることもあるのよね。」
学　「そうだね，3つの数字は1つ目をA，2つ目をB，3つ目をCとするよ。」
今日子「私はそのA，B，Cの数字を当てればいいのね。」
学　「じゃあヒントを出していくね。1つ目はAだけ偶数だよ。2つ目はBは3より小さいよ。3つ目はCが一番大きいよ。」
今日子「ダメだわ，3つのヒントだけじゃ全然分からないわ。」
学　「じゃあ最後のヒントを出すね。4つ目は［あ］だよ。」
今日子「分かったわ！答えは［い］ね。」

(1) ［あ］の中に入るものを次のア～カの中から1つ選びなさい。

ア　AとCの差は1
イ　Cは3以上
ウ　AとBの差は1より大きい
エ　BとCの差は1より大きい
オ　Bが1番小さい
カ　同じ数字はない

(2) 今日子さんの［い］に入るA，B，Cの数字を求めなさい。

四

次の――線部のカタカナを漢字に直しなさい。また、送りがなのあるものは書きなさい。

① マルイ形をしたお皿を食卓に並べる。
② 国語の授業で同音イギ語の問題を解いた。
③ 植物園でキショウな植物を観察した。
④ 舞台の登場した役者全員がコウエンした。
⑤ 彼はお礼の品をコジして受け取らない。
⑥ 母ははたをオルのが得意だ。
⑦ ビンジョウして利益を得た。
⑧ 今までのコウセキが認められる日が来た。
⑨ 争いをなくしたいのでグンビ拡張に反対する。
⑩ コスイにすむ生き物の生態を調べる。

問二　次の――線部の言葉と同じ用法のものをあとから選び、それぞれ記号で答えなさい。

①　だれにもこの記録は破れまい。
ア　今後、同じ失敗は二度としまいと誓った。
イ　もう同じ注意をうるさく言うまい。
ウ　まだ桜は咲くまい。
エ　なにがあっても泣くまいと決めた。

②　秋らしい美しい景色を楽しむ。
ア　あそこにいるのは、鹿らしい。
イ　名探偵らしい見事な推理だ。
ウ　今度の試合は、中止らしい。
エ　雨が降るらしい。傘を持っていこう。

③　あれは流れ星だ。
ア　学校にオリンピック選手を呼んだ。
イ　友情で大切なのは信頼だ。
ウ　秋の紅葉は、とてもきれいだ。
エ　昨日、友達と公園で遊んだ。

④　この道は滑りそうだ。
ア　とても難しい試験だったそうだ。
イ　このお店の開店は、明日からだそうだ。
ウ　友達は出かけたそうだ。
エ　迷惑をかけてしまいそうだ。

⑤　見知らぬ人に助けられる。
ア　友情が感じられる物語を読んだ。
イ　おじさんが一時に来られる予定です。
ウ　道を聞かれることが多い。
エ　何度でも食べられるほどおいしい。

問九　文章の内容から読み取れる黒羽の人物像について説明したものとして最も適当なものを次から選び、記号で答えなさい。

ア　臆病(おくびょう)な性格であり、自分の意見を友人に伝えることが苦手である。
イ　行動力はあるが、自分の言動や行動に自信が持てない部分もある。
ウ　誰(だれ)に対しても常に高圧的な態度を取り、周囲ともめることが多い。
エ　質問癖があり、気になったことは納得いくまで質問をしてしまう。
オ　物事を客観的に見ることができ、何が起きても冷静に対応できる。

三　次の問いにそれぞれ答えなさい。

問一　次の□にあてはまる言葉をあとの語群から選び、漢字一字に直して書きなさい。

①　細心＝□密　②　次第＝順□　③　帰省＝帰□　④　親切＝□意　⑤　熟読＝□読

語群

じょ	ない	めん	とつ	こう
しょう	せい	ふ	ひん	きょう

問三 ――線２「ひどく戸惑ったような、なんのつもりだとでも言いたげな顔をした」とありますが、その理由として最も適当なものを次から選び、記号で答えなさい。

ア 女バスの部員達が黒羽のことを知っていたから。
イ 女バスの部員達が黒羽の登場で騒いだから。
ウ 黒羽が急に現れて話に割って入ってきたから。
エ 黒羽が男バレの部員だと今まで知らなかったから。
オ 黒羽がのぞき見していたことに気付いていたから。

問四 ――線３「しなやかな木材でできた弓のように身体をしならせ」の部分に使われている表現技法を次から選び、記号で答えなさい。

ア 倒置法　イ 擬人法　ウ 体言止め　エ 直喩　オ 反復法

問五 ――線４「これ」とは何を指しますか。文章中から四字で探して、書きぬきなさい。

問六 ――線５「黒羽は言葉を失った」とありますが、なぜですか。文章中の言葉を使って三十五字以内で書きなさい。

問七 ――線６「細い目をこれでいっぱいなんじゃないかというくらい大きく見開いて」とありますが、このときの「灰島」の心情としてふさわしくないものを次から選び、記号で答えなさい。

ア 驚き　イ 期待　ウ 興奮　エ 喜び　オ 悔しさ

問八 ――線７「泡を食った」の意味として最も適当なものを次から選び、記号で答えなさい。

ア 悲しみに暮れる　イ 生き生きする　ウ 驚き慌てる　エ 馬鹿にする　オ 安心する

※高飛車に言い残していった。
「おまえアップのやり方ぜんぜん駄目（だめ）。ストレッチからやりなおすからな。待ってろ」

（壁井（かべい）　ユカコ　『2.43 清陰（せいいん）高校男子バレー部１』より一部省略）

※絃子・頼道（頼ちゃん）……黒羽のいとこの名前。
※釈然としない……納得（なっとく）できない。
※クサす……悪く言う。
※出端を挫かれて……何かを始めようとしたときに邪魔（じゃま）が入ること。
※高飛車……高圧的。

問一　――線１「コートを明け渡せと言っている」とありますが、女バスの部長がこのように言うのはなぜですか。文章中の言葉を使って五十字以内で書きなさい。

問二　（Ａ）から（Ｃ）にあてはまる身体の一部を表す漢字として最も適当なものを次から選び、それぞれ記号で答えなさい。

Ａ　ア　顔　イ　腹　ウ　体　エ　胸　オ　背
Ｂ　ア　首　イ　尻　ウ　指　エ　足　オ　頭
Ｃ　ア　目　イ　背　ウ　眉（まゆ）　エ　首　オ　膝

「サーブしか? なんで?」
脊髄反射で訊いたら睨まれた。質問癖がうざいって※頼道に言われたばかりだっけ。
「一人でできるの、4これしかないだろ」
あ……と漏らしたきり5黒羽は言葉を失った。
灰島が勝手にやってることなんだからこっちの気が咎めることなどないのだが、それでも後ろめたさは感じる。一人でモップかけて、ネット張って、アップして……で、一人でサーブ練して、籠のボールを使い切ったら球拾いして、またサーブ打って……一人でダウンして、片づけて掃除して、帰る。〝そっちはよっぽどおもろいことしてるんやろな〟――面白いわけがない。しかも隣のコートからは一人でやってるんなら場所明け渡せと常にプレッシャーをかけられて。
頭の中で会話がすこし巻き戻されて再生された――〝二対二十になってもたいして心強くないんだけど〟
ボールを床に置き、それをつっかえ棒にするようにして腰をあげた。
「……ジャージないけど、つきあってやってもいいぞ。せっかく来たんやし、今日は頼ちゃんとも約束してえんし。ほやけどおれヘタクソやでな。練習相手にならんかもしれん。一人でやったほうがましなんやったらもう来んわ」
アップがわりに屈伸しながら言い訳みたいに余計な言葉を重ねる。また「なんのつもりだ」って言われるんじゃないかと耳がつい構えている。最後に背中を反らす運動をして、身体を戻しつつちらりと灰島の顔色を窺った。どうせ人を見下した顔して――。
6細い目をこれでいっぱいなんじゃないかというくらい大きく見開いて灰島がこっちを見つめていた。瞳の奥が潤んでいるように見えて、えっ泣く? なにも悪いこと言ってないよな? 一瞬7泡を食ったが、違う――?
光だった。眼鏡のレンズに遮られて温度というものが感じられなかった瞳に、熱っぽい光が宿ってきらきら輝いている。喩えるなら初めて行った恐竜博物館でティラノサウルスの動く実物大ロボットに興奮する小学生男子、みたいな。
「な、なんやいったい……」
今までの印象からかけ離れすぎててなんかもう気持ち悪い。
「ちょっと待ってて。コンタクトに替えてくる」
「へ? なんで?」
「どうせ一人だから、実は怠けてた。あと、」
扉に向かってきびすを返したかと思ったら灰島は一度足をとめて振り返り、※出端を挫かれて突っ立っている黒羽の顔を指さして、

実際に言われた。

灰島はコートエンドからネットのほうを向いて立ち、左手でボールをついている。床に跳ね返ったボールが吸いつくように手に収まる。黒羽はコートサイドにあぐらをかいて鞄を脇に置いた。手近な場所にボールが転がっていたので手を伸ばしてたぐり寄せた。ひさしぶりにバレーのボールに触ったかも。なんとなくくすぐったい感触。

向こう半分のコートでは女バスが練習を再開していた。やり場のない怒りをぶつけるような乱暴なドリブルの振動が尻に伝わってくる。体育館の床なんて綿埃がふわふわしているものなのに、練習前にモップがけしたのだろうか、綺麗だった。一人で……？　練習に入るまでに時間がかかるはずだ。

「見物に来てやったんや。おれがやってることつまらんって※クサすくらいやで、そっちはよっぽどおもろいことしてるんやろなって。ほやで別におまえを助けに来たわけやないぞ。さっきのはあれや、ノリや。おまえやでっちゅうんやなくて、一対二十じゃ卑怯やしな」

「二対二十になってもたいして心強くないんだけど」

「おっまえ、かわいげないなあ。ほーゆうこと言ってるで友だちなくすんやぞ」

灰島の手のひらと床のあいだをリズミカルに往復していたボールがぽこっと灰島のつま先にあたってあらぬ方向に飛んでいった。……ん？　今こいつ動揺した？

仏頂面で灰島は籠から別のボールを取った。軽くボールをついてから、左手にボールを載せてまっすぐ前に伸ばす。目を細めてボールの先を睨む。精神統一の儀式は長くない。時間にして一秒くらいだ。片手で回転をつけて前方高くにトスを放った。自分であげたトスを追って大きく三歩走り込み、膝を深く沈めて跳躍。[3]しなやかな木材でできた弓のように身体をしならせ、くの字に折ると同時に左手を思い切りよく振り抜いた。そういえば授業であてられて板書するときも左手でチョークを持っていた気がする。

空中のボールを正確に捉えてずばんっと豪快な音がはじけ、「おお」と黒羽は歓声をあげた。今度はネットを越え、相手コートの向こう端に鋭いサーブが突き刺さった。なんだ、別に動揺してないかも。

「すげえんやな、ジャンプサーブできるなんて。テレビでしか見たことないわ」

手もとのボールを投げあげて打つ真似をするのだが、灰島みたいに打てる気はぜんぜんしない。素直に賞賛してやったのに灰島はまったく気をよくしたふうもなく、

「三週間これしかやってないから、すこしは上手くならないと絶望する。それにもっと精度あげなきゃまだ試合じゃ使えない」

二　次の文章を読んで、あとの問いに答えなさい。

黒羽祐仁は、ほとんど活動してない男子バレーボール部の部員である。黒羽のクラスに転校してきた灰島は前の学校でもバレー部に所属しており、放課後一人で練習を行っていた。ある日、黒羽は灰島が練習している様子をこっそり見に行った。

「なあなあ、転校生」

仕切りネット越しに隣のコートから声がかかった。※紘子と同じクラスの、たしか女バスの部長だ。女バスの他の面々はタオルを手に壁際に散ってひと息ついている。露骨に迷惑そうなオーラを立ちのぼらせて灰島がボールを持った左手をおろした。

「今日も一人なんか？　見てわかると思うけど、こっちはすし詰めなんやって。一人でやってるんやったら隅っこでもいいんと違う？」

要は1コートを明け渡せと言っているわけだ。考えてみれば今まで放置されていた男バレの枠を他の部が親切に空けておいてくれたわけがない。「隣が男バレの日は体育館全面使える日」というのが暗黙の了解になっていたのだろうと容易に想像できる。それがある日突然やってきた灰島が、隣にひと声かけるでもなく当たり前って顔でネットを張って一人で練習しはじめる……今日も全面使って練習できると思い込んでいた他の部は※釈然としない顔でそれを見やる……ありありと目に浮かびすぎてこっちがいたたまらなくなる。

灰島に圧力をかけるようにいつしか仕切りネットの前に女バスの面々が集まっていた。

「なあ。一人やないんやったら文句ないわけやろ」

鉄扉の陰から身を晒して声をあげてから、自分の行動に自分で驚いた。女バスがいっせいに振り返ったので内心たじろぎつつ表向きには圧力に負けまいと（　A　）を張り、

「お、遅れてすまん……な」

それでも顔が引きつって、声が（　B　）すぼみになった。

「黒羽祐仁やないんか」「ああ、紘子の従兄弟の？」「男バレやったっけ」女バス一同がざわついたが、一番驚いていたのは灰島だったかもしれない。（　C　）をひそめて2ひどく戸惑ったような、なんのつもりだとでも言いたげな顔をした。なんのつもりってなんのつもりだろう？

「なんのつもりだよ」

問五　――線３「独身のオス」と同じ内容の言葉を文章中から七字で探して、書きぬきなさい。

問六　――線４「死んだオス親に代わって給餌を引き継ぐのだ」とありますが、給餌を引き継ぐ理由を「～ため。」に続く形で文章中から二十字で探して、その初めの五字を書きぬきなさい。

問七　――線５「不思議なこと」とはどのようなことですか。文章中の言葉を使って四十五字以内で書きなさい。

問八　――線６「出現」の熟語の組み立てと同じものを次から一つ選び、記号で答えなさい。

ア　利害　イ　挙手　ウ　未熟　エ　人造　オ　永久

問九　文章中から次の一文がぬけています。文章中の［ア］から［オ］のどこに入りますか。記号で答えなさい。

> そのデメリットをどう克服するか、話を更に進めよう。

問十　次の各文が、文章の内容と合っていれば○、合っていなければ×とそれぞれ書きなさい。

① サイチョウの夫婦は抱卵のための巣穴の候補を一緒に探して、最終的に一番大きいほら穴を選択する。
② サイチョウのメスは抱卵し、雛が巣立つまでの四〇日間、巣穴の外に全く出ないで子育てに専念する。
③ サイチョウは一夫多妻制の特徴を持っているため、オスの親鳥が事故で死亡しても大きな問題にならない。
④ サイチョウの独身オスが給餌を引き継ぐことには、種の遺伝子を残すというメリットがある。
⑤ サイチョウの雛は四〇日間、ずっと巣穴の中にいたため、外に出てからしばらく空を飛ぶ訓練が必要である。

問一 （　Ａ　）・（　Ｂ　）にあてはまる言葉として最も適当なものを次から選び、それぞれ記号で答えなさい。ただし、同じ記号を二度使うことはできません。

ア　だから　　イ　しかし　　ウ　まず　　エ　さらに　　オ　たとえば

問二 ――線1「抱卵はメス、給餌はオスである」とありますが、その理由を文章中の言葉を使って七十字以内で書きなさい。

問三 □にあてはまる言葉を文章中から二字で探して、書きぬきなさい。

問四 ――線2「大きなデメリット」の説明として最も適当なものを次から選び、記号で答えなさい。

ア　オスは食糧探しに専念し過ぎて一万四〇〇〇個の果実を集めるため、巣穴がせまくなってしまうから。
イ　四〇日間もの間、オスは食糧探しに専念するため、雛がオスのことを自分の親だと認識（にんしき）しなくなるから。
ウ　オスは食糧探しに専念し過ぎるため、いない間に他の独身オスが巣穴に近づいてきてしまうから。
エ　オスは厳しい環境（かんきょう）の中で食糧探しに専念するため、過労死や事故死をしてしまうことがあるから。
オ　オスは厳しい環境の中で食糧探しを行うため、ほとんどのオスが事故死をしてしまうから。

2024年度

埼玉栄中学校

【国　語】〈第二回試験〉(五〇分)〈満点：一〇〇点〉

《注意》字数制限のある問題では、句読点（。や、）符号（「」など）も一字と数えます。

□一　次の文章を読んで、あとの問いに答えなさい。

〔編集部注…課題文は著作権上の問題により掲載しておりません。作品の該当箇所につきましては次の書籍を参考にしてください〕

・長澤信城著『イラスト図説「あっ！」と驚く動物の子育て』（講談社　二〇〇六年五月発行）
一二八ページ冒頭～一三二ページ最終行

2024年度

埼玉栄中学校

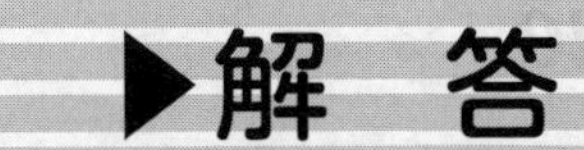

※　編集上の都合により，第２回試験の解説は省略させていただきました。

算　数　＜第２回試験＞（50分）＜満点：100点＞

解　答

[1] (1)　9　(2)　14　(3)　3　(4)　32320　(5)　$\frac{35}{36}$　(6)　8　[2] (1)　506　(2)　①　15日間　②　10日間　(3)　2　(4)　①　126通り　②　66通り　(5)　2.1%　(6)　食器洗い機の方が4000円安い　[3] (1)　6 cm²　(2)　72.56m　(3)　①　1017.36cm³　②　9 cm　[4] (1)　ウ　(2)　**A**　4　**B**　1　**C**　5

国　語　＜第２回試験＞（50分）＜満点：100点＞

解　答

[一] **問１**　**A**　ウ　**B**　イ　**問２**　（例）　サイチョウのメスは羽毛の生えかえと繁殖の時期が一致し，しかも生えかえが一気におきて丸裸になり，一歩も外に出られなくなってしまうから。　**問３**　天敵　**問４**　エ　**問５**　子育てヘルパー　**問６**　自分が配偶(～ため。)　**問７**　（例）　動物は餌を見れば奪いあって食べるのが普通なのに，縁もゆかりもない個体に餌を与えること。　**問８**　オ　**問９**　イ　**問10**　①　×　②　○　③　×　④　○　⑤　×　[二] **問１**　（例）「隣が男バレの日は体育館全面使える日」というのが暗黙の了解だったのに，灰島がコートを使っているから。　**問２**　**A**　エ　**B**　イ　**C**　ウ　**問３**　ウ　**問４**　エ　**問５**　サーブ練　**問６**　（例）　灰島に一人で練習させていたことに後ろめたさを感じたから。　**問７**　オ　**問８**　ウ　**問９**　イ　[三] **問１**　①　綿　②　序　③　郷　④　厚　⑤　精　**問２**　①　ウ　②　イ　③　イ　④　エ　⑤　ウ
[四]　下記を参照のこと。

●漢字の書き取り

[四] ①　円い(丸い)　②　異義　③　希少　④　好演　⑤　固辞　⑥　織る　⑦　便乗　⑧　功績　⑨　軍備　⑩　湖水

Memo

2024年度 埼玉栄中学校

【算　数】〈第３回試験〉（50分）〈満点：100点〉

※問題を解く上で，円周率を利用するときは3.14としなさい。

1　次の問いに答えなさい。(6)については，□にあてはまる数を答えなさい。

(1) $30-2\times(15-14\div7)$

(2) $\{1-(0.07+0.88)\}\div\left(1-\frac{1}{2}\right)$

(3) $2024\times2024-2023\times2023$

(4) $\left(\frac{5}{43}+\frac{8}{301}\right)\times\left(0.5+0.11\times2\frac{3}{11}-\frac{1483}{2024}\right)$

(5) $\frac{5}{4\times9}+\frac{7}{9\times16}+\frac{9}{16\times25}+\frac{11}{25\times36}+\frac{13}{36\times49}$

(6) $\left\{3\frac{1}{3}-\square\div2\frac{1}{4}-1.25\times2\right\}\times6=1$

2　次の問いに答えなさい。

(1) ある洋菓子屋(ようがしや)では，土曜日は全商品が定価の30%引きで，日曜日は定価が350円以上の商品が半額となります。なお，定価は次のようになります。

モンブラン	400円	ショートケーキ	350円
チーズケーキ	300円	シュークリーム	200円

次の場合について，土曜日と日曜日はどちらが安いか答えなさい。

① モンブランとチーズケーキを1個ずつ買う。

② ショートケーキとシュークリームを1個ずつ買う。

(2) A，B，Cの3人が同じ仕事を行いました。A，Bは同時に仕事を始め，Aが全体の$\frac{1}{5}$まで仕事を進めたとき，Cが仕事を始めました。しかし，A，Cは同時に仕事を終え，このときBはまだ全体の$\frac{1}{6}$が残っていました。A，B，Cの3人の仕事を進める速さはそれぞれ一定であるとし，BとCの仕事を終えるのにかかった時間の比を，かんたんな整数の比で表しなさい。

(3) ある村の住民数は9600人で，これは5年前の120％にあたります。この村の5年前の住民数を求めなさい。

(4) Aさんは毎朝8時に家を出て，分速60mで歩くと8時半に学校に着きます。ある日，登校中に忘れ物に気づき，同じ速さで歩いて家に向かってもどっていると，もどりはじめてから3分後に忘れ物を届けに来てくれたお母さんと出会いました。忘れ物を受けとったAさんは，そこから分速120mで走って学校に向かい，8時27分に学校に着きました。Aさんがお母さんと出会ったのは家から何mのところになるか答えなさい。

(5) 濃度（のうど）8％の食塩水100gがある。この中から40gの食塩水をとり出し，かわりに40gの水を入れる。この操作を何回行えば，初めて食塩水の濃度が3％以下になるか答えなさい。

(6) 10円玉が6枚，50円玉が4枚，100円玉が5枚，財布の中に入っています。財布から硬貨（こうか）をとり出して，その合計金額が510円になるのは，全部で何通りあるか答えなさい。

3 次の問いに答えなさい。

(1) 右の図のように，長方形の紙を折り曲げてできる角①の大きさを求めなさい。

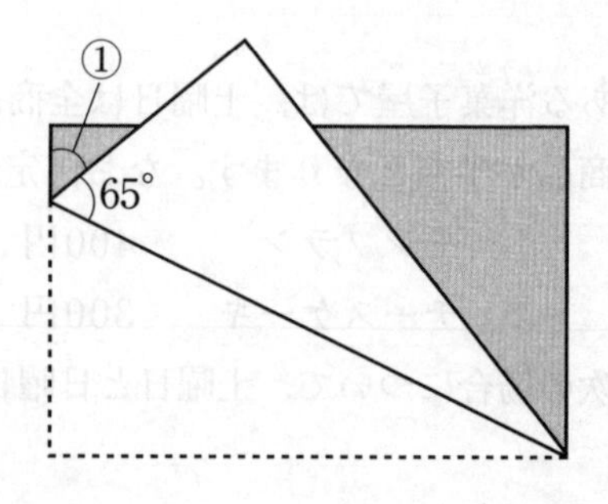

(2) 次の図は三角柱の展開図です。次のア～エの中から正しいことがらをすべて選びなさい。

ア　表面積が50，側面積が30であるとき，⑤の面積は20となる。

イ　②，③，④ が正方形であるとき，⑤は必ず正三角形となる。

ウ　①が角Aが90°，AC＝4，AD＝3の直角三角形であるとき，BE＝12となる。

エ　①がAC＝ADの二等辺三角形であるとき，③と④は必ず合同となる。

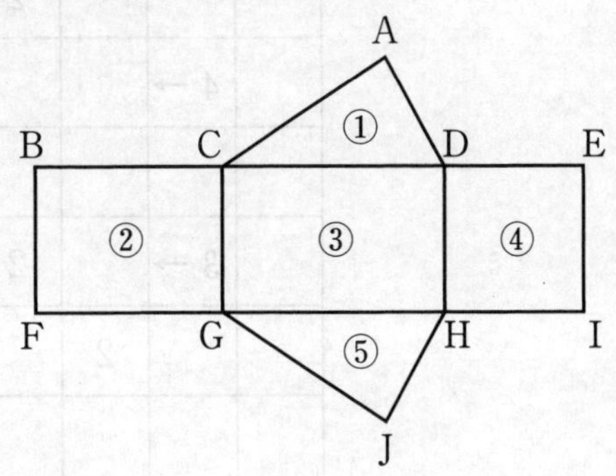

(3) 学君は次の図のような縦20m，横30mの畑に肥料をまきます。学君の持っている肥料は，$1m^2$あたり140gが適量です。何kgまくか求めなさい。
ただし，この畑には一定の幅（はば）の通路（斜線部）が2本あり，ここには肥料はまきません。

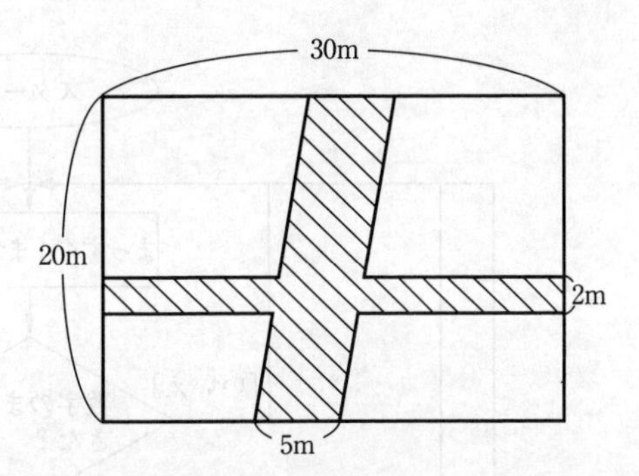

(4) 底面の半径が1cm，高さが5cmの円柱を3つ用意し，図1のようにまとめて置きます。図2は図1を上から見たものです。図2の点線に沿って図1の立体を切断すると図3のような立体ができました。このとき，図3の立体の表面積を求めなさい。

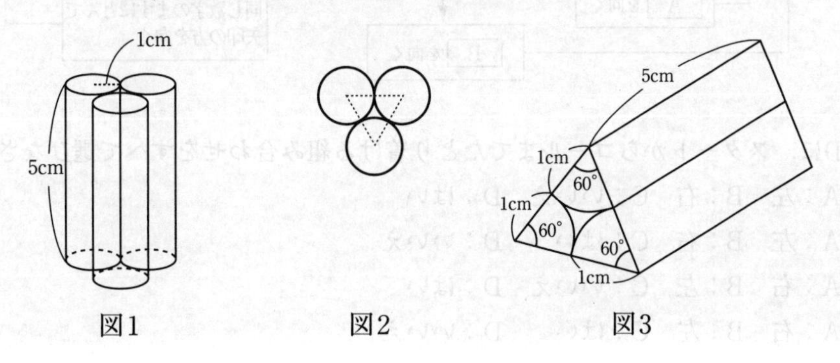

図1　　図2　　図3

4　次の問いに答えなさい。

(1) 下の絵のスタートからゴールのますまでの行き方をフローチャートにまとめました。

			2		←6		2	2
	4→			5→	1			
					2	←7		
	3→		2				↑6	
		2		2				
					5↓			
				←3				
		1		4↓				
		2			2			↑7

ゴール（3行目の右端）
スタート→（8行目の左端）

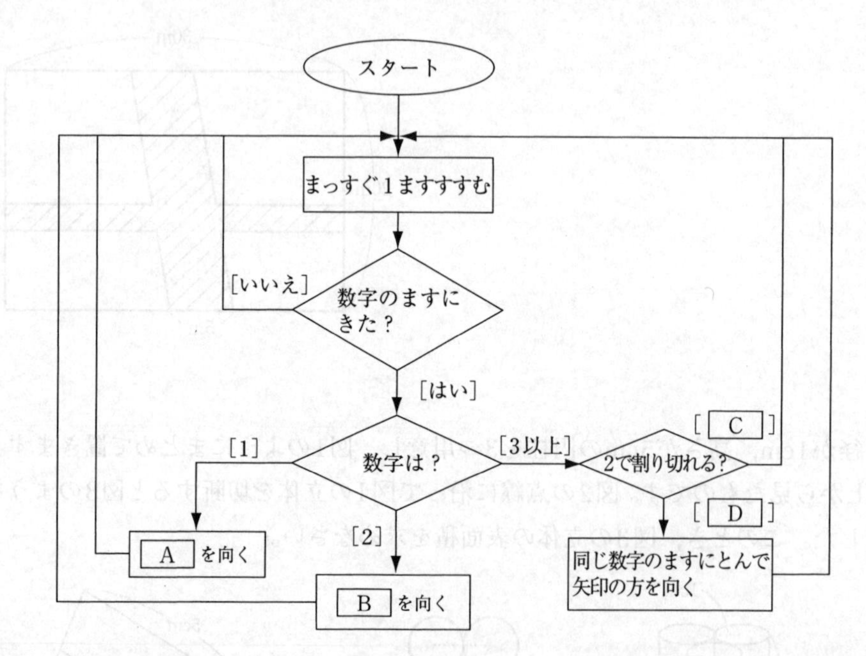

A～Dに，スタートからゴールまでたどり着ける組み合わせをすべて選びなさい。

ア　A：左　B：右　C：いいえ　D：はい

イ　A：左　B：右　C：はい　D：いいえ

ウ　A：右　B：左　C：いいえ　D：はい

エ　A：右　B：左　C：はい　D：いいえ

(2) 1から24までの数字がそれぞれ表に書いてあり，裏が白い24枚のカードがあります。
学さんは，このカードを横一列に1から順番に並べました。

今日子「学さん，何しているの？」
学　「24枚のカードを裏にした状態から規則のとおりにカードをひっくり返す遊びをしているよ。」
今日子「そうなんだ，おもしろそうだね。」

【規則】
1回目：すべてのカードをひっくり返す。
2回目：2の倍数の数字が書いてあるカードをひっくり返す。
3回目：3の倍数の数字が書いてあるカードをひっくり返す。
…
24回目：24の倍数の数字が書いてあるカードをひっくり返す。

学　「最後まで続けたときに，何枚表のカードがあるかと思って，実験しているんだ。」
今日子「この規則を最後まで続けると時間がかかりそうね。24枚だとカードが多いから1から10までの10枚にしてやってみない？」
学　「そうだね。枚数を少なくして実験してみよう。」
今日子「1から10までの10枚だと3枚表になったね。あっ，表の数字は あ ね！」
学　「うわ，本当だ！同じように考えると1から24までの24枚だと い 枚表になるね！」

① あ にあてはまる3つの数を答えなさい。

② い にあてはまる数を答えなさい。

【社　会】〈第３回試験〉（理科と合わせて50分）〈満点：50点〉

1　次の年表を見て、あとの問いに答えなさい。

年	できごと
1358	２代将軍義詮（よしあきら）の子として生まれる
1369	父が亡くなったことにより家督を継ぎ、３代目将軍となる 幼くして将軍となったため、（　１　）の細川頼之が政治を助ける
1378	（　２　）に花の御所をつくり、幕府を移す
1392	a 南北朝を統一する
1394	将軍職を子の義持にゆずり、b 太政大臣になる
1397	c 北山に別荘を建てる
1404	d 明との貿易を始める
1408	病気で亡くなる

問1　この年表はある人物に関するものです。適する人物名をフルネームで答えなさい。

問2　年表中の空欄（１）には、将軍を補佐し、政務全体を管理した幕府の職名が入ります。適する語句を次のア～エから選び、記号で答えなさい。

ア　大老　　イ　執権　　ウ　管領　　エ　若年寄

問3　年表中の空欄（２）に適する語句を次のア～エから選び、記号で答えなさい。

ア　京都　　イ　江戸　　ウ　大坂　　エ　鎌倉

問4　年表中の下線部ａについて、吉野にのがれてみずからの皇位の正統性を主張した人物を次のア～エから選び、記号で答えなさい。

ア　白河天皇　　イ　後白河天皇　　ウ　醍醐天皇　　エ　後醍醐天皇

問5　年表中の下線部ｂについて、あとの問いに答えなさい。

①　太政大臣について説明している文として適するものを次のア～エから選び、記号で答えなさい。

ア　幼い天皇のかわりに政治を行う役職のことである。
イ　律令制の最高官だが、ふさわしい者がいないときは置かれなかった。
ウ　もとは東北地方に住んでいた蝦夷を討伐するために置かれた官職である。
エ　京の警備を行う役所の長官のことである。

②　年表の人物よりも前に、武士として初めて太政大臣になった人物名をフルネームで答えなさい。

問6　年表中の下線部cについて、あとの問いに答えなさい。

①　下線部cに適する建築物を次のア～エから選び、記号で答えなさい。

ア

イ

ウ

エ

②　このころの文化を説明している文として適するものを次のア～エから選び、記号で答えなさい。

ア　唐風の文化を基にしながら、日本の風土や生活に合った文化が生み出された。

イ　経済の発展を背景に、京都・大阪を中心に町人を担い手とする文化が栄えた。

ウ　貴族の文化と、禅宗の影響を受けた武士の文化があわさったのが特色である。

エ　欧米の文化も盛んに取り入れられ、都市を中心に伝統的な生活が変化し始めた。

問7　年表中の下線部dについて、あとの問いに答えなさい。

①　貿易船と倭寇を区別するために用いられた証明書を何といいますか。

②　この貿易のおもな輸入品として適切でないものを次のア～エから選び、記号で答えなさい。

ア　硫黄　　　イ　銅銭　　　ウ　書画　　　エ　生糸

2 次の写真と略地図を見て、あとの問いに答えなさい。

① 世界遺産にも登録されている別名「白鷺城（しらさぎじょう）」

② 日本三景にも指定されている景勝地

③ 那智（なち）大社と「那智の滝」

④　日本最大の面積を誇る湖

⑤　世界最古の木造建築物

問1　写真①のある府県を右の略地図中のＡ～Ｇから選び、記号で答えなさい。

問2　右の略地図中にあるａと本州を結ぶ連絡橋を次のア～エから選び、記号で答えなさい。

ア　瀬戸大橋　　　　イ　来島海峡大橋

ウ　明石海峡大橋　　エ　大鳴門橋

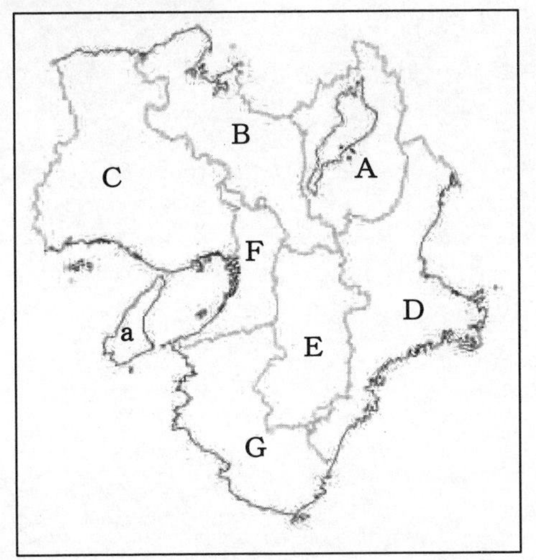

問3　写真②のある府県について、あとの問いに答えなさい。

（１）写真②のある府県を右の略地図中のＡ～Ｇから選び、記号で答えなさい。

（２）この府県では町の景観保護のため、条例が施行されていますが、どのような条例か説明しなさい。

問4　右のグラフは写真③のある府県でとれた農作物の全国の生産量に対する都道府県別の割合（シェア）を表しています。
この農作物は何ですか、次のア～エから選び、記号で答えなさい。

ア　かき　　　　イ　みかん
ウ　うめ　　　　エ　りんご

2020年度
その他 22%
神奈川県 2%
青森県 2%
群馬県 8%
福井県 2%
写真③ 64%

問5　写真④のある府県について、あとの問いに答えなさい。

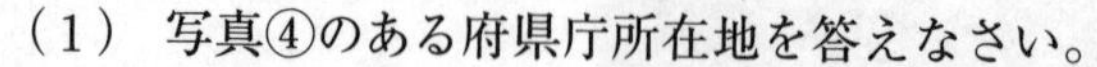

（1）　写真④のある府県庁所在地を答えなさい。
（2）　写真④を源とする河川は上流と下流で呼び名が変わります。湾に注ぐ下流では何と呼ばれますか、次のア～エから選び、記号で答えなさい。

ア　淀川　　　　イ　最上川
ウ　天竜川　　　エ　信濃川

問6　写真⑤のある府県を略地図中のＡ～Ｇから選び、記号で答えなさい。

問7　日本の高度経済成長期に四大公害病が発生した府県はどこですか、略地図中のＡ～Ｇから選び、記号で答えなさい。

問8　略地図中のＦで2025年に開催される予定のイベントは何ですか、次のア～エから選び、記号で答えなさい。

ア　万国博覧会　　イ　ＣＯＰ25　　ウ　Ｇ20サミット　　エ　オリンピック

3 次の栄太(10歳)と父(45歳)の会話を読み、あとの問いに答えなさい。

栄太：あれ？今日は日曜日なのに学校にたくさんの人が入っていくよ。

父　：今日は選挙の日だからね。学校のような場所が投票所になることがあるんだよ。

栄太：でもお父さん、ついこの間も投票に行ってなかったっけ？

父　：それはまた別の選挙なんだ。年によっては複数の選挙が行われることもあるんだ。

栄太：①この前は何の選挙だったの？

父　：国政選挙だよ、解散総選挙ってやつだね。

栄太：この間授業で習ったよ。②任期前に解散の仕組みがあるんだよね。

父　：じゃあ、その国会議員が集まる③国会には種類があるのは知っているかい。

栄太：そうなの。なんだか全部同じに見えるんだけど。

父　：はたから見たらみんな同じに見えるよね。

栄太：うん。結局、④今日は何の選挙なの？

父　：今回は地方選挙さ。栄太もあと20年経てば立候補可能な年齢になるよ。

栄太：えー。20年はながいなぁ。でも選挙について興味がわいたよ。

父　：それじゃあ今夜は⑤投票に行って外食しよう。

問1　下線部①と④の選挙を次のア～エからそれぞれ選び、記号で答えなさい。

ア　衆議院議員総選挙　　　イ　参議院議員通常選挙
ウ　市町村長選挙　　　　　エ　都道府県知事選挙

問2　下線部②について、次の文章は解散の根拠として用いられている憲法の条文です。空欄Aに入る語句を漢字2字で答えなさい。

第7条【　A　の国事行為】
　A　は、内閣の助言と承認により、国民のために、左の国事に関する行為を行ふ。

問3　下線部③について、下線部①の選挙後30日以内に召集される国会を何というか答えなさい。

問4　下線部⑤について、次の表は日本の世代別の投票率とその変化をまとめたものです。表から読み取れることとして、正しいものを下のア〜エから選び、記号で答えなさい。

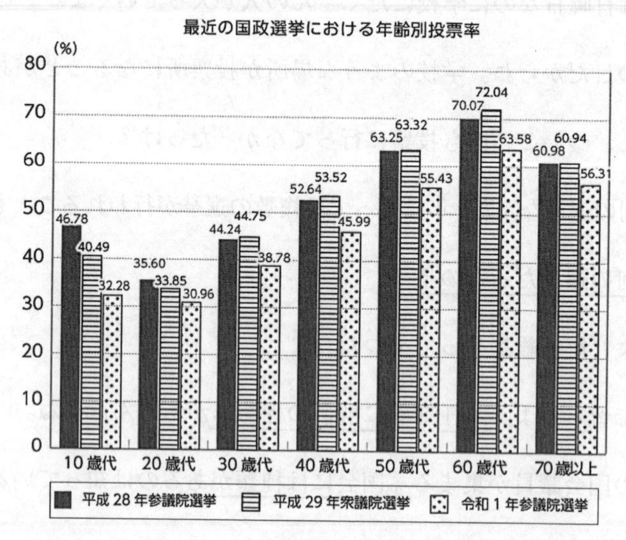

「政府広報オンライン」

ア　3つの選挙すべてで栄太の父の世代が最も投票率が高い。
イ　栄太の父以上の世代では衆議院選挙より参議院選挙の時に投票に行く人の割合が高い。
ウ　すべての年齢の代で令和になってからの投票率が低下している。
エ　栄太の世代の投票率は平成28年から令和1年にかけて上昇し続けている。

【理　科】〈第３回試験〉（社会と合わせて50分）〈満点：50点〉

1 以下の各問いに答えなさい。

問1　2個の同じ種類の乾電池を使い、豆電球をより明るく光らせるときの回路のつなぎ方を何というか答えなさい。

問2　金属の棒を加熱すると、加熱した部分から順に遠くへ熱が伝わります。このような熱の伝わり方を何というか答えなさい。

問3　体温を一定に保つことができる動物を何というか答えなさい。

問4　地震のゆれによって、地ばんが液体のようになる現象を何というか答えなさい。

問5　気体の集め方について、下方置換法はどのような気体を集める方法ですか。気体の特ちょうを次の選択肢からすべて選び、記号で答えなさい。

ア　水にとけやすい
イ　空気よりも軽い
ウ　空気よりも密度が大きい
エ　空気中に約80％含まれている

2 次の文章を読んで、後の各問いに答えなさい。

ふりこ時計はふりこが正確に規則正しくゆれることを利用して発明された時計で、この発明によって人々はより正確に時間を知ることができるようになりました。短所として振動に弱く、地震が起きると止まってしまうことがありますが、その性質によって地震が起こった時間などを知ることもできました。

図2はふりこ時計の一部です。ふりこの1度の往復で歯車の歯が2本分回転するような構造をしており、歯の数が違う歯車を用いることで秒針や長針、短針の動きを調整できます。

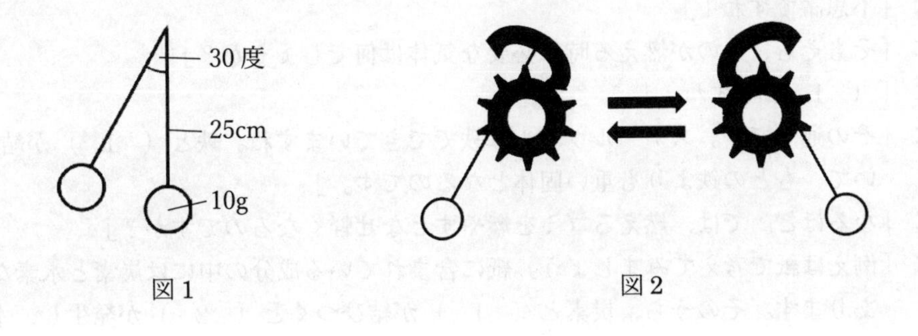

図1　　図2

問1　図1のふりこが10往復する時間を3回はかったところ、それぞれ9.8秒、10秒、10.2秒でした。1往復するのに平均何秒かかるか答えなさい。

問2　図1のふりこのおもりの重さを2倍にしました。10往復するのにかかる時間は何秒と考えられるか答えなさい。

問3　下の表はふりこの糸の長さと10往復にかかる時間の関係をまとめたものです。図1のふりこの糸の長さを225cmにすると1往復するのにかかる時間は何秒と考えられるか答えなさい。

糸の長さ(cm)	5	10	15	20	30	35	40	45
10往復にかかる時間(秒)	4.5	6.3	7.8	9.0	10.9	11.9	12.6	13.5

問4　図2のふりこ時計のふりこの長さを25cmにし、ふりこを10往復させた時、歯車は歯何本分回転するか答えなさい。

問5　図2のふりこ時計のふりこの長さを100cmにした時、歯車が1分で1回転するためには歯の本数は何本にすればよいか。次の選択肢から選び、記号で答えなさい。

ア　30本　　イ　40本　　ウ　60本　　エ　120本　　オ　240本

3　次の3人の会話を読んで、後の各問いに答えなさい。

学　：「ゴミを捨てる時に分別しなければならないけれど、そもそも燃えるゴミはなんで燃やす必要があるのかな？」
今日子：「いろいろ理由はあるけれど、一番の理由はゴミを燃やすことで量を減らせるからだと思うよ。」
学　：「つまり、ものを燃やすと軽くなるってこと？」
今日子：「そうだね。」
先　生：「実は必ずしもそうとは限りませんよ。確かに燃えるゴミの場合は燃やしたら軽くなりますね。しかし、例えばスチールウールを燃やしたあとに生じる固体は、もとのスチールウールよりも重くなります。」
学　：「不思議ですね！」
先　生：「そもそも、ものが燃える時に必要な気体は何でしょうか？」
今日子：「（　1　）ですね。」
先　生：「その通りです。スチールウールは鉄でできていますね。鉄と（　1　）が結びついて、もとの鉄よりも重い固体となるのです。」
学　：「なるほど。では、燃えるゴミを燃やすとなぜ軽くなるのですか？」
先　生：「例えば紙で考えてみましょう。紙に含まれている成分の中には炭素と水素などがあります。そのうち、炭素と（　1　）が結びつくと（　2　）が発生し、水素と

（　１　）が結びつくと（　３　）が発生します。これらは気体として逃げていくので、ごくわずかな灰が残り、軽くなるのです。」

学　：「よく分かりました！」

今日子：「大量のゴミを減らすために、家の庭でゴミを燃やしてもいいのですか？」

先　生：「個人でゴミを燃やすことは野外焼却といって、一部の例外を除いて法律で禁止されています。危険をともないますし、ゴミによっては有害な気体が発生することもあります。絶対にやってはいけません。」

問1　文章中の空欄（　１　）～（　３　）に適する語句の組み合わせを次の選択肢から選び、記号で答えなさい。

	（　１　）	（　２　）	（　３　）
ア	酸素	窒素	二酸化硫黄
イ	酸素	二酸化炭素	水蒸気
ウ	窒素	二酸化硫黄	水蒸気
エ	窒素	二酸化炭素	酸素
オ	二酸化炭素	窒素	二酸化硫黄
カ	二酸化炭素	二酸化硫黄	酸素

問2　燃えた後に残る固体の重さが燃やす前より重くなるものを次の選択肢から選び、記号で答えなさい。

ア　ろうそく　　　　イ　発泡ポリスチレン（発泡スチロール）
ウ　ダイヤモンド　　エ　銅粉

問3　燃えるゴミを燃やした後の重さは燃やす前と比べて10分の1になるものとします。また、1か所のゴミ処理場が1日に扱う燃えるゴミの重さを160t（トン）とします。日本にある1067か所のゴミ処理場が1日でゴミを燃やしたあとに残る固体の重さは何tになりますか。

問4　スチールウールはマッチを使って簡単に燃やすことができますが、同じ重さの鉄くぎは燃えません。その理由を「スチールウールの方が～」に続けて説明しなさい。

問5　ものが燃える時には様々な危険をともないます。誤りを含む文章を次の選択肢から選び、記号で答えなさい。

ア　プラスチックの中には燃やすと塩化水素などの危険な気体を発生するものがある。
イ　消毒用アルコールは非常に燃えやすいので、火の近くで扱ってはいけない。
ウ　料理中に油に引火した場合はすぐに水をかけて消す必要がある。
エ　火事の時に発生しやすい一酸化炭素は有毒な気体であるが、においがしないので気づきにくく大変危険である。

4 次の3人の会話を読んで、後の各問いに答えなさい。

学　：「今日の授業で環境問題について学んだけど、あんなにもたくさんの生き物に絶滅のおそれがあることに驚いたよ。」
今日子：「そうね、その中でも私はメダカが気になったわ。」
学　：「メダカが減少した原因は複数あるみたいだけど、僕は①外国から日本に入ってきて野生化した生物の影響が大変だと思ったよ。」
今日子：「先生、メダカは私たちがうまれるよりも前からレッドリストに載っていますよね。」
先　生：「そうだね、1999年に絶滅危惧Ⅱ類に記載されました。」
学　：「でも、絶滅しそうなら、飼うのはすごく難しいだろうな。」
先　生：「ではメダカの特徴や育て方について少しまとめてみよう。②メダカのひれの特徴は知っていますか？」
今日子：「はい、背びれなどの形の違いでオスとメスが見分けられます。」
先　生：「そうですね、水温は何℃くらいに調節すれば卵をうみますか？」
学　：「[　③　]℃くらいだと良いと思います。」
先　生：「正解です。また、水そうには④水草も入れましょう。そして、卵が⑤うまれたら水草ごと別の水そうに移しましょう。」

問1　文章中の下線部①について、外国から日本に入ってきて野生化した生物を何というか答えなさい。

問2　文章中の下線部②について、メダカのからだにはひれが全部で何枚あるか答えなさい。

問3　文章中の空欄③について、水そうに入れる水の温度は何℃が適当ですか。次の選択肢から選び、記号で答えなさい。

ア　5
イ　10
ウ　15
エ　20

問4　文章中の下線部④について、メダカのメスは水草に卵をうみつけます。いつごろどのように産卵するか、次の選択肢から選び、記号で答えなさい。

ア　早朝に1つずつ水草にうみつける。
イ　夜間に1つずつ水草にうみつける。
ウ　早朝にまとまって10個くらい水草にうみつける。
エ　夜間にまとまって10個くらい水草にうみつける。

問5　文章中の下線部⑤について、うまれた卵を別の水そうに移す理由を、15文字以内で答えなさい。

5 次の文章を読んで、後の各問いに答えなさい。

約1700万年前から約1500万年前、秩父盆地には「古秩父湾」と呼ばれる海が広がっていました。取方の大露頭では、古秩父湾が深海だった約1600万年前の地層を見ることができます(図１)。Ａの部分には海底地すべりによってできた曲がった地層や、Ｂの部分は海底に積もった地層が傾いた後、川の作用で形成された水平な地層が重なる不連続な面が観察できます。

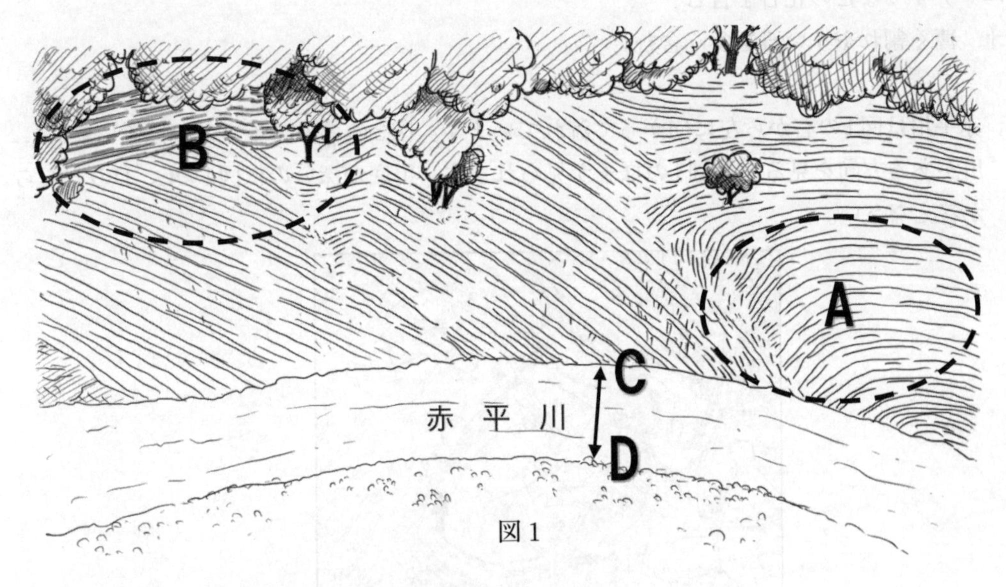

図１

問1 Ａの部分のように曲がった地層を何というか答えなさい。

問2 図2はBの部分を拡大したものです。図2のように地層が不連続になっている重なり方を何というか答えなさい。

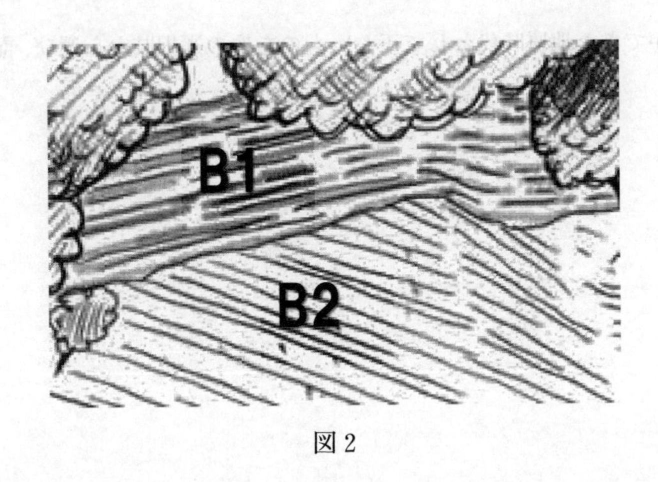

図２

問3　図2のB1の部分をくわしく観察すると観察できる地層の様子として正しいのはどれですか。次の選択肢から選び、記号で答えなさい。

ア　角ばったれきを多く含む。
イ　火山灰が固まった石を多く含む。
ウ　角の取れた丸い小石や砂を多く含む。
エ　アサリなどの化石を含む
オ　薄く割れやすい石を多く含む。

問4　赤平川は図1の右から左に向かって流れています。図3のアイコンの位置に立ち、川がある方向を見ると、図1の様子が見られます。川底が深いのは図1のC、Dのどちらか答えなさい。

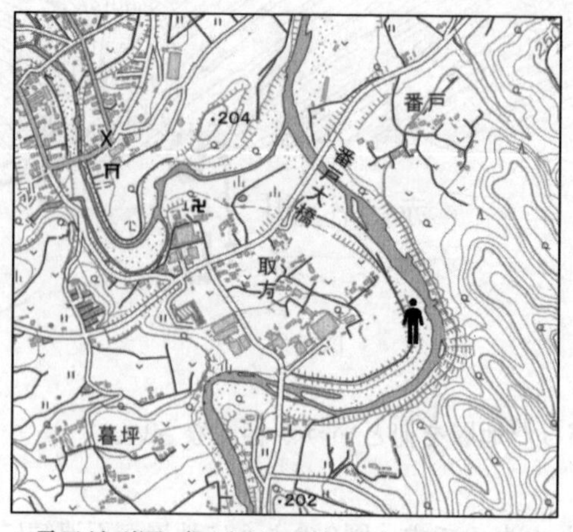

電子地形図（国土地理院）を加工して作成

図３

問5　取方の大露頭ができた地質時代として正しいものを次の選択肢から選び、記号で答えなさい。

ア　古生代以前
イ　古生代
ウ　中生代
エ　新生代

四 次の――線部のカタカナを漢字に直しなさい。また、送りがなのあるものは書きなさい。

① 部屋にある時計のデンチを入れかえる。
② 事件現場に見物人たちがムラガル。
③ 彼らは日頃からキョウチョウして行動している。
④ 新しい商品の効果をケンショウする。
⑤ 飛行機のパイロットは左へとシンロを変更した。
⑥ 重要文化財のホシュウが行われている。
⑦ 授業で日本が他国内で持つケンエキについて学ぶ。
⑧ 政府の政策にヤトウが意見を述べた。
⑨ 世界のヘンキョウを旅することが夢だ。
⑩ トウトイ命を守るために医者になった。

三　次の問いにそれぞれ答えなさい。

問一　次の□に漢字一字をあてはめて、四字熟語を完成させなさい。

①　空理空□…現実性のない理屈。
②　晴□雨読…気ままな生活のこと。
③　□語道断…もってのほかのこと。
④　本□転倒…大事と小事を取り違えること。
⑤　□機応変…変化に応じて適切な処置をすること。

問二　次の各文の～～～線部の述語に対する主語をそれぞれ――線部から一つずつ選び、記号で答えなさい。

①　ア友達の　イ打った　ウシュートが　エ何度も　外れた。
②　ア左から　イ五番目が　ウ僕の　エ泊まる　部屋だ。
③　アアメリカ製の　イ古い　ウ車は　エどこにも　なかった。
④　アうさぎが　イ住んでいる　ウ森には　エ湖も　ある。
⑤　ア妹は　イぬいぐるみと写真立てを　ウ本棚の　エ上に　並べた。

問八　――線７「母は僕だけのものではなかった」とありますが、そのように感じた理由として最も適当なものを次から選び、記号で答えなさい。

ア　母のなきがらが、わが家で過ごした時間が短かったから。
イ　母が倒れてから泣いたのは、僕だけではなかったから。
ウ　兄や姉が母のために率先（そっせん）して葬儀の手伝いをしていたから。
エ　母の知人が次々にやってきて、母にお別れをしていたから。
オ　最後に骨壺を置いたのが僕ではなく、親戚のおじさんだったから。

問九　文章の内容から読み取れることとして最も適当なものを次から選び、記号で答えなさい。

ア　慌（あわ）ただしく葬儀が進み、母との別れはあっけなく終わってしまった。
イ　例年にない寒さが続き、母が亡くなったのは三月に入ったばかりであった。
ウ　僕は母が倒れてからたくさん泣いたが、これ以降泣くことはなかった。
エ　三月にもかかわらず真冬並みの底冷えが続いていたが、桜が咲き始めていた。
オ　僕が母との別れを実感したのは、お経を唱え、焼香しているときであった。

問三 ――線3「鼻の奥が急にツンとした」とありますが、このときの「僕」の心情として最も適当なものを次から選び、記号で答えなさい。

ア 三泊四日も家を空けていたことで激変した家の中の空気への不快感。
イ 疲れて家に帰ってきたのに、室内が暗く冷え切っていることへのいらだち。
ウ 誰にも返事をしてもらえなかった父への哀れみ。
エ 兄の機嫌が悪く、八つ当たりされるのではないかという恐怖。
オ 家の中から返事がなく、母が亡くなったことをあらためて実感した悲しみ。

問四 （ A ）から（ C ）にあてはまる言葉として最も適当なものを次から選び、それぞれ記号で答えなさい。

A ア じんわり　イ あっさり　ウ ぼんやり　エ うっとり　オ ゆっくり
B ア うっかり　イ しっかり　ウ がっかり　エ ちゃっかり　オ すっかり
C ア 背中　イ 口　ウ 腕　エ 身　オ 足

問五 ――線4「長く居座りすぎた冬の寒さだった」の部分に使われている表現技法として最も適当なものを次から選び、記号で答えなさい。

ア 倒置法（とうちほう）　イ 反復法　ウ 体言止め　エ 擬人法（ぎじんほう）　オ 直喩（ちょくゆ）

問六 ――線5「僕たちは母を一人きり、まだ雪の残る山深い田舎に残した」とありますが、どういうことですか。文章中の言葉を使って二十五字以内で書きなさい。

問七 ――線6「ただ途方に暮れていた」とありますが、その理由を文章中の言葉を使って四十五字以内で書きなさい。

おじさんが墓石を元に戻すとき、風に乗った雪がひとひら、母を追いかけるように穴に舞い落ちていった光景は、四十年たったいまでもくっきりと覚えている。

（重松清『また次の春へ』より）

※框…………玄関の、靴を脱ぐ場所から上がったところ。
※脳溢血……脳の血管が破れて脳内に出血が起こる病気。
※荼毘に付された……火葬された。

問一 ――線１「頭が回らなかった」の意味として最も適当なものを次から選び、記号で答えなさい。
ア 落ち着きがなかった　イ 思考が追いつかなかった　ウ 気持ちがなかった
エ 目移りしなかった　オ 考えを疑わなかった

問二 ――線２「口を開くのも億劫なほど疲れていた」とありますが、疲れていた理由として最も適当なものを次から選び、記号で答えなさい。
ア 夜中に帰ってきて、玄関や門の外灯の明かりを点けるのに苦労したから。
イ 飛行機とレンタカーを乗り継いで、母が生まれ育った実家まで行ったから。
ウ 年末年始の帰省と同じ期間田舎にいたが、忙しく過ごしていたから。
エ 親戚と一緒に、以前から行きたかった場所へタクシーで行ったから。
オ 祖父母と遊ぶ時間もないほど忙しく家の手伝いをしていたから。

だが、それを誰よりも喜んでくれるはずのひとは、もういない。

僕たちは、一週間前に母を亡くした。

母の命を奪ったのは、4長く居座りすぎた冬の寒さだった。前夜まで元気だったのに、冷え込んだ早朝、トイレに立とうとして寝室を出て、廊下で倒れた。※脳溢血だった。すぐに救急車で病院に運ばれたが、意識を取り戻すことなく、夕方に息を引き取ったのだ。

母のなきがらはわが家で二晩過ごし、お通夜からは斎場に移された。告別式を終えて※荼毘に付されたお骨は、いったん家に戻って最後の夜を過ごしたあと、僕たちと一緒に父の生まれ故郷に向かった。

父の田舎では親戚のための小さなお葬式があらためて営まれ、四十九日の法要を待たずに納骨をすませた。それが父の故郷の決まりだった。行きはボストンバッグに入れたお骨を家族で順番に抱いていたのに、帰りは手ぶらになってしまった。5僕たちは母を一人きり、まだ雪の残る山深い田舎に残したまま、母のいないわが家に帰り着いたのだ。

母が倒れてから僕はたくさん泣いた。こんなに激しく長く泣きつづけたのは、ものごころついてから初めてだったし、その後もなかった。

だが、どんなに泣いても、心のいちばん奥深いところに涙は残っていた。それをぜんぶ搾り出してしまいたいのに、どうしてもそこには届かない。

長患いをしていたのなら、こちらも心の準備ができる。だが、あまりにも急だった。悲しむより先に呆然としてしまう。思い出にひたる余裕もなく、先のこともなにも考えられず、6ただ途方に暮れていた。

お別れの儀式はどんどん先に進んでいく。7母は僕だけのものではなかった。僕の知っているひと、知らないひと、みんなが次々にやってきては母に別れを告げた。兄や姉の見よう見真似で、立ったり座ったりおじぎをしたり、手を合わせたりお経の言葉を唱和したり焼香したりしているうちに、母と過ごす最後の日々はあっけなく終わってしまった。

母のお骨は、父の実家の墓に納められた。代々のご先祖さまが入る大きな墓だった。

天気は良かったが、風は凍えるほど冷たかった。粉雪が舞っていた。それを風花と呼ぶのだと、お坊さんが教えてくれた。

親戚のおじさんが墓石の下のほうを動かすと、地下にお骨を納める穴が広がっていた。父が「お願いします」と骨壺を手渡すと、おじさんはお経をつぶやきながら（　C　）をかがめ、穴の奥に置いた。白磁の壺が暗闇にふっと消えていく。それが母との別れだった。

二　次の文章を読んで、あとの問いに答えなさい。

真っ暗な家に帰り着いた。室内に明かりがないのは最初からわかっていたが、玄関や門の外灯までは1頭が回らなかった。

「失敗したなあ、帰りが夜になるんだから、出るときに点けとかないといけなかったんだな」

玄関の鍵を手探りで開けながら、父がつぶやいた。父の後ろに立つ子ども三人は、兄も姉も、それから僕も、白い息を吐いて小さくうなずくだけで、声に出しては応えなかった。2口を開くのも億劫なほど疲れていた。

三泊四日で、家を空けた。飛行機とレンタカーを乗り継いで、父の生まれ故郷まで行ってきたのだ。田舎で過ごした日数は年末年始の帰省のときと同じだったが、忙しさが違った。入れ替わり立ち替わり親戚のひとがやってきて、タクシーであちこちに連れ回された。おじいちゃんやおばあちゃんにはほとんど遊んでもらえなかったし、テレビも全然観られなかった。そもそも、遊んだり笑ったりする気になれない。一週間前からそうだった。ぐったりとした重い疲れも、長旅のせいだけではなかった。

父は玄関のドアを開けると、真っ暗な家の中に向かって「ただいま……」と言った。返事はない。3鼻の奥が急にツンとした僕は、靴をわざと乱暴に脱ぎ捨て、ジャンプするように※框に上がった。その勢いのまま廊下に駆け出そうとしたら、四つ上の兄に「うるさい」と背中を叩かれた。兄は一週間ずっと機嫌が悪かった。

家の中は暗いだけでなく、凍えるように冷え切っていた。

その年の冬は、ずいぶん長かった。三月になってようやく陽射しが春めいてきたかと思っていたら、シベリアから南下した寒気団のせいで、季節は逆戻りしてしまった。例年ならそろそろ桜の花が咲きはじめる三月終わりになっても、真冬並みの底冷えがつづいていた。

居間の明かりを点けた父は「コタツと、あと、ストーブも点けてくれ」と誰にともなく言った。コタツのスイッチは僕が入れた。種火の消えていた灯油ストーブは兄がマッチを擦って点けて、姉は父に言いつけられる前に風呂場に行って、浴槽に水を張った。姉はこの一週間、まわりのおとなたちが感心するほどたくさんお手伝いをした。そんな僕たちを、居間にあぐらをかいて座り込んだ父は、黙って（　A　）と見つめていた。

これからは家族みんなで支え合ってがんばらないとな、と今日の昼間、親戚のおじさんに言われた。

だいじょうぶよ、この子たちは（　B　）してるから、と初めて会うおばあさんに言われたのは、ゆうべのことだった。

兄は中学一年生で、姉は小学五年生、僕は小学三年生だった。来週、四月の新学期が始まれば、みんな一つずつ進級する。

問六 ――線4「日本のプリクラ（プリントシール）」に対する人々の認識の変化について、文章中の言葉を使って三十字以内で書きなさい。

問七 ――線5「こうした生活」とありますが、どのような生活ですか。「～生活」に続く形で文章中から十七字で探して、その初めの五字を書きぬきなさい。

問八 文章中から次の一文がぬけています。どの文のあとに入れればよいですか。その文の終わりの五字を書きぬきなさい。

もう少し広く行きわたった「なりきり」には、「プリクラ」を加えることができるでしょう。

問九 次の各文が、文章の内容と合っていれば○、合っていなければ×とそれぞれ書きなさい。

① 顔加工ができるプリクラの機械は、海外ではあまり受け入れられなかった。
② バーチャルリアリティ世界に没入しすぎると現実との区別がつかなくなる。
③ アンドロイド技術をエンターテインメントで活用すれば学習の進みが早くなる。
④ 自分の顔を加工することに喜びを感じるのは、日本人だけの感覚である。
⑤ ロボットを開発する際にはどの国でも二足歩行の人型のものが好まれている。

※発端・端を発する……それがきっかけとなって物事が始まること。
※土壌……………………物事を発生・発展させる土台。
※風貌……………………外部から見た姿や顔つきなどの様子。
※感嘆……………………感心し、ほめ称(たた)えること。
※破格……………………基準から外れていること。

問一　□にあてはまる言葉を文章中から二字で探して、書きぬきなさい。

問二　――線１「興味のあるゲームのルールやキャラクターの名前などは、多少難しくても無理なくすいすいおぼえられる」とありますが、なぜですか。文章中の言葉を使って三十五字以内で書きなさい。

問三　――線２「必然」の対義語を次から選び、記号で答えなさい。
ア　当然　イ　偶然(ぐうぜん)　ウ　自然　エ　未然　オ　冷然

問四　（Ａ）・（Ｂ）にあてはまる言葉として最も適当なものを次から選び、それぞれ記号で答えなさい。ただし、同じ記号を二度使うことはできません。
ア　つまり　イ　なぜなら　ウ　また　エ　たとえば　オ　しかし

問五　――線３「バーチャルリアリティ・チャット」の技術が発展した理由として適当なものをあるだけ選び、記号で答えなさい。
ア　強い変身願望を持っている人が多かったから。
イ　自分と違う身体になることに抵抗がなかったから。
ウ　人に似た身体を受け入れる土台があったから。
エ　人々がＳＮＳの扱(あつか)いに慣れていたから。
オ　映画の題材になり世界中に知られたから。

4日本のプリクラ(プリントシール)でした。2000年前後の日本の女子高生たちの手帳は、友達と撮ったプリクラのシールでびっしりとうめつくされていました。目を大きくしたり、あごを小さくしたり、小顔に変えたり、自分の理想の顔に近づけた顔写真にするのです。

当初は理想にした顔写真を撮ることそれ自体が娯楽で、グループで撮りあって楽しんでいたわけです。やがて自分の顔写真のシールを交換しあったり、自分の名刺につけて渡したりするようになっていきました。つまり最初は自分の顔を変えて楽しむ娯楽だったものが、だんだんと「自分像」へと変化していったことがわかります。

10年ほど前にひどく驚いたのは、プリクラの顔写真が事件の被害者や加害者の顔写真として新聞の紙面に大きく掲載されたことでした。遊びで交換していたような、アニメの少女のような大きな目の顔写真に、家族や周囲にとまどいがなかったのかが気になりました。

ちなみにこの顔加工ができるプリクラの機械は、海外ではそれほど受け入れられなかったようです。自分の顔を加工することにどれくらい喜びを感じ、またどこまで顔を加工しても許容されるのか？ その許容の広さが日本らしいのかもしれないと思います。

デジタルに強い最近の若い人の様子を見ると、プリクラで別の※風貌になりきるだけでなく、SNSやバーチャルリアリティ・チャットで複数のアカウントやアバターを駆使して複数の人格を演じたりと、複数の社会でマルチな活動をしていることに※感嘆します。まずその社会構造が多層的で、これまでのどの時代の人たちと比べても※破格に複雑です。そして、いったいどれが本当の自分なのだろうかと悩んだりはしないのか、不思議に思えます。

5こうした生活を続けているうちに、これまでは変えられないとされてきた、自分の人格とか自分の風貌とか、そんなものはいつでも好きに変えられるし、そんなことにこだわるのがばかばかしいと思うようになるのでしょうか？

(山口　真美『こころと身体の心理学』より)

※画期的……………時代に一つの区切りをつけるような新しい様子。
※普及………………広く行き渡ること。
※駆使………………自由自在に使いこなすこと。
※没入感……………一つのことだけに集中すること。

ー1」という映画の題材にもなっています。

映画ではかっこよいアバターの姿が出ていますが、実際のバーチャルリアリティの世界はもう少しアニメ系の姿です。ぬいぐるみやボーカロイドロボット（有名な初音ミクのように、合成音声にあわせて作られたバーチャルアイドル）のような姿で動きまわって、まったく知らない世界の人たちと出会い、相手は英語でこちらは日本語と、言葉もまったく通じていないのに言葉を投げかけあったりしています。

自身もバーチャルチャットを※駆使して取材を続ける新聞記者から聞いた話ですが、ふだんは近づきがたい男性が、ぬいぐるみやかわいい女の子の姿に変身すると、気軽に声をかけあうことができるようになるといいます。その※没入感も、ＳＮＳを超えるとのこと。家に帰るとバーチャルリアリティの世界に没入し、そのまま仕事をしたり、あるいはそのまま眠りに落ちて、バーチャルリアリティの世界で「おはよう」と挨拶しあうことに心地よさを感じるそうなのです。バーチャルリアリティの中で結婚をすることもあり、そうなると、バーチャルリアリティの世界と今生きている世界、どちらが真実の世界かわからなくなるのではないでしょうか。

専用ゴーグルやそれなりのパソコンといった準備が必要なため、今は趣味の世界のつながりのような雰囲気ですが、今後より多くの人の交流の場となったときには、なりすまし等への注意が必要となるかもしれません。

3<u>バーチャルリアリティ・チャット</u>は、日本発信の技術のひとつです。こうした技術の背景にあるのが、自分と違う身体になることに抵抗がないこと。じつはこれこそが日本らしいところで、抵抗感の大きい国や文化もあるのです。

先のボーカロイドの初音ミクが人気になるように、さかのぼればロボットに「鉄腕アトム」のような人格のある人型を求めるのも、日本らしいといえるのです。ロボットを開発する際に二足歩行の人型ロボットにこだわるのは日本くらいだそうで、欧米では使用に堪えれば車輪でもかまわないそうです。

日本のロボットの歴史をさかのぼると江戸時代のからくり人形を※発端に、１９２８年の京都博覧会では学天則という人型ロボットが公開されました。座ったままで腕を動かしたり表情を変えたりと、からくり人形に近い技術ではありますが、様々な人種をかけあわせた顔にしているという力の入れようです。これらのことから考えられるのは、日本では、人型ロボットのような、人に似た身体を受け入れやすい※土壌があるということです。

（　Ｂ　）、バーチャルリアリティ・チャットの身体化には、「なりきり」という感覚も重要です。これも日本文化として世界的に定評がある、コスプレでアニメーションのキャラクターになりきることに※端を発します。

今ではスマートフォンのアプリにも顔を変える機能が付いていて、世界的にはやっていますが、そのさきがけがシールで印刷された

2024年度 埼玉栄中学校

【国語】〈第三回試験〉（五〇分）〈満点：一〇〇点〉

《注意》字数制限のある問題では、句読点（。や、）符号（「」など）も一字と数えます。

一　次の文章を読んで、あとの問いに答えなさい。

SNSの次に来るのは、バーチャルリアリティ世界ではないかといわれています。インターネットによって、遠くに住む人々同士がやりとりできるようになりました。SNSでは文章で、ビデオ通話では映像でやりとりしていたことが、バーチャルリアリティでは架空世界に入りこんで交流できるのです。自身が架空世界に入りこみ、自身の□を介して交流するということ。自身の身体感覚を拡張させる※画期的な技術です。

これまでにお話ししたように、すでに身体は様々に拡張されています。人工内耳などの技術が進み、アンドロイド技術が身近なものとなっています。そのなかで、結果的にアンドロイド技術をうまく使いこなすことができるかは、私たち自身の学習能力にかかっていることもわかりました。いかに代替物を「身体」として取り入れることができるかの「身体の問題」には、学習がからんでいるのです。

しかし学習というのは、楽しくなければうまくいきません。みなさんも思い返してみると、実感できると思います。テストのために渋々おぼえる漢字や英単語がなかなか頭に入らないのに比べると、1興味のあるゲームのルールやキャラクターの名前などは、多少難しくても無理なくすいすいおぼえられるのではないでしょうか。

うまく学習にのるためにはごほうびが必須ですが、好きで楽しいことそれ自体がなによりも高い報酬になります。そのため、好きなことは2必然的に学習が進むのです。（　A　）アンドロイド技術もエンターテインメントで活用すれば、とうぜん学習の進みは速くなるのです。

エンターテインメントとして一般的なものに、バーチャルリアリティ・チャットがあります。バーチャルリアリティ世界でアバターを介して人とつながるというもので、この数年で急速に※普及していて、スティーヴン・スピルバーグ監督による「レディ・プレイヤ

2024年度

埼玉栄中学校　▶解　答

※　編集上の都合により，第３回試験の解説は省略させていただきました。

算　数　<第３回試験>（50分）<満点：100点>

解　答

1　(1)　4　(2)　0.1　(3)　4047　(4)　$\frac{5}{2024}$　(5)　$\frac{45}{196}$　(6)　$\frac{3}{2}$　2　(1)　①　土曜日　②　日曜日　(2)　3：2　(3)　8000人　(4)　720m　(5)　2回　(6)　5通り　3　(1)　50度　(2)　イ，ウ　(3)　63kg　(4)　48.84cm²　4　(1)　ア，エ　(2)　①　1，4，9　②　4

社　会　<第３回試験>（理科と合わせて50分）<満点：50点>

解　答

1　**問1**　足利義満　**問2**　ウ　**問3**　ア　**問4**　エ　**問5**　①　イ　②　平清盛　**問6**　①　ウ　②　ウ　**問7**　①　勘合　②　ア　2　**問1**　C　**問2**　ウ　**問3**　(1)　B　(2)　（例）　建築物の色やデザイン，高さなどを制限した条例。　**問4**　ウ　**問5**　(1)　大津(市)　(2)　ア　**問6**　E　**問7**　D　**問8**　ア　3　**問1**　①　ア　④　エ　**問2**　天皇　**問3**　特別国会(特別会)　**問4**　ウ

理　科　<第３回試験>（社会と合わせて50分）<満点：50点>

解　答

1　**問1**　直列(つなぎ)　**問2**　伝導　**問3**　恒温動物　**問4**　液状化(現象)　**問5**　ア，ウ　2　**問1**　1.0秒　**問2**　10.0秒　**問3**　3.0秒　**問4**　20本分　**問5**　ウ　3　**問1**　イ　**問2**　エ　**問3**　17072ｔ　**問4**　（例）　(スチールウールの方が)表面積が大きいから。　**問5**　ウ　4　**問1**　外来(生物)　**問2**　7枚　**問3**　エ　**問4**　ウ　**問5**　（例）　成魚に食べられるのを防ぐため。　5　**問1**　しゅう曲　**問2**　不整合　**問3**　ウ　**問4**　C　**問5**　エ

国　語　＜第３回試験＞（50分）＜満点：100点＞

解　答

□一 **問１**　身体　**問２**　(例)　好きで楽しいこと自体が何よりも高い報酬となり，学習が進むから。　**問３**　イ　**問４**　**A**　ア　**B**　ウ　**問５**　イ，ウ　**問６**　(例)　自分の顔を変えて楽しむものから「自分像」へと変化した。　**問７**　複数の社会(〜生活)　**問８**　発します。　**問９**　①　○　②　×　③　○　④　×　⑤　×　□二 **問１**　イ　**問２**　ウ　**問３**　オ　**問４**　**A**　ウ　**B**　イ　**C**　エ　**問５**　エ　**問６**　(例)　父の故郷で母の納骨をすませたということ。　**問７**　(例)　母の死があまりにも急で，思い出にひたる余裕もなく，先のこともなにも考えられなかったから。　**問８**　エ　**問９**　ア
□三 **問１**　①　論　②　耕　③　言　④　末　⑤　臨　**問２**　①　ウ　②　イ　③　ウ　④　エ　⑤　ア　□四　下記を参照のこと。

●漢字の書き取り

□四 ①　**電池**　②　**群がる**　③　**協調**　④　**検証**　⑤　**針路**　⑥　**補修**　⑦　**権益**　⑧　**野党**　⑨　**辺境**　⑩　**尊い**

2023年度 埼 玉 栄 中 学 校

【算　数】〈第１回試験〉（50分）〈満点：100点〉

※問題を解く上で，円周率を利用するときは3.14としなさい。

1　次の計算をしなさい。(6)については，□にあてはまる数を答えなさい。ただし，□には同じ数字が入ります。

(1) $\{60-6-(6+3)\times 6\}\times 6$

(2) $3+5+8+9+12+15+18+21+22+25+27$

(3) $0.15\times 0.5\div 0.05\times 2\frac{1}{3}$

(4) $\left(\frac{2}{3}-\frac{1}{4}\right)\times 0.75+(0.53-0.28)\times\left(1-\frac{1}{12}\right)$

(5) $3.7\times 3+37\times 0.3+370\times\frac{1}{25}$

(6) $(16\times 5+\square)\div\square-8=3$

2　次の問いに答えなさい。

(1)　正方形を図のように並べていきます。100段まで並べるときの正方形の枚数を求めなさい。

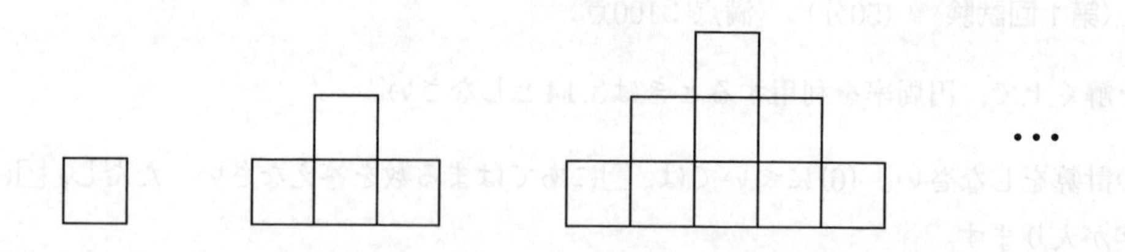

(2)　下のように，あるきまりにしたがって整数を並べました。□にあてはまる数を答えなさい。

$\frac{1}{3}$，$\frac{4}{5}$，$\frac{9}{7}$，$\frac{16}{9}$，$\frac{25}{11}$，□

(3)　A君とA君の弟は7：30に同時に家を出て，学校に向かって歩いていましたが，A君のみ途中（とちゅう）の地点Pで忘れ物をしたことを思い出し，走って家に取りに帰りました。家と学校の間は一本道であり，A君と弟が歩くときは常に分速80m，走るときは常に分速160mとして，以下の問いに答えなさい。

①　A君が忘れ物を取りに家に戻り，家に着いた時刻は7：39でした。地点Pと家の距離（きょり）を求めなさい。

②　A君は忘れ物を取りに家に帰った後，再び学校に向かいました。この時点から学校に向かうまでの間に3分だけ歩いて，残りは全て走りました。このとき，A君は弟と同じ時刻に学校に到着（とうちゃく）しました。家から学校までの距離を求めなさい。ただし，A君が家で忘れ物を探す時間はないものとします。

(4)　A君はスーパーで所持金の10％より300円多い金額を使いました。その後，書店で現在の所持金の20％より160円多い金額を使ったところ，残金は3200円になりました。最初に持っていた金額はいくらか求めなさい。

(5)　休みの日にまなぶ君はおつかいを頼（たの）まれて，1個120円のりんごと1個80円のみかんをそれぞれいくつか買いました。そのとき，りんごの個数とみかんの個数を間違（まちが）えて逆にして買ってしまったので，本当なら合計1520円になるはずだったところ，そのとき払（はら）った金額は1280円でした。頼まれていたりんごとみかんの個数はそれぞれいくつか求めなさい。

3 次の問いに答えなさい。

(1) 下の図のような1辺が5cmの正六角形のまわりを，1辺が5cmの正三角形ABCがころがって1まわりするとき，頂点Aが動いてできる線の長さを求めなさい。

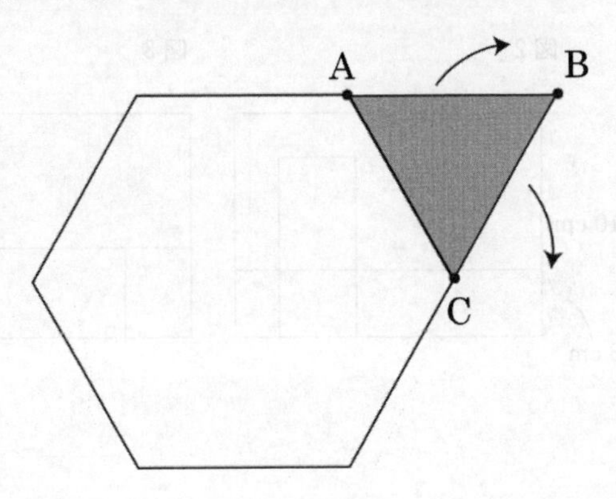

(2) 右下の図のように半径6cmの8個の円が接しており，それらの中心をつなぐと正八角形ができます。以下の問いに答えなさい。

① この正八角形の1つの角の大きさを求めなさい。

② 右図の黒く塗（ぬ）られた部分の面積を求めなさい。

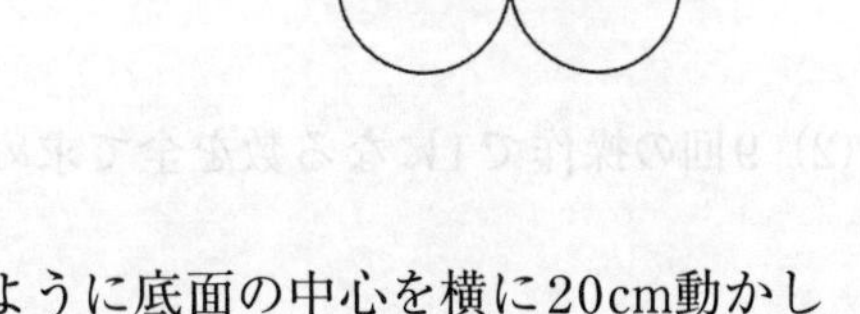

(3) **図1**のような円すいがあります。この円すいを**図2**のように底面の中心を横に20cm動かしたとき，次の問いに答えなさい。

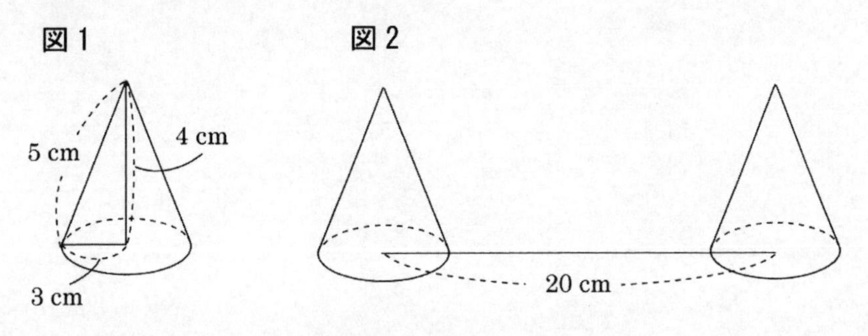

① 通過した部分でできる立体の体積を求めなさい。

② 通過した部分でできる立体の表面積を求めなさい。

(4) 直方体の形をした高さが10cmの容器に水が入っています。この容器に**図１**のような底面の半径が2cm，高さが8cmの円柱のおもりを円の面が容器の底につくように入れたところ，**図２**のように水の深さが3cmになりました。また，このおもりを側面が容器の底につくように入れたところ，**図３**のように水の深さは4cmになりました。この容器の体積を求めなさい。

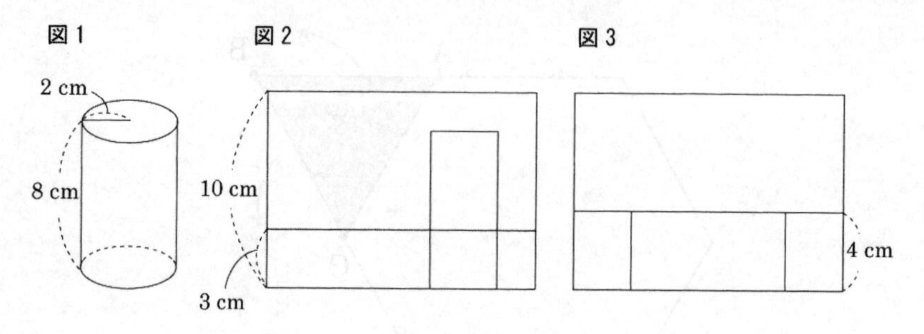

4 次の問いに答えなさい。

整数に対してその数が偶数(ぐうすう)なら2で割り，1以外の奇数(きすう)ならば3をかけて1を足すという操作を数が1になるまで繰り返します。例えば5ならば奇数なので，5×3＋1＝16，16は偶数なので16÷2＝8となり，以降は8÷2＝4，4÷2＝2，2÷2＝1となるので「5→16→8→4→2→1」といったように5回の操作で1になります。以下の問題に答えなさい。

(1) 15から始めて1になるまで何回の操作が必要か求めなさい。

(2) 9回の操作で1になる数を全て求めなさい。

【社　会】〈第１回試験〉（理科と合わせて50分）〈満点：50点〉

1　次の史料を読んで、後の問いに答えなさい。

第３条　a下田・函館港のほか、神奈川とb長崎を1859年7月4日、新潟を1860年1月1日、兵庫を1863年1月1日から開港する。…神奈川開港の6か月後に（　1　）は閉鎖する。

第４条　すべて日本に対する輸出入の商品には、別記のとおり日本政府へ関税を納めること。〔（　2　）**権を失う**〕

第６条　日本人に対して法をおかしたアメリカ人は、アメリカ領事裁判所で調べたうえ、アメリカの法律で罰する。アメリカ人に対して法をおかした日本人は、日本の役人が調べたうえで、日本の法律で罰する。〔c**領事裁判権を認める**〕

問1　この史料について、あとの問いに答えなさい。

①　この史料の条約名を次から選び、記号で答えなさい。

ア、下関条約　　イ、日米和親条約　　ウ、日米安全保障条約　　エ、日米修好通商条約

②　この条約について説明している文として適切なものを次から選び、記号で答えなさい。

ア、浦賀に来航したペリーの軍事的圧力にくっして結んだ条約である。

イ、大老の井伊直弼が、朝廷の許可を得ないまま結んだ条約である。

ウ、ほぼ同じ内容の条約を、オランダ、ロシア、イギリス、中国とも結んだ。

エ、この条約を結んだことにより、長い間続いた鎖国政策はくずれた。

問2　史料中の空欄（1）にあてはまる語句を史料の中からぬき出しなさい。

問3　史料中の空欄（2）にあてはまる語句を、漢字4字で答えなさい。

問4　史料中の下線部aについて、下田は現在の何県にありますか。次から選び、記号で答えなさい。

ア、千葉県　　イ、静岡県　　ウ、愛知県　　エ、和歌山県

問5　史料中の下線部bについて、江戸時代に長崎で貿易を行っていた国を2つ答えなさい。

問6　史料中の下線部cについて、あとの問いに答えなさい。

①　領事裁判権の撤廃に成功したときの外務大臣を次から選び、記号で答えなさい。

ア、陸奥宗光　　イ、井上馨　　ウ、小村寿太郎　　エ、大隈重信

②　領事裁判権の撤廃に成功した年の出来事を次から選び、記号で答えなさい。

ア、中華民国が成立した。

イ、韓国を併合した。

ウ、日清戦争が始まった。

エ、国際連盟が発足した。

問7　右のグラフは、この史料の条約を結んだあとの日本の輸出品について示したものです。グラフ中の空欄にあてはまるものを次から選び、記号で答えなさい。

ア、毛織物　　イ、綿織物　　ウ、石炭　　エ、生糸

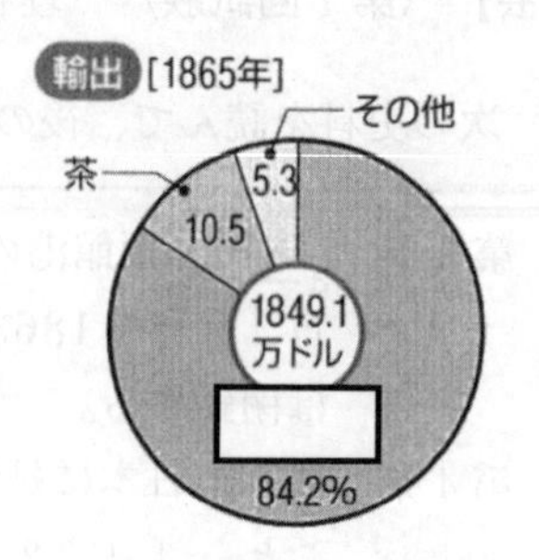

2　次の関東地方に関する問いに答えなさい。

✎関東地方についてのまとめノート

関東地方の地形や気候
① 日本で２番目に大きい湖がある。
② 火山灰が堆積した赤土が広がる。
冬に乾燥した冷たい北西の風が吹く。

関東地方への集中
③ 日本の人口の30％以上が集中している。
政治の機関が集中している。
④ 交通網が発達している。

関東地方の産業
⑤ 第三次産業人口の割合が７割以上。
⑥ いくつもの工業地帯が広がる。
⑦ 近郊農業が盛んである。

関東地方の抱える問題
都市の過密化がすすむ。
⑧ 首都機能の一極集中がすすむ。
⑨ 都市の温暖化がすすむ。

問1　下線部①について、茨城県南東部に広がる湖の名前を答えなさい。

問2　下線部②について、この赤土の層を何というか答えなさい。

問3　下線部③について、次の表は北海道、埼玉県、東京都、大阪府、奈良県のいずれかの昼夜間人口の数と人口比率をまとめたものです。東京都と埼玉県のものをそれぞれ選び、記号で答えなさい。

【昼夜間人口比率＝昼間人口÷夜間人口×100】

	昼間人口（千人）	夜間人口（千人）	昼夜間人口比率
ア	1228	1364	90.0
イ	15920	13515	117.7
ウ	6456	7266	88.8
エ	5378	5381	99.9
オ	9224	8839	104.3

※平成27年国勢調査最終報告書から作成

問4　下線部④に関して、次の文を読み、あとの問いに答えなさい。

　首都圏ではいくつもの鉄道路線が入り組んでおり、１つの目的地に対して複数のルートが存在し、時間、料金、乗り換えの回数などから最適なルートを選択する必要があります。
　栄太君は休みの日に、友達と一緒に東京ディズニーランドに遊びに行くことにしました。
　そこで、渋谷駅で集合してから、一緒に舞浜駅へと向かうことにしました。調べてみるといくつかのルートが見つかりました。栄太君はあるルートを選び、利用しました。

【問い】栄太君が選んだルートを地図で示した場合、正しいものを次のア～エの中から選び、記号で答えなさい。

【栄太君が選んだルート】

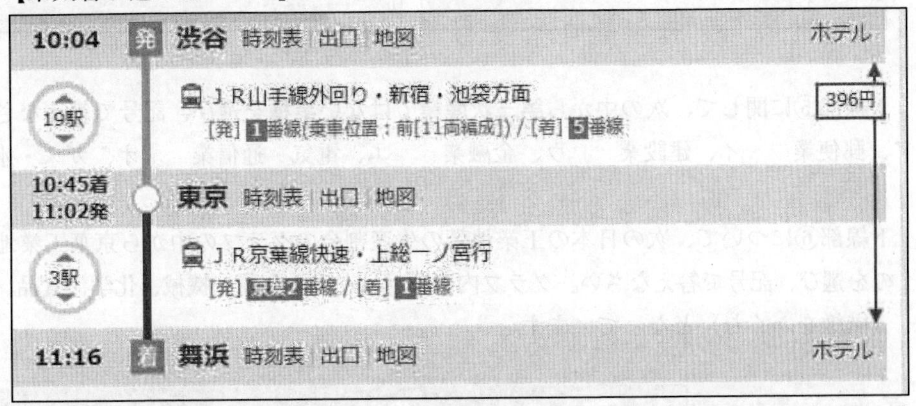

【Yahoo!乗換案内より作成】

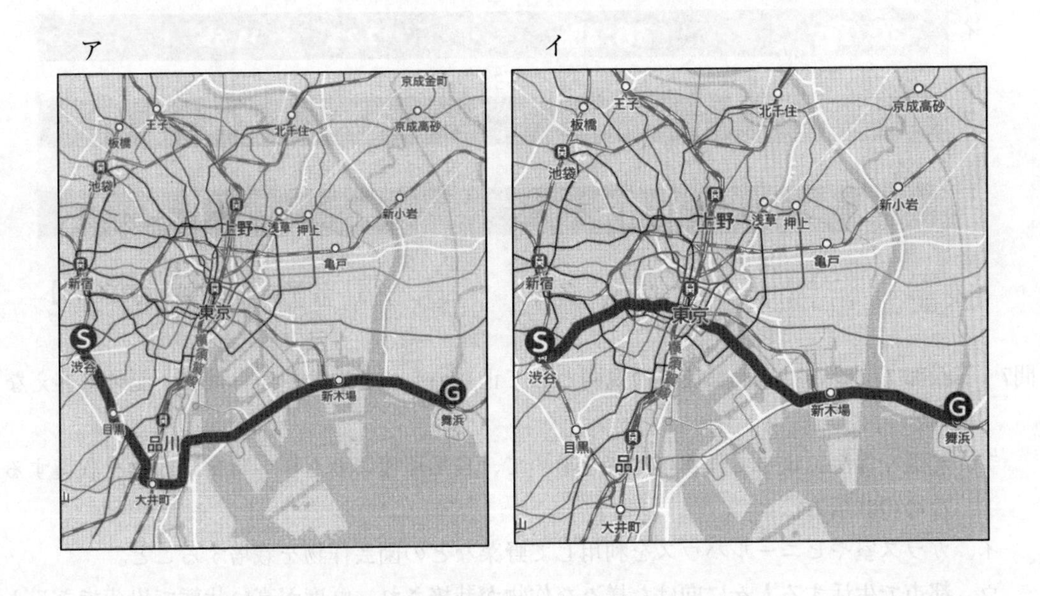

ウ　　　　　　　　　　エ

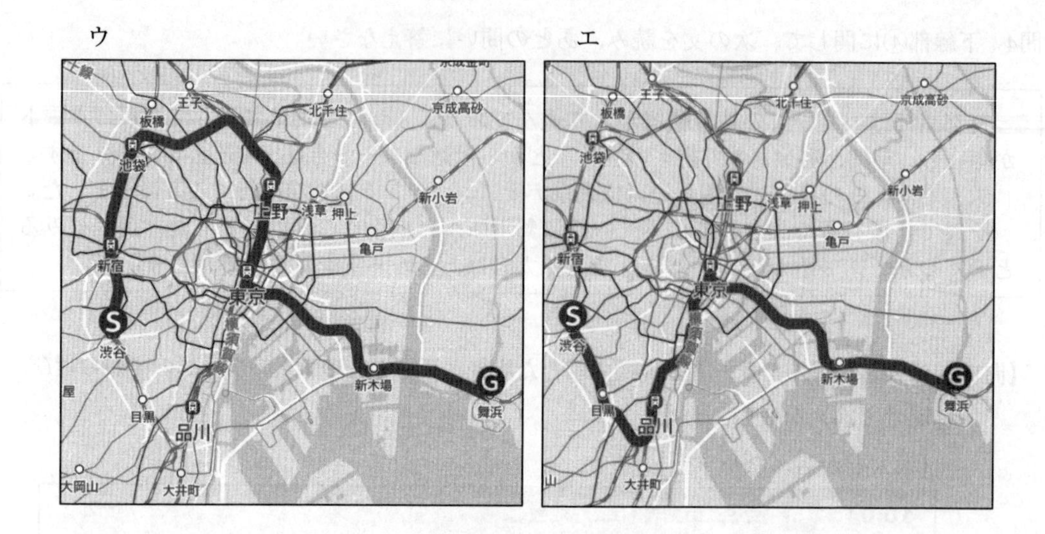

問5　下線部⑤に関して、次の中から第三次産業ではない業種を選び、記号で答えなさい。

ア、郵便業　　イ、建設業　　ウ、金融業　　エ、電気・通信業　　オ、ガス・水道業

問6　下線部⑥について、次の日本の工業地帯の生産割合のグラフの中から京葉工業地域のものを選び、記号で答えなさい。グラフ内の項目は左から金属、機械、化学、食品、その他（繊維をふくむ）となっています。

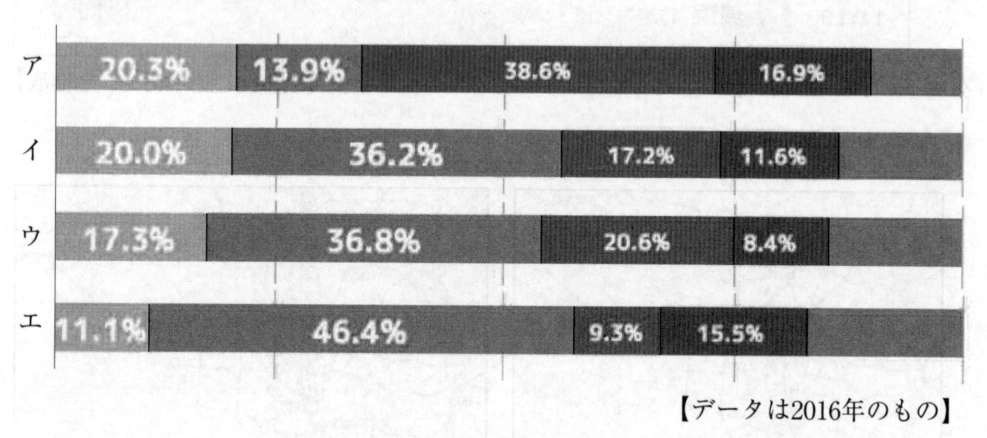

【データは2016年のもの】

問7　下線部⑦について、近郊農業の説明として正しいものを次の中から選び、記号で答えなさい。

ア、加温や保温によって作物の生育を早めて、自然環境よりも早い時期に作物を収穫するための栽培方法。

イ、ガラス室やビニールハウスを利用して野菜などの園芸作物を栽培すること。

ウ、都市で生活する人々に向けた様々な作物が栽培され、鮮度が高い状態で出荷できるよう都市の近くで行われる農業。

エ、２種類の異なった作物を同じ土地で栽培し収穫すること。米と麦、米と大豆のような組み合わせがある。

問8　下線部⑧について、首都の一極集中を解消するべく「副首都構想」というものが議論されています。その理由の1つに日本の危機管理の問題があるといわれています。そこで危機管理上の具体的な事例を挙げて、首都一極集中の良くない点を説明しなさい。

問9　下線部⑨について、この現象を何というか答えなさい。

3　次の図は日本の国会と内閣の関係を表したものです。あとの問いに答えなさい。

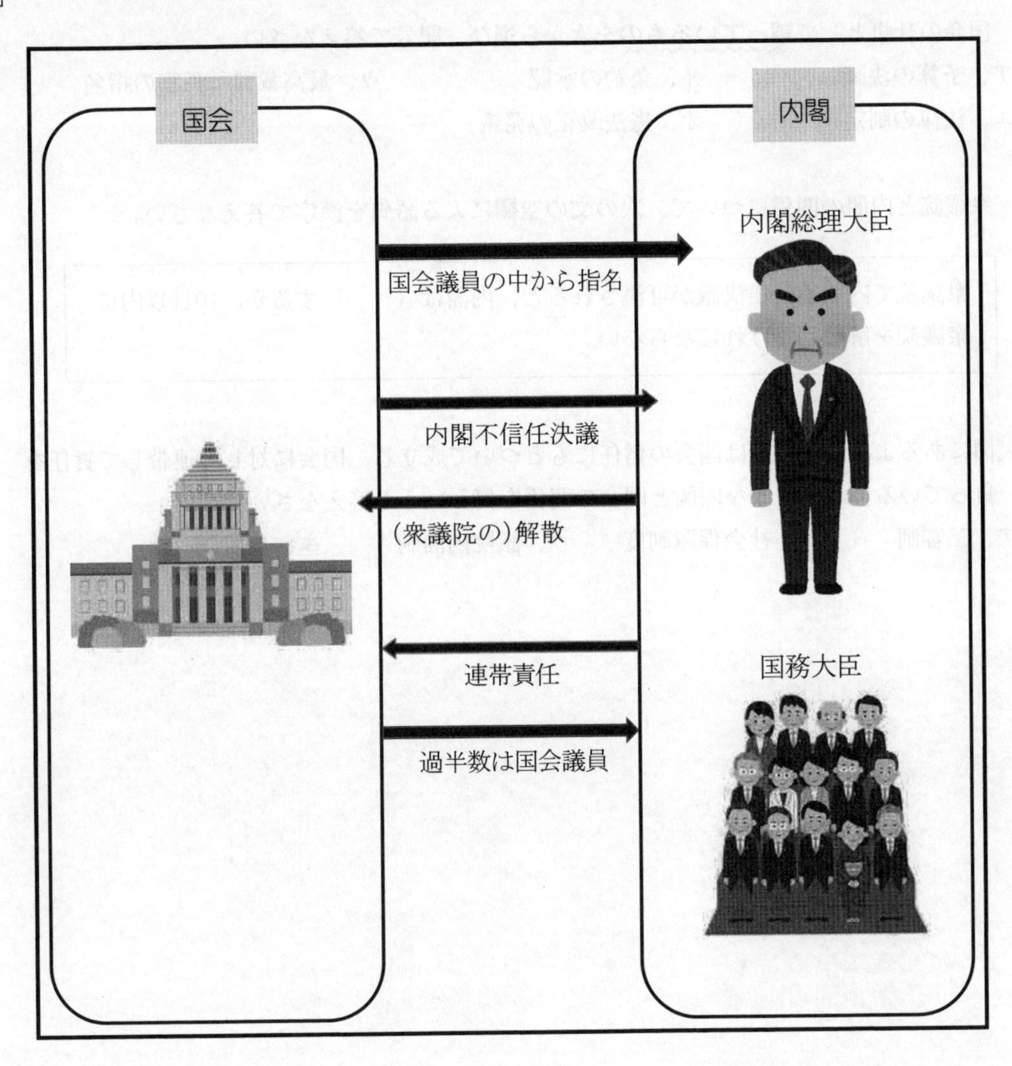

問1　国会の地位について次の文の空欄X、Yに入る語句を次から選び、それぞれ記号で答えなさい。

【日本国憲法】
第４１条　国会は、国権の（X）であり、国の唯一の（Y）である。

ア、行政機関　　イ、立法機関　　ウ、司法機関　　エ、最高機関

問2　国会の仕事として誤っているものを次から選び、記号で答えなさい。
ア、予算の決議　　イ、条約の承認　　ウ、最高裁判所長官の指名
エ、法律の制定　　オ、憲法改正の発議

問3　衆議院と内閣の関係について、次の文の空欄に入る語句を漢字で答えなさい。

衆議院で内閣不信任決議が可決されると、内閣は（　　）するか、10日以内に衆議院を解散しなければならない。

問4　図にあるように，内閣は国会の信任にもとづいて成立し，国会に対して連帯して責任を負っている。このような内閣と国会の関係を何というか答えなさい。
ア、三審制　　イ、社会保障制度　　ウ、議院内閣制　　エ、二院制

【理　科】〈第１回試験〉（社会と合わせて50分）〈満点：50点〉

1　以下の各問いに答えなさい。

問1　凸レンズの軸に平行に光を当てたときに、光が集まる点を何というか答えなさい。

問2　次の気体のうち、最も水に溶けやすい気体を次の選択肢から選び、記号で答えなさい。

ア　二酸化炭素
イ　アンモニア
ウ　酸素
エ　水素

問3　蒸散がさかんにおこなわれるときの条件を次の選択肢から選び、記号で答えなさい。

ア　気温が高く、しつ度が高いとき
イ　気温が高く、しつ度が低いとき
ウ　気温が低く、しつ度が高いとき
エ　気温が低く、しつ度が低いとき

問4　海洋プレートが大陸プレートの下に沈み込んでいる場所を何というか答えなさい。

問5　水とエタノールとサラダ油を加熱したとき、最も低い温度で沸とうする液体はどれか答えなさい。

2 次の2つの文章を読んで、後の各問いに答えなさい。

文章１

てこが水平につり合うときの力ときょりの関係を調べるために、てこ実験器を使い実験をおこないました。

① てこ実験器の右のうでにおもりをつるし、支点からのきょり（おもりの位置）とおもりの重さを記録する。

② 左のうでにおもりをつるし、てこ実験器が水平につり合うときの支点からのきょりとおもりの重さを調べる。なお、このときおもりは、1個の重さが10gと5gのものを複数用意し、つり合わない場合は結果に×を記入する。また図1は実験の様子を示したもので、記録は**結果１**に記す。

③ 右のうでにつるすおもりの重さと支点からのきょりを変えて、②と同じ方法で実験を行う。記録は**結果２**に記す。

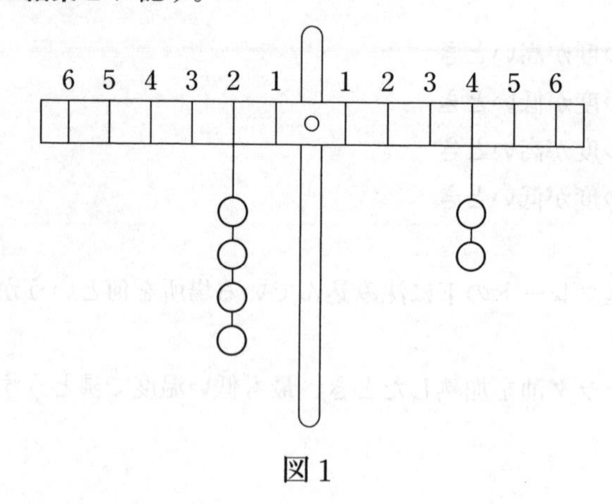

図１

結果１

	右のうで	左のうで					
支点からのきょり	4	1	2	3	4	5	6
おもりの重さ〔g〕	20	80	40	×	20	×	×

結果２

	右のうで	左のうで					
支点からのきょり	6	1	2	3	4	5	6
おもりの重さ〔g〕	30	180	90	60		×	30

問1　**文章1**から考えられることを次の選択肢からすべて選び、記号で答えなさい。

ア　左のうでにおもりをつるすとき、支点からのきょりが長くなればなるほど、水平につり合うために必要なおもりの重さは大きくなる。

イ　てこ実験器がつり合う条件は、おもりの重さと支点からのきょりをかけあわせた値が左右のうでで等しくなっているときである。

ウ　てこ実験器の右のうでにおもりをつり下げるとき、てこをかたむける力に関係する3点の位置関係は、左のうでから順に力点—支点—作用点と考えることができる。

エ　**結果 2** の条件下では、左のうでの支点からのきょり4に、重さ10gのおもりを4個と重さ5gのおもりを1個つるすと、てこ実験器が水平につり合う。

文章 2

荷物を持ち上げることができる道具にかっ車があります。かっ車では、用いるかっ車の種類や数、ひもの本数を変えると、おもりを持ち上げるために必要な力ときょりが変わります。例えば、1つの動かっ車を用いておもりを持ち上げるときには、定かっ車と比べると、同じおもりを持ち上げるときに必要な力の大きさは（　1　）となり、ひもを引くきょりは（　2　）となります。図2のように、3本のひもを使って4つのかっ車を組み合わせた場合、360gのおもりを持ち上げるために必要なおもりの重さは（　3　）g以上になります。

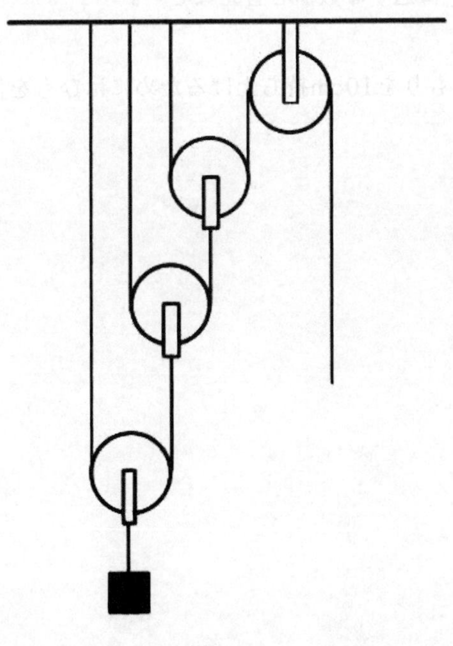

図 2

問2　定かっ車でおもりを持ち上げる際について正しいことを述べているものを、次の選択肢からすべて選び、記号で答えなさい。

ア　ひもを引く力の大きさはおもりの重さと同じである。
イ　ひもを引く方向を、かっ車の真下から、斜めに引き下ろす方向へ変えるとより少ない力で持ち上げることができる。
ウ　かっ車の大きさを2倍にすると、ひもを引く力は半分になる。
エ　定かっ車でおもりを持ち上げる際には、支点・力点・作用点が関わる。

問3　文章中の空欄（　1　）と（　2　）に適する語句として正しい組合せはどれですか。次の選択肢から選び、記号で答えなさい。なお、かっ車の種類以外は全て同じ条件とし、かっ車の重さは考えないものとします。

	（　1　）	（　2　）
ア	2倍	2倍
イ	2倍	半分
ウ	半分	2倍
エ	半分	半分

問4　文章中の空欄（　3　）に適する数値を答えなさい。

問5　図2の場合、360gのおもりを10cm持ち上げるためにはひもを何cm引っぱる必要があるか答えなさい。

3 次の文章を読んで、後の各問いに答えなさい。

私たちの身のまわりには様々な金属があります。例えば、携帯電話(1台の重さ105g)には10%の銅が含まれています。身のまわりにある様々な金属について以下の表にまとめました。

	含まれている金属と割合	重さ
1円玉	アルミニウム100%	1g
10円玉	銅95% 亜鉛3～4% すず1～2%	4.5g
500円玉	銅75% ニッケル12.5% 亜鉛12.5%	7g
指輪	白金100%	3g
純金	金100%	1g

また、ものが液体に浮くかどうかは密度が大きく関係しています。しかし、1円玉の表面を水面にそっと置くと、1円玉は水面に浮きます。

密度はそれぞれ水1.0g/cm³、アルミニウム2.7g/cm³、亜鉛7.1g/cm³、すず7.3g/cm³、ニッケル8.9g/cm³、銅9.0g/cm³、水銀14g/cm³、金19g/cm³、白金21g/cm³です。ここでの割合は重さについて示したものです。

問1 うすい塩酸とうすい水酸化ナトリウム水溶液のどちらにも溶けてしまうものを次の選択肢から1つ選び、記号で答えなさい。

ア 1円玉　イ 10円玉　ウ 500円玉
エ 指輪　オ 純金

問2 水銀に沈むものを次の選択肢からすべて選び記号で答えなさい。

ア 1円玉　イ 10円玉　ウ 500円玉
エ 指輪　オ 純金

問3 1円玉が浮く理由として最も適当な説明を次の選択肢から1つ選び記号で答えなさい。

ア 表面張力と浮力がはたらくため。
イ 密度が大きく、その分大きな表面張力がはたらくため。
ウ 密度が小さく、その分大きな浮力がはたらくため。
エ 力がなにも加わっていないため。

問4　1円玉の体積は何cm^3ですか。ただし、割り切れない場合は小数第3位を四捨五入して、小数第2位まで答えなさい。

問5　もし携帯電話の銅を再利用し、500円玉をつくった場合、携帯電話1台から500円玉は何枚つくることができるか答えなさい。ただし、ニッケルや亜鉛は十分にあるものとします。

4　学（まなぶ）さんと今日子（きょうこ）さんと先生が血液について話しています。次の会話文を読み、後の各問いに答えなさい。ただし、1mLの血液は1gの重さとします。

今日子：「今日の授業で学んだ血液の中にいろいろな働きをもった細胞があることに驚いたわ。」
学　：「そうだね、血液が酸素を運ぶのはよく知っていたけど、①変形して細菌などを包み込んでからだをまもる細胞があるなんて不思議だよね。」
今日子：「先生、そういえば、献血には体重制限があると聞いたことがあるのですが、なぜですか？」
先　生：「それはね、体重によって血液量が異なるからだよ。」
今日子：「え、人によって血液の量は違うのですか？」
先　生：「学さんは体重70kgの人にはどれくらいの血液があると思いますか？」
学　：「体の60%が水分と聞いたことがあるから、42kg…うーん、多すぎますね。」
先　生：「②体重の8%が血液と言われています。」
学　：「それなら計算できますね。」
今日子：「その量の血液を心臓はどれくらいの時間をかけて体内を循環させているのかしら。」
先　生：「安静時の成人の③1分間の心拍数を80回として計算してみよう。」

問1　文章中の下線部①について、血液中にあるからだをまもる細胞を何というか答えなさい。

問2　文章中の下線部②について、体重70kgの人の血液量を体重の8%としたとき、何mLになるか答えなさい。

問3　文章中の下線部③について、1分間に心臓から送り出される血液量が何mLになるか答えなさい。ただし、心臓が1回拍動すると75mLの血液が送り出されるものとします。

問4　体重70kgの人がもつ、体内の全血液を心臓が送り出すのに何秒かかるか答えなさい。

問5　動脈血とはどのような血液ですか、15文字以内で答えなさい。

5 次の文章を読んで、後の各問いに答えなさい。

天気予報は、アメダスなどの情報をもとに出されています。アメダスは雨、風、雪などの気象状況を監視するために、降水量、風向・風速、気温、湿度の観測を自動的におこない、気象災害の防止や軽減に重要な役割を果たしています。

問1 日本の天気はふつうどの方角からどの方角に変わっていきますか。東西南北の4方位を用いて答えなさい。

問2 アメダスには次のような図の装置がついています。この装置では風向以外に何がはかれるか答えなさい。

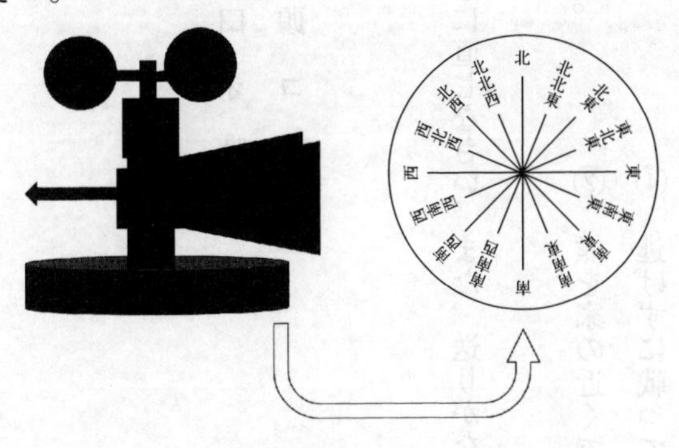

問3 問2の装置で矢印のような部分が次の図のように示していました。このときの風向を答えなさい。

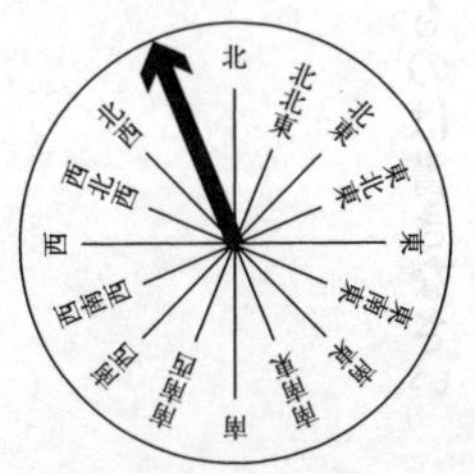

問4 アメダスには温度計もついています。気温をどのようにはかるか次の選択肢から1つ選び、記号で答えなさい。

ア 密閉された日かげで、地上からの高さが1.5mぐらいのところではかる。
イ 密閉された日なたで、地上からの高さが1.5mぐらいのところではかる。
ウ 風通しのよい日かげで、地上からの高さが1.5mぐらいのところではかる。
エ 風通しのよい日なたで、地上からの高さが1.5mぐらいのところではかる。

問5 アメダスは現在全国に1300ヶ所あります。日本の面積を375700km^{2}とすると、何km^{2}あたりに1ヶ所アメダスが設置されているか答えなさい。

問二　次の慣用句の□にあてはまる漢字をあとから選び、それぞれ記号で答えなさい。ただし、同じ記号を二度使うことはできません。

①　□が折れる
②　□で風を切る
③　猫の□
④　□が回らない
⑤　□にたこができる

ア　耳　イ　額　ウ　顔　エ　口　オ　骨
カ　肩　キ　歯　ク　腕　ケ　頭　コ　首

四　次の――線部のカタカナを漢字に直しなさい。また、送りがなのあるものは書きなさい。

①　黄色い電車がテッキョウを通る。
②　熊を家の近くで見てヒメイを上げた。
③　シンギに厚い人になりたい。
④　逃げずに戦ってケツロを開く。
⑤　この本はジュウハンされる予定だ。
⑥　同じ寮にキシュクしている仲間。
⑦　チームで協力して勝利をオサメル。
⑧　春からチンタイ物件に住む。
⑨　失敗をコヤシにしてさらに努力する。
⑩　新しい旅客機がシュウコウする。

三　次の各問いに答えなさい。

問一　次の――線部の言葉と同じ意味・用法のものをあとから選び、それぞれ記号で答えなさい。

①　委員長に選ばれる。
ア　昔のことが思い出される。
イ　伯母さんが上京される。
ウ　人混みで足を踏まれる。
エ　一人でも行かれる。

②　あまりご飯を食べない。
ア　少しも勉強が進まない。
イ　運動をして食欲がない。
ウ　このお化け屋敷は怖くない。
エ　話している時間はない。

③　雨はやんだようだ。
ア　宝くじが当たるなんて夢のようだ。
イ　特訓の成果があらわれてきたようだ。
ウ　この美しさはまるで本物のようだ。
エ　バイオリンのような楽器を弾きたい。

④　みんなで勉強しよう。
ア　一緒にサッカーをしよう。
イ　もうすぐ日も暮れよう。
ウ　そういう考えも出てこよう。
エ　わたしもチャレンジしてみよう。

⑤　北海道に行ったことがある。
ア　今、迎えの車が到着した。
イ　今週の給食当番は私でしたね。
ウ　弟の試合を見に行った。
エ　ワンピースを着た女の子。

問八　――線6「好きな人なんかいないと思う、たぶん」とありますが、ここに使われている表現技法として最も適当なものを次から選び、記号で答えなさい。

ア　体言止め　　イ　直喩　　ウ　擬人法　　エ　反復法　　オ　倒置法

問九　――線7「アンナの知らないお兄ちゃん」とありますが、ここでみずほが考えていることとして最も適当なものを次から選び、記号で答えなさい。

ア　アンナのお兄ちゃんだって好きな人に絵文字を使ってメールをするんだよ。
イ　アンナのお兄ちゃんもファッションのことに興味を持ち始めているんだよ。
ウ　アンナのお兄ちゃんだから月の美しさをメールを使ってでも語りつくしたいんだな。
エ　アンナのお兄ちゃんはきっとみずほには自分の本心を見せたがっているはず。
オ　アンナのお兄ちゃんだから星とか宇宙とかを他の人には語らせたくないはず。

問十　この文章の特徴として最も適当なものを次から選び、記号で答えなさい。

ア　等身大の子どもの様子が強調して描かれていることで、読者が感情移入しやすくなっている。
イ　情景描写を多く用いて、いなかの町ののんびりした雰囲気を丁寧に表現している。
ウ　登場人物の会話を生き生きと表現することで、素直な気持ちが読者に伝わりやすく描かれている。
エ　人物の名前や場所を具体的に書くことで、読者に理解しやすい説明的な文章となっている。
オ　ストーリーは複数の視点から描かれており、それぞれの隠された思いが交差していることを感じさせる。

問二　――線２「広い部屋を譲ってくれた」とありますが、なぜですか。文章中の言葉を使って二十字以内で書きなさい。

問三　（　Ａ　）から（　Ｃ　）にあてはまる言葉として最も適当なものを次から選び、それぞれ記号で答えなさい。

Ａ　ア　簡単に　イ　適当に　ウ　冷静に　エ　大袈裟(おおげさ)に　オ　正確に

Ｂ　ア　ぼそぼそと　イ　しっとりと　ウ　かりっと　エ　するすると　オ　ふわふわと

Ｃ　ア　いやいや　イ　なんとか　ウ　ぺろりと　エ　選んで　オ　影(かげ)で

問四　□にあてはまる語として最も適当なものを次から選び、記号で答えなさい。

ア　非　イ　無　ウ　未　エ　不　オ　過

問五　――線３「わたしはお母さんにわがまま扱いされている」とありますが、それはなぜですか。その理由を、文章中の言葉を使って三十五字以内で書きなさい。

問六　――線４「そんなことはどうでもいいようだった」とありますが、その理由を文章中から二十字以内で探して、書きぬきなさい。

問七　――線５「バツが悪そうに」とありますが、この時のみずほの気持ちとして最も適当なものを次から選び、記号で答えなさい。

ア　アンナのお兄さんが真面目なのに対して、自分の弟が不真面目で気まずい。

イ　アンナに勝手にメールを見たことを指摘(してき)され、きまりが悪い。

ウ　アンナを前にして、意外と自分の弟の独占欲が強くて恥(は)ずかしい。

エ　弟には恋人(こいびと)がいるのに、みずほとアンナにはいないことに居心地(いごこち)が悪い。

オ　弟が彼女に送っているメールが大人みたいなセリフで、子どものくせにかっこ悪い。

「まさか！」
わたしの声は裏返った。みずほは言った。
「だって、うちの小六の弟にだって彼女いるんだよ。この前メール見たら、結構、大人みたいなセリフでびっくりした」
「勝手に見たの？メール」
「別に見ようと思って見たんじゃないよ。たまたまテーブルに置きっぱなしになってたから、まぁ、ちょっとチラッとね」
みずほは5バツが悪そうに笑った。真新しい夏の風が窓から吹き込み、みずほの前髪がなびいていた。
「それで？どんなメールだったの？」
「他の男としゃべるのやめろとか、案外、独占欲強いって感じで、へぇって思った。男女のことって、身内にはわかんないものなんだよ」
みょうにおばさんっぽい口調でみずほが言った。
「でも、お兄ちゃんは、6好きな人なんかいないと思う、たぶん」
「じゃあさ、今日の夜、お兄ちゃんがお風呂入っているときにでも携帯のメール見てみたら？7アンナの知らないお兄ちゃんが、そこにはいるかもよ」

（益田ミリ『アンナの土星』より）

問一 ――線1「弾んだ声」とありますが、この時の「お兄ちゃん」の心情として最も適当なものを次から選び、記号で答えなさい。
ア 四畳半の部屋を選んだことを誇らしく思う気持ち。
イ 月が見えなくなってしまうとあせる気持ち。
ウ 早くアンに月を見せたいと喜びいさんでいる気持ち。
エ 月があまりにもきれいで気後れしている気持ち。
オ 意外に月がよく見えることに驚いている気持ち。

溶(と)けるのもかまわず、毎回、お父さんと星の話に夢中になっていた。
そして、いつの間にか、お兄ちゃんはお父さんよりも星にくわしくなり、今では大学で宇宙の勉強をしている。
そんなわけで、お兄ちゃんはダサい。
宇宙以外のことには興味がないから、ファッションなんか、ぜんぜん気にしていない。
食べることにも［　　］頓着(とんちゃく)で、出された料理をなんでも（　C　）完食している。
「アンは文句が多いのよ。お兄ちゃんを見てみなさい、ほら、文句なんか言ってないじゃない」
そのせいで、3わたしはお母さんにわがまま扱(あつか)いされている。
お母さんは、料理をするのが好きなのだ。だけど、どんな料理を作っても、出来上がったものはパッとしない。結局は、ゆで時間の適当さとか、いい加減な野菜の切り方であるとか、そういうところなのだと思う。
おばあちゃんの家で飲む味噌汁(みそしる)をすごくおいしいと感じるのは、きざんだネギの均等な細かさなども関係しているのではないか？
お母さんのきざむネギは、根元のほうは比較的(ひかくてき)細かいけれど、先にいくほどザクザクと長いまんま。おおざっぱなのだ。それは、お母さんが作るすべての料理に共通していた。
しかし、お兄ちゃんにとっては4そんなことはどうでもいいようだった。
今日、この話を学校でみずほにしたら、
「でも、好きな人くらいいるんじゃない？」
と、みずほは言った。
お弁当を食べ終えた昼休みの教室で、わたしは「お母さんの料理」について語っていたのだけれど、みずほは「お兄ちゃん」に反応していた。
「でも、うちのお兄ちゃんって、星とか宇宙にしか興味ない人だし」
「そんなことない。アンナのお兄ちゃんだって、好きな人くらいいるって」
「ホント、そういうタイプじゃないから」
「お兄ちゃん、メールとかする人？」
「お母さんにご飯いらないとか、そういうことはメールしてるみたいだけど」
「絵文字とか使って彼女(かのじょ)にメールしてるかも」

二 次の文章を読んで、あとの問いに答えなさい。

お兄ちゃんは、天体観測を生き甲斐にしている。小学生のころから宇宙ひとすじだ。駅から徒歩四十分(!)の、この家に引っ越しが決まったとき、ベランダから屋上にのぼる階段がある、という理由で迷わず四畳半の部屋を選び、妹のわたしに南向き六畳の部屋を譲った男。お兄ちゃん。

引っ越してきた夜、お兄ちゃんは、早速、屋上に望遠鏡を設置した。そして、1弾んだ声でわたしを呼びにきたのだった。

「アン、月、よく見えるよ」

2広い部屋を譲ってくれたお礼もかねて、わたしは天体観測につきあうことにした。

「わぁ、きれい!」

わたしは望遠鏡をのぞき、できるだけ(　A　)驚いてあげた。

家は小高い丘の上、というか、たんに不便な立地にあるのだけれど、そのせいで見晴らしはよく、夜空の観測には適しているみたいだった。月は、お兄ちゃんの屋上をやさしく照らしていた。

お兄ちゃんは言った。

「アン、地球の衛星は月がひとつだけだけど、木星の衛星は六十個以上あるんだよ。木星から空を見上げたとしたら、いくつも月が見えて、おかしな夜空の日もあるんだろうなぁ」

宇宙の話をするお兄ちゃんの声は、揚げたてのドーナツみたいに、いつも(　B　)軽やかだった。

引っ越しをする前までは、ずっと団地に住んでいたのだけれど、お母さんは、お兄ちゃんが中学生になったとたん、家での天体観測を禁止した。窓から望遠鏡など突き出していたら、お向かいの団地を「のぞき見」していると思われる、というのが理由だった。バカバカしいとお父さんは笑ったが、お母さんの本気っぷりにひるんで、結局、お兄ちゃんを援護できなかったのである。

わたしは、まだそのとき小さかったから、この出来事をよく理解できていなかったのだけれど、大人の事情など少しずつわかってくるもの。二〇〇八年。わたしだって、もう十四歳なのだ。時空の違ういろんなことがらを一本につなげられるくらいには成長しているのだ。

もともとは、お父さんがプラネタリウム好きで、よくお兄ちゃんとわたしを連れて行ってくれたのである。わたしはプラネタリウムの帰りに、カフェでアイスクリームを食べられるのが楽しみでふたりにくっついて行ったのだけれど、お兄ちゃんはアイスクリームが

問七　――線6「共通の要素」とありますが、その例としてふさわしくないものを次から選び、記号で答えなさい。

ア　お得に買い物をする買い物術を紹介する番組
イ　快適な睡眠をするための方法を紹介する番組
ウ　和紙作りのコツを取り上げた専門技術職番組
エ　芸人の行きつけのお店を紹介するグルメ番組
オ　かわいい動物の成長をたどったアニマル番組

問八　[　]にあてはまる語として最も適当なものを次から選び、記号で答えなさい。

ア　迫　　イ　弁　　ウ　引　　エ　欲　　オ　奪

問九　次の各文が、文章の内容と合っていれば○、合っていなければ×とそれぞれ書きなさい。

①　筆者はテレビ関係者であるため、テレビの影響力を話題として取り上げ、これまでのテレビと社会との関わりについて触れている。
②　お茶の間の主役の座がテレビに移ってしばらくすると、制作者側の熱意が次第に薄れ、意欲的な番組は見られなくなっていった。
③　インターネットといった新しいメディアの誕生によって、制作者側はラジオやテレビから視聴者をいかに逃さないかを意識的に考えるようになっていった。
④　テレビは視聴者に合わせて面倒な説明が不要なものを好む傾向があるため、複雑なものが排除されるのは当然のことだと筆者は考えている。
⑤　リモコンが登場したことでチャンネルの変更が容易になったため、制作者側にはより一層の工夫が求められるようになった。

問三 ――線3「ラジオのそばに集まる光景が、当時は日本中で見られた」とありますが、なぜですか。文章中の言葉を使って五十五字以内で書きなさい。

問四 ――線4「タブー」の意味として最も適当なものを次から選び、記号で答えなさい。

ア はかりしれないもの　イ 作りこまれたもの　ウ 今までに一度もなかったもの
エ 触れてはいけないもの　オ でたらめであるもの

問五 （ A ）から（ C ）にあてはまる言葉として最も適当なものを次から選び、それぞれ記号で答えなさい。ただし、同じ記号を二度使うことはできません。

ア つまり　イ ところが　ウ または　エ たとえば　オ さらには

問六 ――線5「別の顔がある」とありますが、どういうことですか。最も適当なものを次から選び、記号で答えなさい。

ア 多くの視聴者が見たいと思うものを放送しようとする中で、多くの人の興味を引き付けられる要素を含んだ番組の制作が盛んに行われるようになったということ。

イ 多くの視聴者が見たいと思うものを放送しようとする中で、バラエティーに富んだ幅広い(はばひろ)ジャンルの番組が制作されるようになったということ。

ウ 多くの視聴者が見たいと思うものを放送しようとする中で、制作者側が見せたいと思う挑戦的(ちょうせんてき)な番組が数多く制作されるようになったということ。

エ 多くの視聴者が見たいと思う番組の背景には、制作者側の熱い思いや地道な努力が存在しているということ。

オ 多くの視聴者が見たいと思う番組の背景には、構成や切り取り方といった部分で、多くの人の関心を集めるための工夫(くふう)がなされているということ。

ないだろうか。ニュース番組でも強烈なキャラクターを持つ容疑者がいれば、それほど大きな事件でなくても、多くの時間をさいて映像を見せることになる。あるいはスキャンダラスな※愛憎劇も、ワイドショーのかっこうのネタだ。

面倒な説明なしに、わかってもらえるもの。

これこそテレビの大好物なのだ。

テレビのチャンネルを変えるとき、みんなはリモコンを使うよね。昔、まだリモコンがなかったときは、わざわざテレビのそばまで行って、チャンネルを変えていた。とすると面倒だから、あまりチャンネルを変えようとしない。（　Ｃ　）、リモコンだと指先ひとつだから、退屈ならすぐにチャンネルを変えるようになる。しかも今やテレビの視聴率は一分おきに数字が出て、グラフとして表すようになっているから、どうしたら一瞬たりとも興味を逃さない作りにするかを、常にテレビマンは考えなければならないと言ってもいい。一種の強□観念のように。

そうすると複雑なもの、わかりにくいものが排除されていくのは、自然な流れだろう。

（松原耕二『本質をつかむ聞く力』より）

※フェイクニュース……事実ではない、でたらめな内容の情報や報道のこと。
※自戒の念……自分自身で間違いがないように注意する気持ち。
※前衛的……時代に先駆けているさま。
※普遍性……すべてのものにあてはまる性質。
※愛憎劇……愛情と憎しみが複雑にからみ合った物語。

問一　――線１「新聞も雑誌も読まないし、テレビもめったに観ないから必要ない」とありますが、それでもメディアとの接し方を考えようと筆者が提案しているのはなぜですか。文章中の言葉を使って六十五字以内で書きなさい。

問二　――線２「戦争」と同じ組み立てになっている言葉として最も適当なものを次から選び、記号で答えなさい。

ア　未熟　　イ　豊富　　ウ　正誤　　エ　高価　　オ　作文

始まったばかりの文化に豊かな才能が流れ込み、意欲的な実験が繰り返されるのは歴史の常だ。ドキュメンタリーの分野では作り手のメッセージをぶつける熱いものや、実験的、※前衛的な手法をとりいれた作品がたくさん生まれたし、ドラマやバラエティーも4タブーをあえて破ろうとしているかのような自由さがあった。何より作り手たちのなかに、自分たちは時代をつくっているという使命感が強烈にあったのだと思う。

ところが子どものうちは少々羽目を外しても大目に見てもらえるけれど、大人になったら社会の目がうるさくなるように、テレビはその影響力を増すにつれ、お行儀良く振る舞うことを求められるようになった。

かくしてテレビは文化の担い手としての意識をだんだんと失っていく。そしてそれと並行するかのように、ニュースとスポーツ、ドラマとバラエティーというメニューをそろえた大衆娯楽を提供する一大産業となり、テレビ局同士で激しい視聴率競争を繰り広げることになる。（　Ａ　）インターネットといった新しいメディアが誕生すると、どうしたらテレビに客を引きつけられるのか、どうしたら視聴者を逃さないか、もっと言えばどうしたらチャンネルを変えられないかという意識を、作り手はより強く持つようになっていく。

そうすると、何が起きるのか。

一部の人間だけが興味を持つものではなく、できるだけ多くの視聴者が見たいものを放送しようとするようになるだろう。そのほうがいいに決まってる、一部の人だけが興味を持つものよりも、多くの人が見たいと思う※普遍性をもつ番組のほうがいい。そう考える人もいると思う。

でも、ものごとにはいつも5別の顔がある。この場合でいえば、多くの視聴者が見たいと思うものを放送しようとすることの持つ、もうひとつの側面だ。

多くの視聴者が見たいものとはなんだろう。人間はひとりひとり違う。生まれ育った環境も、何に興味を持っているかも、どれだけの理解力を持っているかという知的水準も、誰一人同じではない。

そんな状況で出来るだけ多くの人に見てもらうには、どうすればいいだろう。

一番簡単なのは、人間が持つ6共通の要素を盛り込むことだ。人間はひとりひとり違うけれど、誰もが持っている共通項もある。（　Ｂ　）好き嫌いはあっても、食事をしない人はいない。そう考えると、グルメ番組がこれだけたくさんあるのもうなずけるだろう。恋愛はどうだろう。こちらも好みは多様だけれど、多くの人が自分のこととして興味を抱けるテーマに違いない。かくして恋愛ドラマから、カップルを誕生させるバラエティーまで、恋愛を盛りこんだ番組がない日はないほどだ。

そう考えてくると、多くの人の興味を引き付けられるのは、人間の「本能」や「感情」に訴える要素が含まれる番組と言えるのでは

2023年度

埼玉栄中学校

【国語】〈第一回試験〉（五〇分）〈満点：一〇〇点〉

《注意》字数制限のある問題では、句読点（。や、）符号（「」など）も一字と数えます。

一 次の文章を読んで、あとの問いに答えなさい。

ここからは※フェイクニュース時代に、メディアとどう接していけばいいのかを一緒に考えてみたいと思う。

１新聞も雑誌も読まないし、テレビもめったに観ないから必要ない、という声が聞こえてきそうだ。そんな人はたぶんネットから情報を得ているのだろう。とはいえネットで見られるニュースの多くは、新聞やテレビが報じたニュースであることが多い。とすると、みんなも知らず知らずのうちにメディアの報道と触れていることになる。

それならば、メディアとどんな風に接していくかを考えておくことは、決して無駄にはならないはずだ。フェイク時代に何が本当かを見極めるためにもきっと役立つと、ぼくは思う。

まずはぼくがテレビの世界で生きてきたから、※自戒の念も込めて、テレビがこれまで「聞くこと」にどんな影響を与えてきたのかを考えてみたい。

ひとり暮らしの人は別にして、たぶんみなさんの家にテレビはあるんじゃないかな。今はテレビが当たり前の生活になっているけれど、放送が始まったのはもうずっと前、まだ戦後と呼ばれていた時代のことだ。

それまで国民の情報源はラジオだった。人々はラジオを通して真珠湾攻撃を知り、２戦争に負けたことを知った。

もちろん、戦後もラジオ放送は続いた。戦争の後遺症で日々の暮らしもままならない中、ラジオは情報源であると同時に、生活に潤いを与える娯楽でもあったんだ。ラジオは映像がないため、音がすべてだ。だから、人々は聞き漏らすまいと、自然と神経を集中することになる。家族がみんなで３ラジオのそばに集まる光景が、当時は日本中で見られたんだ。

ところが一九五三年に音声だけでなく、映像も届けられるテレビ放送がスタート。ラジオは次第にお茶の間の主役の座をテレビに譲ることになる。

2023年度

埼玉栄中学校 ▶解説と解答

算 数 ＜第１回試験＞（50分）＜満点：100点＞

解 答

1 (1) 0 (2) 165 (3) $3\frac{1}{2}$ (4) $\frac{13}{24}$ (5) 37 (6) 8 2 (1) 10000枚 (2) $\frac{36}{13}$ (3) ① 480m ② 1680m (4) 5000円 (5) **りんご**…10個，**みかん**…４個 3 (1) 62.8cm (2) ① 135度 ② 339.12cm^2 (3) ① 277.68cm^3 ② 395.36cm^2 (4) 628cm^3 4 (1) 17回 (2) 12，13，80，84，85，512

解 説

1 四則計算，計算のくふう，逆算

(1) $\{60-6-(6+3)\times 6\}\times 6=(60-6-9\times 6)\times 6=(60-6-54)\times 6=0\times 6=0$

(2) $3+5+8+9+12+15+18+21+22+25+27=(3+27)+(5+25)+(8+22)+(9+21)+(12+18)+15=30+30+30+30+30+15=30\times 5+15=150+15=165$

(3) $0.15\times 0.5\div 0.05\times 2\frac{1}{3}=\frac{15}{100}\times\frac{1}{2}\div\frac{5}{100}\times\frac{7}{3}=\frac{15}{100}\times\frac{1}{2}\times\frac{100}{5}\times\frac{7}{3}=\frac{7}{2}=3\frac{1}{2}$

(4) $\left(\frac{2}{3}-\frac{1}{4}\right)\times 0.75+(0.53-0.28)\times\left(1-\frac{1}{12}\right)=\left(\frac{8}{12}-\frac{3}{12}\right)\times\frac{3}{4}+0.25\times\left(\frac{12}{12}-\frac{1}{12}\right)=\frac{5}{12}\times\frac{3}{4}+\frac{1}{4}\times\frac{11}{12}=\frac{5}{16}+\frac{11}{48}=\frac{15}{48}+\frac{11}{48}=\frac{26}{48}=\frac{13}{24}$

(5) $3.7\times 3+37\times 0.3+370\times\frac{1}{25}=3.7\times 3+3.7\times 10\times 0.3+3.7\times 100\times\frac{1}{25}=3.7\times 3+3.7\times 3+3.7\times 4=3.7\times(3+3+4)=3.7\times 10=37$

(6) $(16\times 5+\square)\div\square-8=3$より，$(80+\square)\div\square=3+8=11$，$80+\square=11\times\square$となる。$11\times\square=10\times\square+\square$だから，$10\times\square=80$とわかる。よって，$\square=80\div 10=8$である。

2 図形と規則，数列，速さと比，旅人算，相当算，差集め算

(1) 正方形の枚数は，１段まで並べたときが，$1=1\times 1$(枚)，２段まで並べたときが，$1+3=4=2\times 2$(枚)，３段まで並べたときが，$1+3+5=9=3\times 3$(枚)，…となるので，(段の数)×(段の数)になっている。よって，100段まで並べるときの正方形の枚数は，$100\times 100=10000$(枚)と求められる。

(2) 分母は３から始まって２ずつ増えているから，□にあてはまる数の分母は，$11+2=13$である。また，分子は，１番目が，$1=1\times 1$，２番目が，$4=2\times 2$，３番目が，$9=3\times 3$，４番目が，$16=4\times 4$，５番目が，$25=5\times 5$だから，□にあてはまる数の分子は，$6\times 6=36$となる。よって，$\square=\frac{36}{13}$である。

(3) ① 右の図１で，Ａ君は家と地点Ｐを往復するのに，７時39分－７時30分＝９分かかっている。このとき，家から地点Ｐまでと地点Ｐから家までの速さの比は，80：160＝１：２だか

図１

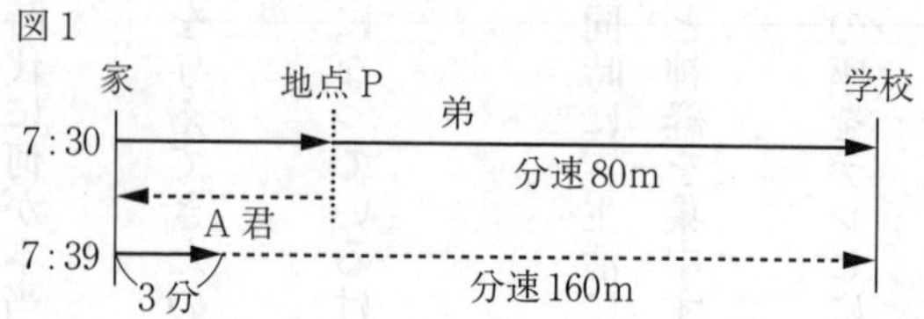

ら，かかった時間の比は，$\frac{1}{1}:\frac{1}{2}=2:1$となる。よって，地点Ｐから家までかかった時間は，$9\times\frac{1}{2+1}=3$（分）なので，地点Ｐと家の距離（きょり）は，160×３＝480(m)とわかる。　②　Ａ君が再び家を出発してから，はじめに３分間歩いたとする。すると，３分間で歩いた距離は，80×３＝240(m)で，走り始めた時刻は，７時39分＋３分＝７時42分になる。これは，７時42分－７時30分＝12分より，弟が家を出発してから12分後で，このとき弟は家から，80×12＝960(m)の地点にいる。よって，７時42分での２人の間の距離は，960－240＝720(m)とわかる。この後，２人の間の距離は１分間に，160－80＝80(m)の割合で縮まるから，２人が同時に学校に到着（とうちゃく）した(Ａ君が弟に追いついた)のは，７時42分からさらに，720÷80＝９(分後)となる。よって，弟が家を出発してから，12＋９＝21(分後)なので，家から学校までの距離は，80×21＝1680(m)と求められる。

(4)　右の図２より，書店でお金を使う前の所持金の，１－0.2＝0.8(倍)が，3200＋160＝3360(円)にあたるので，書店でお金を使う前の所持金は，3360÷0.8＝4200(円)とわかる。よって，最初の所持金の，１－0.1＝0.9(倍)が，4200＋300＝4500(円)にあたるから，最初の所持金は，4500÷0.9＝5000(円)と求められる。

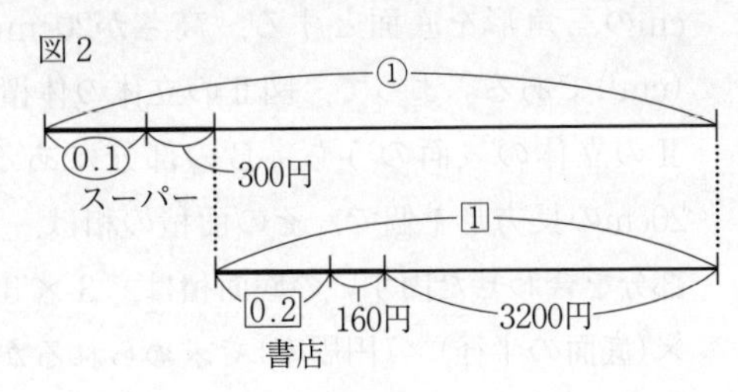

(5)　りんごの方がみかんより１個の値段が高く，個数を逆にして買うと，代金の合計が安くなったので，頼まれていた個数はりんごの方が多かったことになる。右の図３のように，りんごをみかんより□個多く買う予定だったとする。りんごはみかんより，１個あたり，120－80＝40(円)高く，りんごとみかんの個数を逆にして買うと，金額が，1520－1280＝240(円)高くなるので，□＝240÷40＝６(個)とわかる。よって，図３の四角で囲んだ部分の合計金額は，1520－120×６＝800(円)となるから，四角で囲んだ部分のみかんの個数，つまり，頼まれていたみかんの個数は，800÷(120＋80)＝４(個)である。したがって，頼まれていたりんごの個数は，４＋６＝10(個)と求められる。

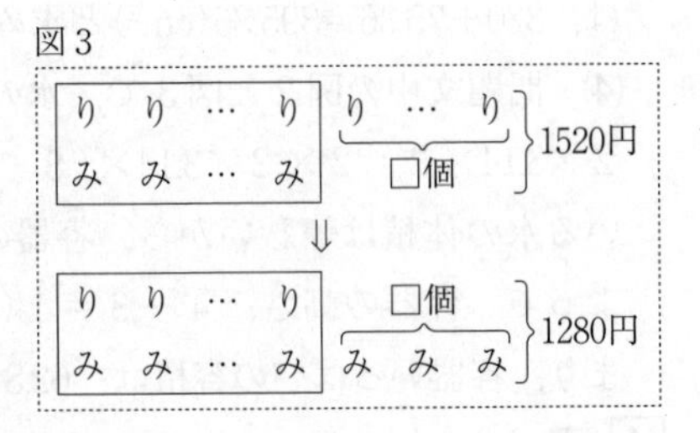

3　図形の移動，長さ，角度，面積，体積，表面積，水の深さと体積

(1)　正三角形ABCが１まわりするようすは右の図Ⅰのようになり，頂点Ａが動いてできる線は図Ⅰの太線部分となる。N角形の角の大きさの和は，180×(N－２)(度)だから，正六角形の６つの角の和は，180×(６－２)＝720(度)となり，正六角形の１つの角の大きさは，720÷６＝120(度)である。また，正三角形の１つの角の大きさは60度だから，図Ⅰの㋐の角度は，360－120－60＝180(度)とわかる。よって，頂点Ａが動いてできる線の長さは，半径５cmの半円の弧（こ）の長さ４つ分となるから，５×２×3.14÷２×４＝62.8(cm)と求められる。

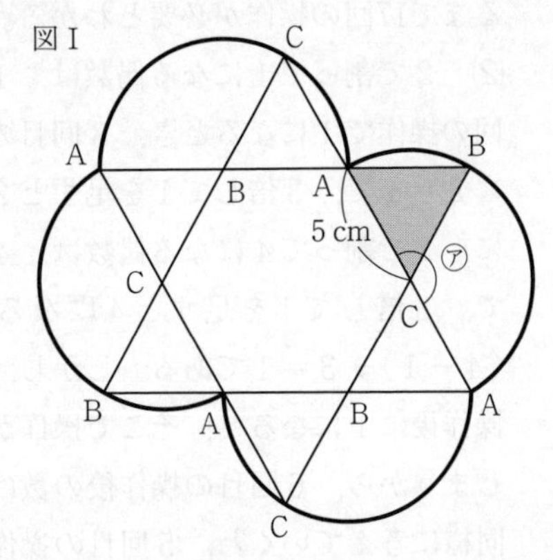

⑵　①　正八角形の8つの角の和は，$180\times(8-2)=1080$(度)なので，1つの角の大きさは，$1080\div8=135$(度)である。　②　問題文中の図で黒く塗(ぬ)られた部分は，半径6cm，中心角135度のおうぎ形8個なので，その面積は，$6\times6\times3.14\times\frac{135}{360}\times8=339.12$(cm^2)と求められる。

⑶　①　できる立体は右の図Ⅱのようになる。このうち，AとCの部分は合わせると，もとの円すいと同じ形になり，円すいの体積は，(底面積)×(高さ)÷3で求められるので，AとCの部分の体積の和は，$(3\times3\times3.14)\times4\div3=12\times3.14=37.68$(cm^3)となる。また，Bの部分は，底辺が，$3\times2=6$(cm)，高さが4cmの三角形を底面とする，高さが20cmの三角柱だから，その体積は，$(6\times4\div2)\times20=240$(cm^3)である。よって，図Ⅱの立体の体積は，$37.68+240=277.68$(cm^3)と求められる。　②　図Ⅱの立体の表面のうち，Bの部分にある面は，縦5cm，横20cmの長方形2個と，縦6cm，横20cmの長方形1個で，その面積の和は，$5\times20\times2+6\times20=320$(cm^2)である。また，AとCの部分を合わせた円すいの底面積は，$3\times3\times3.14=9\times3.14$(cm^2)であり，側面積は，(母線の長さ)×(底面の半径)×(円周率)で求められるから，$5\times3\times3.14=15\times3.14$(cm^2)となる。よって，AとCの部分の表面積の和は，$9\times3.14+15\times3.14=24\times3.14=75.36$(cm^2)だから，図Ⅱの立体の表面積は，$320+75.36=395.36$(cm^2)と求められる。

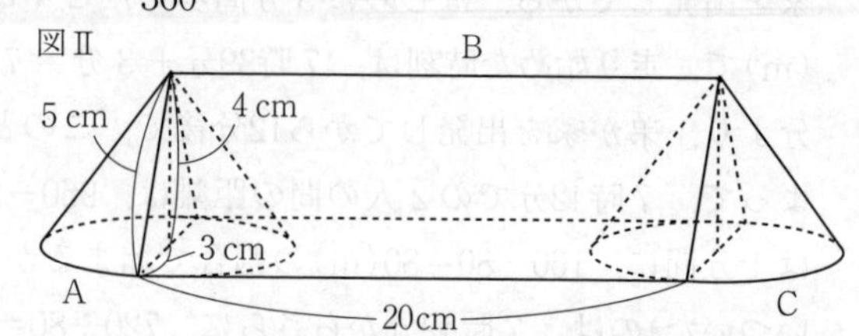

⑷　問題文中の図2と図3で，水の中に入っているおもりの体積の差は，$2\times2\times3.14\times8-2\times2\times3.14\times3=2\times2\times3.14\times(8-3)=20\times3.14=62.8$(cm^3)である。また，図2と図3で入っている水の体積は等しいから，容器の高さ3cm分の体積と高さ4cm分の体積の差も62.8cm^{3}となる。よって，容器の高さ，$4-3=1$(cm)分の体積が62.8cm^{3}だから，容器の高さ10cm分の体積，つまり，容器いっぱいの容積は，$62.8\times10=628$(cm^3)と求められる。

4　調べ

⑴　15は奇数(きすう)なので，1回目の操作では，$15\times3+1=46$になる。46は偶数(ぐうすう)なので，2回目は，$46\div2=23$になる。23は奇数なので，3回目は，$23\times3+1=70$になる。同じように考えていくと，右の図1のようになるから，1になるまで17回の操作が必要とわかる。

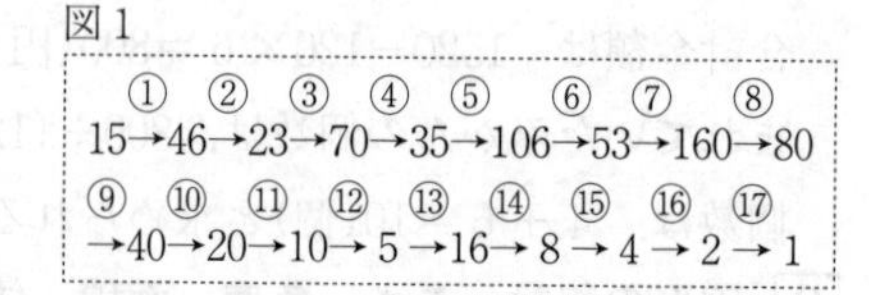

⑵　2で割って1になる偶数は，$1\times2=2$で，3倍して1を足すと1になる奇数はないから，9回の操作で1になるとき，8回目の操作後の数は2となる。また，2で割って2になる偶数は，$2\times2=4$で，3倍して1を足すと2になる奇数はないから，7回目の操作後の数は4となる。さらに，2で割って4になる偶数は，$4\times2=8$で，3倍して1を足すと4になる奇数は，$(4-1)\div3=1$である。しかし，6回目の操作後に1になると，そこで操作が終わってしまうから，6回目の操作後の数は8である。同様に考えていくと，5回目の操作後の数は，$8\times2=16$で，4回目の操作後の数は，16×

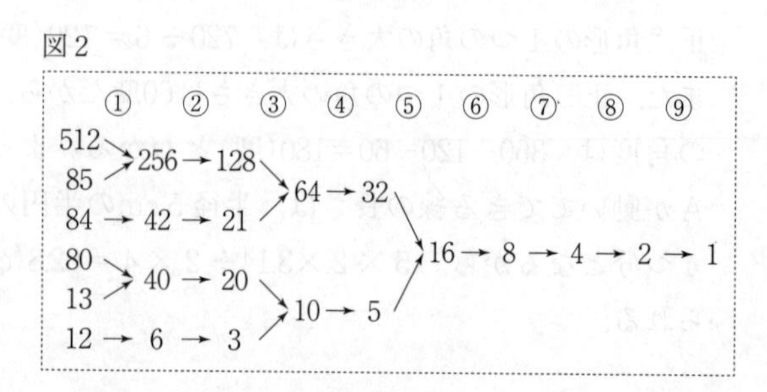

２＝32か，(16－１)÷３＝５となる。このように，１回ずつさかのぼって調べていくと，上の図２のようになるので，９回の操作で１になる数は，12，13，80，84，85，512とわかる。

社　会　＜第１回試験＞（理科と合わせて50分）＜満点：50点＞

解　答

[1] 問１　①　エ　②　イ　問２　下田　問３　関税自主(権)　問４　イ　問５　オランダ，中国(清)　問６　①　ア　②　ウ　問７　エ　[2] 問１　霞ケ浦　問２　(関東)ローム(層)　問３　東京…イ　埼玉…ウ　問４　ウ　問５　イ　問６　ア　問７　ウ　問８　(例)　テロ，自然災害などによって国家の機能が停止してしまう。　問９　ヒートアイランド(現象)　[3] 問１　X　エ　Y　イ　問２　ウ　問３　総辞職　問４　ウ

解　説

[1] 外交に関する史料を題材にした歴史の問題

問１　①　1854年にアメリカと日米和親条約を結んで開国した日本は，1858年にアメリカと日米修好通商条約を結び，貿易を始めることとなった。このとき，第３条にあるように，下田・函館に加えて神奈川(横浜)・長崎・新潟・兵庫(神戸)が開港地とされた。また，第６条にあるように，日本で法をおかしたアメリカ人は，アメリカ領事がアメリカの法律で裁くことなどが定められた。なお，日清戦争の講和条約である下関条約は1895年に，日米安全保障条約は1951年に結ばれた。　②　ア　日米修好通商条約は，江戸幕府とアメリカ総領事ハリスの間で結ばれた。ペリーは，江戸幕府と日米和親条約を結んだ。　イ　日米修好通商条約が結ばれた経緯として正しい。　ウ　「中国」ではなく「フランス」が正しい。　エ　鎖国政策は，日米和親条約で開国したことによってくずれた。

問２　日米修好通商条約では，神奈川(横浜)の開港にともない，日米和親条約で開港地とされた下田が閉鎖された。

問３　関税は，おもに自国の産業を保護するために輸入品にかけられる税で，これを自主的に決める権利を関税自主権という。日米修好通商条約では，日本に関税自主権が認められなかった。

問４　下田は伊豆半島の南部に位置し，静岡県に属する。

問５　江戸時代，幕府は貿易の利益を独占し，キリスト教の禁止を徹底するため，外国との交流を厳しく制限した。幕府との貿易が認められたのは，キリスト教の布教を行わない中国(清)とオランダだけで，両国との貿易は長崎を唯一の窓口として行われた。

問６　①　江戸時代末に幕府が欧米５か国と結んだ修好通商条約は，日本に関税自主権がなく，外国に領事裁判権(治外法権)を認めるという点で，日本に不利な不平等条約であった。不平等条約の改正は明治政府の主要な外交課題となり，交渉を続けた結果，1894年に外務大臣陸奥宗光が領事裁判権の撤廃に成功した。1911年には外務大臣小村寿太郎が関税自主権を完全に回復し，不平等条約の改正が達成された。なお，井上馨は1879～87年に外務卿・外務大臣を，大隈重信は1888～89年など計４回にわたり外務大臣を務めた。　②　領事裁判権が撤廃された1894年には，甲午農民

戦争とよばれる朝鮮半島での暴動をきっかけとして，日清戦争が始まった。なお，アは1912年，イは1910年，エは1920年のできごと。

問７　欧米５か国との間で修好通商条約が結ばれて貿易が開始されると，日本からは生糸(きいと)が多く輸出された。なお，毛織物と綿織物は当時の日本のおもな輸入品であった。

2　関東地方の地形や交通，産業などについての問題

問１　茨城県の南東部に広がる霞ケ浦(かすみがうら)は，琵琶湖(滋賀県)についで全国で２番目に大きい湖で，一般的には霞ケ浦(西浦)，北浦，常陸(ひたち)利根川を合わせたものが霞ケ浦とよばれる。

問２　関東平野には，関東ローム(層)とよばれる赤褐色(せきかっしょく)の土(赤土)が広く分布している。関東ロームは，火山灰が風で飛ばされ，長い時間かけて積もったことなどでつくられたと考えられている。

問３　夜間人口は，その都道府県でふだん生活している人，つまりその都道府県の人口にほぼ近い数字になると考えられる。都道府県別の人口は，1000万人を上回る東京都が全国第１位で，以下，神奈川県，大阪府，愛知県，埼玉県と続く。ここから，イが東京都，オが大阪府，ウが埼玉県だとわかる。なお，東京都や大阪府は，ほかの府県から通勤・通学してくる人が多いため，昼夜間人口比率が100％を超(こ)え，埼玉県や奈良県は逆にほかの都府県へ通勤・通学する人が多いため，昼夜間人口比率が100％を下回る。北海道は昼夜間の人口の移動がおもに道内で行われるため，昼夜間人口比率がほぼ100％である99.9％のエとわかる。統計資料は『日本国勢図会』2022／23年版による。

問４　【栄太君が選んだルート】から，山手線外回りが「新宿・池袋方面」に向かうとわかるので，山手線で渋谷から新宿駅，池袋駅，上野駅などを通り，東京駅で京葉線に乗り換(か)え，舞浜駅に向かったことになる。なお，アは山手線内回り，りんかい線(またはりんかい線直通の埼京線)と京葉線，イは東京メトロ半蔵門線・有楽町線と京葉線，エは山手線内回りと京葉線を利用したルート。

問５　建設業は，工業などとともに第二次産業にふくまれる。なお，第一次産業は農林水産業で，第一次・第二次産業にふくまれないほとんどの産業が，第三次産業に分類されている。

問６　京葉工業地域は，千葉県の東京湾岸に広がる工業地域で，大規模な石油化学コンビナートが複数立地していることから，製造品出荷額等に占(し)める化学工業の割合が最も多くなっている。なお，イは阪神工業地帯，ウは瀬戸内工業地域，エは関東内陸工業地域のグラフ。統計資料は『日本国勢図会』2019／20年版による。

問７　大消費地である都市の近郊(きんこう)で，野菜や花，卵，牛乳などを生産する農業を，近郊農業という。近郊農業には，安い輸送費で新鮮なものを都市に出荷できるという利点がある。なお，アは促成(そくせい)栽培，イは施設園芸農業，エは二毛作の説明。

問８　首都に政治や経済の機能が一極集中してしまうと，地震などの災害やテロなどの事件が発生したさい，それらが機能しなくなり，社会が大きく混乱する可能性がある。そのため，首都機能の一部をほかの地域に移転しようという動きも見られる。

問９　ヒートアイランド現象は，都市部の気温がその周辺地域に比べて高くなる現象で，等温線を結ぶと島(アイランド)状になることから名づけられた。これは，アスファルトやコンクリートの増加，緑地の減少，建物や自動車などからの排熱(はいねつ)の増加などが原因になっていると考えられる。

3　政治のしくみについての問題

問１　日本国憲法第41条は国会の地位についての条文で，国会を「国権の最高機関であって，国の唯一の立法機関である」と規定している。

問２　最高裁判所の長官は，内閣が指名し，天皇が任命する。

問３　日本国憲法第69条は，「内閣は，衆議院で不信任の決議案を可決し，又(また)は信任の決議案を否決したときは，10日以内に衆議院が解散されない限り，総辞職をしなければならない」と定めている。

問４　日本では，内閣が国会の信任にもとづいて成立し，行政権の行使において，国会に対して連帯して責任を負うというしくみを採用している。このしくみを，議院内閣制という。なお，三審制は同一事件について３回まで裁判を受けられるという制度，社会保障制度は国民の生存権を保障するために国が整備している制度，二院制は国会(議会)が２つの院で構成される制度。

理　科　＜第１回試験＞（社会と合わせて50分）＜満点：50点＞

解　答

1　**問１**　しょう点　**問２**　イ　**問３**　イ　**問４**　海溝(トラフ)　**問５**　エタノール
2　**問１**　イ，エ　**問２**　ア，エ　**問３**　ウ　**問４**　45　**問５**　80cm　**3**　**問１**　ア　**問２**　エ，オ　**問３**　ア　**問４**　0.37cm^3　**問５**　２枚　**4**　**問１**　白血球　**問２**　5600mL　**問３**　6000mL　**問４**　56秒　**問５**　(例)　酸素を多く含む血液
5　**問１**　西から東　**問２**　風速　**問３**　北北西　**問４**　ウ　**問５**　289km^2

解　説

1　**小問集合**

問１　凸(とつ)レンズの中心としょう点を結んだ直線を光軸(こうじく)といい，光軸と平行に凸レンズへ入射した光は，反対側のしょう点を通る。

問２　アンモニアは水に溶(と)けやすく，酸素や水素は水に溶けにくい。二酸化炭素は酸素や水素よりも水に溶けやすいが，アンモニアほど水に溶けない。

問３　植物が体内の水を水蒸気として空気中へ放出することを蒸散という。蒸散は植物の体内の水分量や体温を調節したり，根から水を吸い上げやすくしたりするために行われ，気温が高く，しつ度が低いときにさかんに行われる。

問４　海洋プレートが大陸プレートの下に沈(しず)み込み，海底が特に深くくぼんでいる場所を海溝(かいこう)やトラフという。一般(いっぱん)に，水深が6000m以上のものを海溝，水深が6000m未満のものをトラフと呼ぶ。

問５　液体が沸(ふっ)とうしはじめるときの温度を沸点という。水の沸点は約100℃，エタノールの沸点は約78℃で，サラダ油の沸点はその成分により変化するが，ふつうは水の沸点よりも高い。

2　**てこやかっ車についての問題**

問１　(支点からのきょり)×(おもりの重さ)で求められる値をモーメントという。結果１の表で，右のうでのモーメントは，４×20＝80になる。このとき，左のうでのモーメントは，支点からのきょりが１，２，４のときにいずれも80となり，モーメントの値が左右で等しくなってつり合っている。また，結果２の表でも同様に，てこがつり合うときは左右のモーメントが180で等しくなっており，左のうでの支点からのきょりが４のところにおもりをつるしたときも，モーメントの大きさは，４×(10×４＋５×１)＝180となるのでつり合う。なお，結果１と結果２の表のいずれも，左のうで

で支点からのきょりが長くなるほど，水平につり合わせるために必要なおもりの重さは小さくなっており，右のうでにおもりをつり下げることでてこをかたむけるときには，右のうでのおもりをつるしたところが力点になる。

問２　定かっ車では，おもりの重さとおもりを引く力の大きさは等しくなる。また，定かっ車について，おもりを引き上げる点が作用点，かっ車をつるす点が支点，ひもを引く点が力点にあたる。

問３　動かっ車では，かっ車の重さを考えないとき，定かっ車を用いたときと比べて，同じ重さのおもりを持ち上げるために必要な力の大きさは半分になり，おもりを引き上げたいときに引かなければならないひものきょりは２倍になる。

問４　図２のように360ｇのおもりをつるしたとき，それぞれの動かっ車をつるす左右のひもにかかる重さは，一番下の動かっ車は，360÷２＝180(ｇ)，下から二番目の動かっ車は，180÷２＝90(ｇ)，下から三番目の動かっ車は，90÷２＝45(ｇ)とわかる。したがって，定かっ車のひもに45ｇ以上のおもりをつるせばよい。

問５　動かっ車を１個使うと，ひもを引くきょりはおもりを引き上げるきょりの２倍になる。よって，図２でおもりを10cm引き上げるためには，動かっ車３個分で，10×２×２×２＝80(cm)ひもを引く必要がある。

３　金属の密度についての問題

問１　うすい塩酸とうすい水酸化ナトリウム水溶液はいずれもアルミニウムを溶かすので，100％アルミニウムでできている１円玉は，どちらにも溶ける。

問２　ふつう，物体の密度が液体の密度よりも大きければ物体は液体に沈む。表より，指輪は白金100％，純金は金100％なので，指輪の密度は21 g/cm^3，純金の密度は19 g/cm^3である。水銀は液体で，密度は14 g/cm^3なので，指輪と純金は水銀に沈むと予想できる。

問３　単純に密度だけで考えると，１円玉の密度は2.7 g/cm^3で，水の密度の1.0 g/cm^3よりも大きいので，１円玉は水に沈むはずである。しかし，１円玉の表面を水面にそっと置いたときには，１円玉に浮力だけではなく，水の表面張力とよばれる力もはたらくため，１円玉が水に浮くと考えられる。

問４　１円玉の重さは１ｇ，アルミニウムの密度は2.7 g/cm^3なので，１円玉の体積は，１÷2.7＝0.37…より，0.37cm^3と求められる。

問５　携帯電話１台あたりの重さ105ｇのうち，含まれる銅の重さは，$105\times\frac{10}{100}=10.5$(ｇ)となる。また，７ｇの500円玉に含まれる銅は75％なので，500円玉１枚をつくるには，$7\times\frac{75}{100}=5.25$(ｇ)の銅が必要だとわかる。よって，ニッケルや亜鉛が十分にあるとき，携帯電話１台から，10.5÷5.25＝２(枚)の500円玉をつくることができる。

４　人の血液についての問題

問１　人の血液は，赤血球や白血球，血小板，血しょうなどから成り立っており，白血球は体内に侵入した細菌などからからだを守る役割をしている。

問２　血液量は体重の８％なので，$70\times\frac{8}{100}=5.6$(kg)より，5600ｇとなる。血液１ｇの重さは１mLなので，5600mLと求められる。

問３　１分間の心拍数を80回とするので，１分間に心臓から送り出される血液量は，75×80＝6000

(mL)となる。

問4　問3より，心臓から送り出される血液量は1分間に6000mLなので，1秒間では，6000÷60＝100(mL)となる。問2より，体重70kgの人の血液量は5600mLなので，全血液を心臓が送り出すのにかかる時間は，5600÷100＝56(秒)と求められる。

問5　酸素を多く含む血液を動脈血という。一方で，酸素が少ない血液を静脈血といい，動脈血があざやかな赤い色をしているのに対して，静脈血は赤黒い色をしている。

5　風の吹(ふ)きかたやアメダスについての問題

問1　日本周辺の天気は，日本上空で西から東へと吹いている偏西風(へんせいふう)の影響(えいきょう)で，西から東へとうつり変わりやすい。

問2　図の装置は風向や風速をはかることができ，装置に取り付けられたプロペラの回転数から風速がわかる。

問3　図の装置は風が吹くと，装置に取り付けられた羽により，風上の方向に矢印が向くように回転する。風向は風が吹いてくる方向のことなので，図の矢印が示す方向が風向といえる。

問4　気温をはかるときは，地面や直射日光の熱による影響をさけるため，空気がまざりやすい風通しのよい日かげで，地面からの高さが1.5mくらいのところではかる。

問5　日本の面積が375700km^{2}で，アメダスは日本全国で1300ヶ所にあるから，375700÷1300＝289(km^2)あたりに1ヶ所アメダスが設置されていることになる。

国語　<第1回試験>（50分）<満点：100点>

解答

一　**問1**　（例）　ネットのニュースの多くは，新聞やテレビが報じたニュースであることが多いため，知らぬ間にメディアの報道と触れていることになるから。　**問2**　イ　**問3**　（例）当時の情報源や娯楽の役割を担っていたラジオの音を聞き漏らすまいと，人々が自然と神経を集中させていたから。　**問4**　エ　**問5**　**A**　オ　**B**　エ　**C**　イ　**問6**　ア　**問7**　ウ　**問8**　ア　**問9**　①　○　②　×　③　×　④　○　⑤　○　**二**　**問1**　ウ　**問2**　（例）　ベランダから屋上にのぼる階段があるから。　**問3**　**A**　エ　**B**　オ　**C**　ウ　**問4**　イ　**問5**　（例）　お母さんの料理にお兄ちゃんは文句を言わないが，アンは文句が多いから。　**問6**　宇宙以外のことには興味がないから　**問7**　イ　**問8**　オ　**問9**　ア　**問10**　ウ　**三**　**問1**　①　ウ　②　ア　③　イ　④　ア　⑤　ウ　**問2**　①　オ　②　カ　③　イ　④　コ　⑤　ア　**四**　下記を参照のこと。

●漢字の書き取り

四　①　鉄橋　②　悲鳴　③　信義　④　血路　⑤　重版　⑥　寄宿　⑦　収める　⑧　賃貸　⑨　肥やし　⑩　就航

解説

一　**出典は松原耕二(まつばらこうじ)の『本質をつかむ聞く力―ニュースの現場から』による。**フェイクニュースを見極(みきわ)める力をつけるために，メディアとの向き合い方を考えるきっかけとして，テレビ番組の作り方について説明している。

問１　ぼう線１のある段落に書かれているように，ネットのニュースの多くは，「新聞やテレビが報じたニュース」を元にしている。したがって，ネットしか見ない人も，知らず知らずのうちにメディアの報道に触れているといえるので，メディアとの接し方を考えることは，みんなにとって有意義だと考えられる。

問２　「戦争」は，「戦い」と「争い」という似た意味の字を重ねた熟語である。これと同じ組み立てなのは，「豊か」と「富む」という似た意味の字を重ねた「豊富」である。「未熟」は上に打ち消しの字がくる熟語，「正誤」は反対の意味の字を重ねた熟語，「高価」は上の字が下の字を修飾している熟語，「作文」は下の字が上の字の目的語になっている熟語である。

問３　同じ段落に戦後の人たちがラジオのそばに集まったのは，「ラジオは情報源であると同時に，生活に潤いを与える娯楽でもあった」とある。また，ラジオは音がすべてなので，「聞き漏らすまいと，自然と神経を集中する」必要があったことが述べられている。

問４　タブーとは，社会の中でしてはならないと決められていることがらである。ここでは，テレビ番組の作り手が，あえて社会の常識に挑戦しようとしたことを表している。

問５　**A**　テレビ局は，テレビ局同士の視聴率争いに加えて，インターネットのような新しいメディアとの競争にもさらされているという文脈なので，前のことがらを受けてさらに別のことを加えるときに使う「さらには」があてはまる。　**B**　「誰もが持っている共通項」の具体例として「食事」があげられているので，例をあげるときに用いる「たとえば」がふさわしい。　**C**　テレビのそばまで行くのが面倒で「チャンネルを変えようとしない」視聴者が，リモコンによって「すぐにチャンネルを変える」ようになったのだから，前のことがらを受けてそれに反する内容を述べるときに用いる「ところが」が合う。

問６　テレビ局は，食事や恋愛のような人間が持つ共通の要素を番組に盛り込み，多くの人の興味を引き付けることで，多くの視聴者に見たいと思わせるのである。

問７　「共通の要素」とは，「人間の『本能』や『感情』に訴える要素」のことで，「面倒な説明なしに，わかってもらえる」という特徴がある。したがって，一部の人にしか理解できないウの「専門技術職」は，共通の要素としてふさわしくない。

問８　「強迫観念」とは，本人の意志とは無関係に，頭に浮かんでくるもののことである。ここでは，テレビマンが，いつでも視聴率のことを考えてしまうことを表している。

問９　①　これまでみてきたように「テレビの世界で生きてきた」筆者は，テレビと社会の関係について歴史的な観点もふくめて述べているので，正しい。　②　「熱意が次第に薄れ」たことではなく，「お行儀良く振る舞うことを求められるようになった」ことが，意欲的な番組が減った理由なので，誤りである。　③　ラジオについては，テレビとの関わりでしか本文ではふれられていないので，誤りである。　④　「面倒な説明なしに，わかってもらえるもの」がテレビの大好物だと書かれているので，正しい。　⑤　リモコンだと指先ひとつでチャンネルを変えられるので，「一瞬たりとも興味を逃さない」番組作りが求められるようになったと書かれているので，正しい。

二　**出典は益田ミリの『アンナの土星』による。**天体観測を生き甲斐にしている兄のことを，恋愛には興味のない人だと思っているアン(わたし)に，友人のみずほは携帯のメールをこっそり見ることを提案する。

問１　天体観測を生き甲斐にしている兄は，屋上の望遠鏡で月が見えたことがうれしくて，妹を呼びにきたことが読み取れる。

問２　兄が広い部屋をわたしにゆずったのは，せまい四畳半の部屋のベランダに，天体観測ができる屋上にのぼる階段があったからである。

問３　**A**　兄を喜ばせようとして，わたしは「大袈裟に」驚いて見せたと考えられる。　**B**　「軽やか」であることを表すのは，「ふわふわと」がふさわしい。　**C**　料理を完食するようすは，「ぺろりと」が合う。

問４　「無頓着」は，“こだわらない”という意味で，ここでは，兄が食事に興味がないことを指している。

問５　ぼう線３の直前に書かれているように，母にわがまま扱いされているのは，兄は料理に「文句なんか言ってない」のにくらべて，アンは「文句が多い」のである。

問６　兄が，母の料理がおおざっぱでパッとしないことを気にしないのは，「ファッションなんか，ぜんぜん気にしていない」のと同様に，宇宙のことで頭がいっぱいなためだと考えられる。

問７　「バツが悪い」は，きまりが悪いようす。みずほは，弟のメールを「勝手に見たの？」と指摘され，気まずかったのだと考えられる。

問８　ふつうは「たぶん好きな人なんかいないと思う」というところを，「好きな人なんかいないと思う，たぶん」という逆の順序で表現しているので，倒置法である。

問９　みずほは，「アンナのお兄ちゃんだって，好きな人くらいいるって」と言っているので，「好きな人」に関係するアが合う。

問10　本文の後半が，ほぼすべて会話文になっており，しかもその会話の後に「わたしの声は裏返った」，「バツが悪そうに笑った」などと，気持ちが伝わりやすい表現が補われているので，ウが正しい。

三　文法の知識，慣用句の完成

問１　①　問題文の「れる」は受け身で，ウが同じ用法。アは自発，イは尊敬，エは可能。　②　問題文の「ない」は，「食べる」について打ち消しの意味をそえる助動詞で，「進む」に打ち消しの意味を加えるアと同じ。イとエは述語で，「ない」という意味を表す形容詞。ウは「怖い」について打ち消しの意味を加えている補助形容詞。　③　問題文の「ようだ」は不確かな断定を表していて，イが同じ働きをしている。アとウはたとえ，エは例示。　④　問題文の「よう」は人を何かにさそう勧誘の意味があるのでアが同じ。イとウは推量の意味，エは意志を表している。　⑤　問題文の「た」は，過去を表しており，ウが同じ用法。アは完了，イは確認，エは状態を表している。

問２　①　「骨が折れる」は，“苦労する”という意味。　②　「肩で風を切る」は，“いばっている”という意味。　③　「猫の額」は，とてもせまいこと。　④　「首が回らない」は，“お金のやりくりに苦しむ”という意味。　⑤　「耳にたこができる」は，“聞きあきるほど何度も聞かされる”という意味。

四　漢字の書き取り

①　鉄でできた橋。　②　恐ろしいときや驚いたときにあげるさけび声。　③　約束や務め

に忠実であること。　④　苦しみや困難を切りぬける方法。　⑤　本や雑誌を，同じ版を使ってさらに印刷し出版すること。　⑥　寮（りょう）などに入って共同生活をすること。　⑦　手に入れること。　⑧　お金をとって貸し出すこと。　⑨　成長の助けになるもの。　⑩　船や飛行機が初めてその航路につくこと。

2023年度

埼玉栄中学校

【算　数】〈第２回試験〉（50分）〈満点：100点〉

※問題を解く上で，円周率を利用するときは3.14としなさい。

1　次の問いに答えなさい。(6) については，□にあてはまる数を答えなさい。

(1) $15 \div (5-2) + 4 \times 2$

(2) $4.3 \times 6.1 + 4.3 \times 2.3 + 4.3 \times 1.6$

(3) $2.35 \div 5 + 1.05 \times 0.2 - 0.4 \times \frac{1}{5}$

(4) $1 - \frac{501}{500} \times \frac{499}{500}$

(5) $\left(1-\frac{1}{2}\right) \times \left(1-\frac{1}{3}\right) \times \left(1-\frac{1}{4}\right) \times \cdot \cdot \cdot \times \left(1-\frac{1}{10}\right)$

(6) $\square \div 2\frac{2}{3} - 2.25 \times \left(\frac{1}{3}+\frac{1}{2}\right) = 1$

2 次の問いに答えなさい。

(1) 次のような規則を考えます。

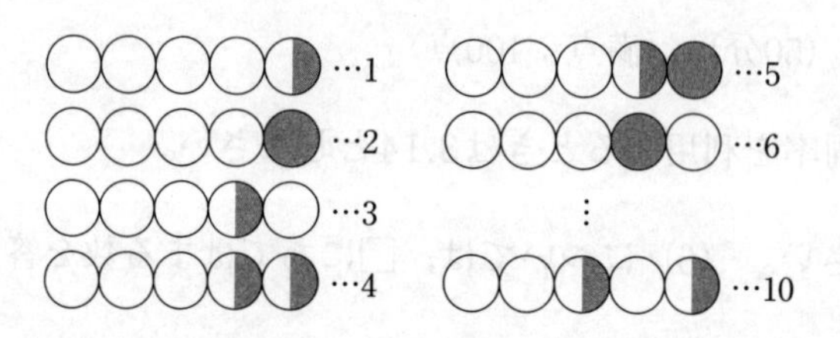

① はいくつを表しますか。

② 113を表すとどうなりますか。

(2) 下の数は，ある規則で並んでいます。以下の問いに答えなさい。

1，2，4，3，6，9，4，8，12，16，5，10，15，20，25，・・・

① この並びの中に15は何回出てくるか求めなさい。

② この並びの中にちょうど3回出てくる数の中で最も小さい数を求めなさい。

(3) 家から学校までの道のりが6kmあります。弟は8時に分速120mの速さで歩いて学校に向かいました。兄は8時20分に自転車に乗り，分速600mの速さで学校に向かいました。

① 弟は何時何分に学校に着きますか。

② 兄は弟に何時何分に追いつきますか。

(4) 食塩水Aと食塩水Bを2：3の割合で混ぜると濃度(のうど)は6.2%になります。5：2の割合で混ぜると濃度は4%になります。このとき，食塩水Aの濃度を求めなさい。

(5) りんごがいくつかあり，これらを家族でひとり2個ずつ配るとりんごは7個あまり，5個ずつ配ると5個足りませんでした。このとき，りんごの個数を求めなさい。

3 次の問いに答えなさい。

(1) 下の図は半径4cmの円を５つ並べてひもでまとめたものです。ひもの長さを求めなさい。

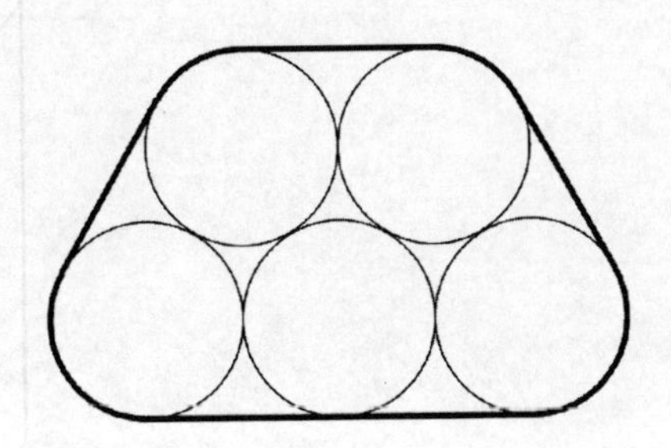

(2) 右の図で，四角形ABCDは１辺の長さが10cmの正方形，EはCDを直径とする半円周上の真ん中の点，Fは辺BCの真ん中の点です。黒くぬった部分の面積を求めなさい。

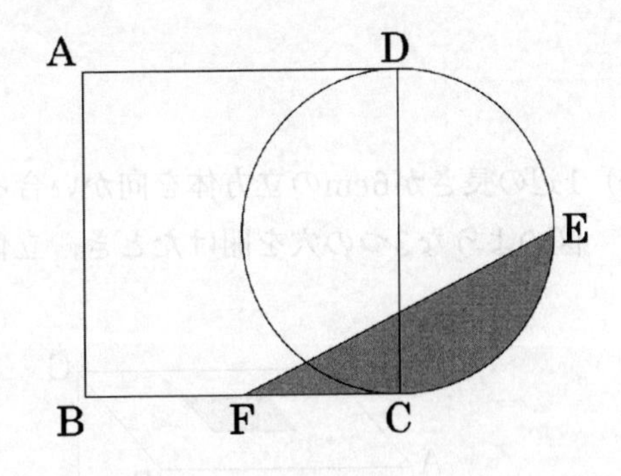

(3) 3つの正方形があります。3つの正方形の面積の合計を求めなさい。

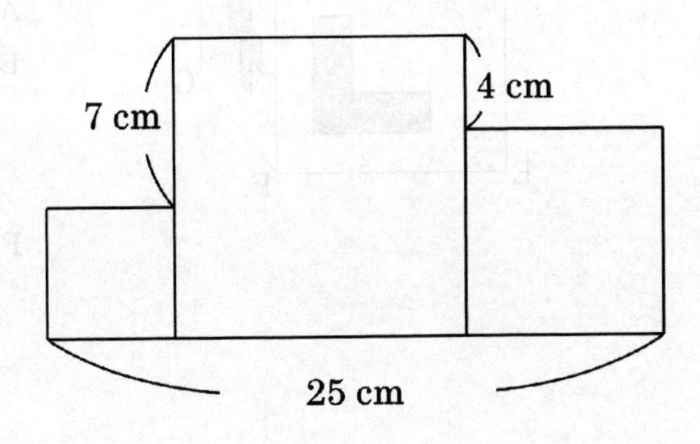

(4) 右下の図は，半径6cm，高さ20cmの円柱を一部切り取って合わせたものです。表面積を求めなさい。

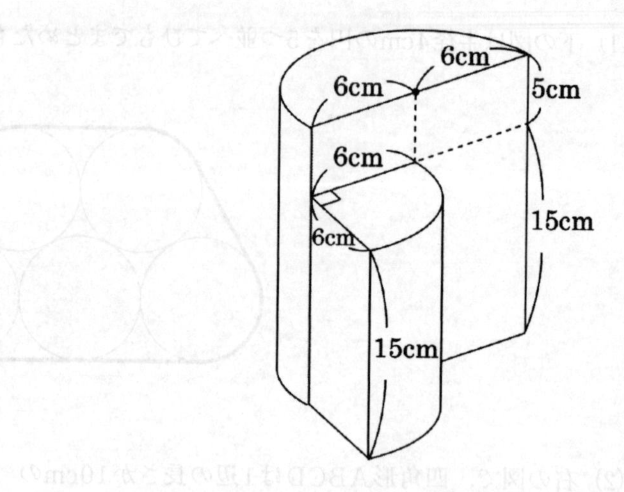

(5) 1辺の長さが6cmの立方体を向かい合った面から面まで，色のついた部分に穴をあけます。図のような3つの穴を開けたとき，立体の体積を求めなさい。

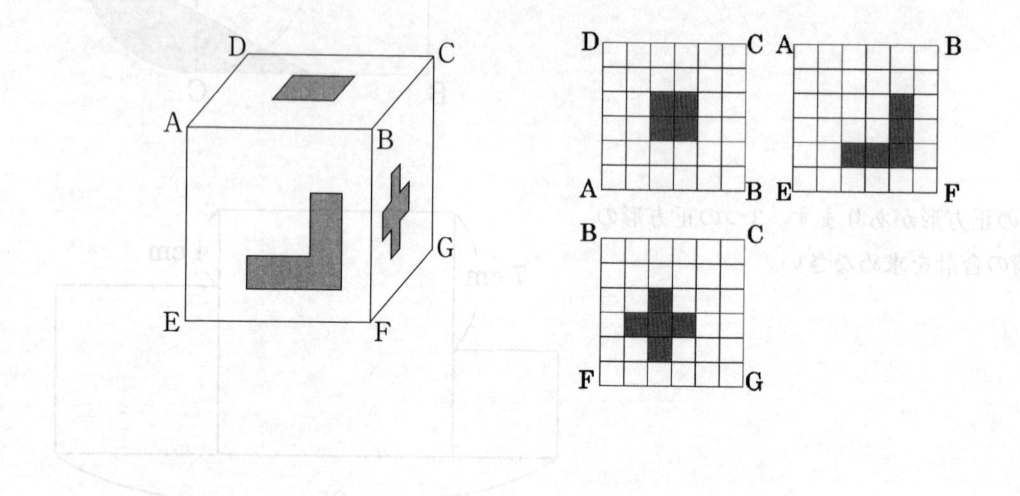

4 5Lの水を入れられるバケツAと，7Lの水を入れられるバケツBがあります。これらを使って水の量を量ります。これらのバケツには目盛りが付いていないので，途中(とちゅう)までしか入っていない水の量を量ることはできず，水を移動させるときは水を入れるバケツがいっぱいになるか，水を出すバケツが空になるまで水を移さなくてはなりません。
次のア～カの操作をそれぞれ1回の操作とします。

ア．蛇口からバケツAに水を入れる。　イ．蛇口からバケツBに水を入れる。
ウ．バケツAからバケツBに水を移す。　エ．バケツBからバケツAに水を移す。
オ．バケツAに入っている水を捨てる。　カ．バケツBに入っている水を捨てる。

3Lの水を量るために必要な操作は最短で何回か求め，その手順を上記の記号を使って下記の解答例のように答えなさい。ただし，同じ記号を何度使ってもよいものとします。

（解答例）最短回数　2回　　手順　ア　→　イ

5 次の□に＋，－，×，÷のいずれかを入れ，式が成り立つようにしなさい。
ただし，例以外のものを答えなさい。
（例）　$1\times 2\times 4+8=16$

$1\ \square\ 2\ \square\ 4\ \square\ 8\ =\ 16$

⑤ まんがも見たが、映画も見た。
ア 彼女もがんばったが、君もがんばった。
イ 走ったが、時間に間に合わなかった。
ウ 初めて見たが、素晴らしい作品だね。

四 次の――線部のカタカナを漢字に直しなさい。また、送りがなのあるものは書きなさい。

① それはテンケイ的な風邪の症状だった。
② 車のネンリョウは何種類かある。
③ 非難されている友人をベンゴする。
④ 奈良公園でシカのムレを見た。
⑤ このゲキヤクは取り扱い注意だ。
⑥ 私の今後の人生を彼にユダネル。
⑦ 部屋にあるキョウダイの前で髪型を整える。
⑧ 海外旅行の計画をメンミツに考える。
⑨ たくさんの世界イサンを訪れたい。
⑩ 私の作品が美術館にテンジされる。

三 次の各問いに答えなさい。

問一 次の□に漢数字一字をあてはめて、ことわざを完成させなさい。

① 一事が□事……一事ですべてが推察できること。
② 無くて□癖(くせ)……どんなに癖のないように見える人でも多少の癖はあること。
③ 三つ子の魂(たましい)□まで……幼いときの性質は一生変わらないこと。
④ 丸い卵も切りようで□角……物事はやり方次第(しだい)。
⑤ 一寸(いっすん)の虫にも□分の魂……小さくて弱いものにも意地があってあなどれないこと。

問二 次の各文と同じ用法のものをあとから選び、それぞれ記号で答えなさい。

① 冬の来るのが待ち遠しい。
ア わたしの教科書はどこですか。
イ 天の川の見えるころにまた会おう。
ウ カレーはあまりからくないのがいい。

② 先生は大きな声で言った。
ア 大雨で電車が遅れる。
イ 車で駅まで行く。
ウ 大きな目で見つめる。

③ プロでも失敗することがある。
ア お年寄りでも登れる山だ。
イ なんでもおいしく感じる。
ウ ハイキングにでも行こう。

④ 時間がありながら宿題を終わらせない。
ア 友だち三人ながら助かった。
イ 姉は泣きながら話し始めた。
ウ 力がありながら実力を出せていない。

問六　――線５「畳んだゼッケンを宝物のように胸に抱いていた」とありますが、ここに使われている表現技法として最も適当なものを次から選び、記号で答えなさい。
ア　比喩　イ　体言止め　ウ　倒置法　エ　反復法　オ　対句

問七　――線６「笛吹は無造作にポケットにつっこんでいた」とありますが、ここから読み取れる笛吹の様子として最も適当なものを次から選び、記号で答えなさい。
ア　自分の背番号を自慢しようとする様子。
イ　自分の背番号に誇りを持っている様子。
ウ　自分の背番号に満足している様子。
エ　自分の背番号に自信を持てずにいる様子。
オ　自分の背番号を大事にしていない様子。

問八　――線７「その通りになった」とありますが、どうなったと考えられますか。文章中の言葉を使って三十五字以内で書きなさい。

問九　この文章の特徴として最も適当なものを次から選び、記号で答えなさい。
ア　序盤から会話文を多用し、読者が話の流れをつかみやすくなっている。
イ　試合前のチームで起こったことや他の部員の様子を、月谷の視点から描いている。
ウ　部員達の心情の変化を捉えやすいように、情景描写を多く用いている。
エ　登場人物に感情移入できるよう、過酷な練習の内容が詳しく描かれている。
オ　擬音語を効果的に使うことで、月谷と笛吹の様々な葛藤を読者に印象付けている。

※厳か……重々しい雰囲気のこと。
※三ツ木……三ツ木高校野球部のこと。
※東明……東明高校野球部のこと。

問一 ――線１「重みがちがう」とありますが、どういうことですか。「責任」という言葉を使って五十字以内で書きなさい。

問二 ――線２「どっこいどっこい」の類義語としてふさわしくないものを次から選び、記号で書きなさい。

ア 似たり寄ったり　イ 五十歩百歩　ウ 雲泥の差　エ どんぐりの背比べ　オ 大同小異

問三 □ にあてはまる身体の一部を表す漢字一字を考えて書きなさい。

問四 ――線３「空気が凍った」とありますが、この時の部員たちの様子を文章中の言葉を使って二十字以内で書きなさい。

問五 ――線４「ゼッケンを手に茫然としている」とありますが、この時の皆上の心情として最も適当なものを次から選び、記号で答えなさい。

ア 笛吹が正ショートの番号でないことにショックを受け、笛吹以上に落ち込んでしまっている。
イ 正ショートを務めることにプレッシャーを感じ、どうしていいのかわからず動揺している。
ウ 自分が笛吹よりも期待されていることに気付き、明日の試合に向けて意気込んでいる。
エ 正ショートの背番号をもらい興奮しているが、笛吹を気にして喜んでいいのかわからずにいる。
オ 技術は笛吹よりも劣るのに正ショートを任せられてしまい、恥ずかしさを隠せずにいる。

皆上は、4ゼッケンを手に茫然（ぼうぜん）としている。顔は真っ赤だったが視線は落ち着きがなく、喜んでいいのか今いちわからない様子だった。

「今のチームは横一線だ。一ケタの背番号だからって、これでスタメンが確約されたわけじゃない。番号はあくまでひとつの目安だ、覚えておくように」

全員に背番号を配り終えた監督は、一同を見回し言った。

「練習試合と公式戦はまるで違う。練習でできることが練習試合ではできないことがあるのと同じように、練習試合でできることが公式戦ではできないこともある。だが今のおまえらなら、〝できないこと〟はほぼないはずだ。今までの練習を信じろ、そうしたら勝てる。春の選抜（せんばつ）大会も、この試合から始まっている。ここから一歩ずつ、甲子園（こうしえん）に向かっていくぞ」

甲子園。

彼の言葉に、身が引き締（し）まる。

そうだ。ここからはもう、漠然（ばくぜん）とした夢ではないのだ。身の程（みのほど）知らずと言われようが、明確な目標として、道の先に存在している。

「笛吹」

解散の号令とともにおのおの部室へと向かうさなか、月谷は急いで笛吹のもとに走った。他の選手たちは皆、5畳（たた）んだゼッケンを宝物のように胸に抱（だ）いていたが、6笛吹は無造作にポケットにつっこんでいた。

「ああ、明日はよろしくな、キャプテン。後ろは任せろよ。いや、俺（おれ）が守れるかはわからねーけど」

「あ、ああ」

気まずい。走ってきたはいいが、なんと言おう。その思いが顔に出ていたのか、笑われた。

「あのな、背番号のことなら別に気にしてねーよ。俺は皆上より入部が遅（おそ）かったんだから、当然だろ」

「まあ、そうなんだけど」

「皆上スタメンでも、まあ明日の相手なら勝てるだろ。そんな速い打球とんでこないだろうし。あとおまえがショート方面に打たせなきゃ済むことだ」

意地の悪い言葉は、彼なりの励（はげ）ましだ。

実際、翌日の試合は7その通りになった。

（須賀（すが）しのぶ『エースナンバー　雲は湧（わ）き、光あふれて』より）

今年に入ってからだいぶ体をつくってきた月谷たちでも辛かったのだ。復帰組の苦労はよほどのものだろう。だが夏休みをフルで使ったおかげで、一年のブランクはそこそこ埋められたのではないかと思う。

勝つ自信はある。初戦の相手は、昨年の春の予選であたった公立校で、部員は十五名ほどで成績も三ツ木と2どっこいどっこいの相手だった。春は接戦で、一時は三ツ木がリードしていたが、逆転されて負けた。だが今年は、あの時の自分たちとはちがう。

なにより月谷自身も、この夏で大きく成長したという実感があった。

夏の大会で、※東明相手に途中でバテてしまったため、徹底的に体を鍛え直したし、本気で勝ちたいのだというこちらの意志に応えて、顧問が社会人の投手コーチを呼んできてくれた。やはり本職の指導は、素晴らしかった。休み期間中、彼が来てくれたのは一度きりだったが、その一度だけでも□から鱗がぼろぼろと落ちた。後は、こちらで動画をとってメールで何度かアドバイスを求め、そのいずれも的確な答えが返ってきて、月谷は「将来は指導者という道もあるな」と半ば真剣に考えてしまう程度には感動した。

手の中にあるゼッケンを改めて見る。

背番号1。誰もが知る、エースナンバー。

初戦は、完全シャットアウトを狙っていきたい。新チーム最高の門出になるはずだ。

過酷な夏を乗り越えた部員たちは、ひとりひとり監督に名を呼ばれては進み出て、背番号を受け取っている。そして一ケタの番号を全て配り終えた後、

「笛吹、10番」

監督の声に、3空気が凍った。

部室の前、頭上からは残暑の陽光が容赦なく降り注ぎ、風もほとんどないせいで、うだるような暑さだったが、この時あきらかに、気温がさがった。

「ウス」

皆が固唾を呑んで見守る中、笛吹は無表情に進み出て、背番号を受け取った。

（あいつ、控えかよ）

驚きだった。誰もが、正ショートの6番が配られると思っていた。

が、実際に6番を手にしているのは、一年生の皆上だ。小柄で俊敏、プレーは基本に忠実、練習も熱心。いい選手だが、それでも明らかに笛吹のほうがレベルはずっと上だった。夏休み後半、練習試合で対戦した相手校の監督をして、「あの笛吹ってのは次元が違うな」とまで言わしめたぐらいだ。

問十一 文章の内容と合っている発言をしている生徒には○、合っていない生徒には×とそれぞれ書きなさい。

① Aさん 「日本国憲法第十四条には日本人は皆平等であると書かれていて、江戸時代の身分制度を批判しているよ。」
② Bさん 「江戸時代から明治時代に変わっても、職業の差別や不平等は残っていたんだなあ。」
③ Cさん 「今は、日本国憲法第二十二条に居住の選択の自由が書かれていて、自由に他の土地に引っ越すことも可能だ。」
④ Dさん 「『藩』があった時代には勝手に住むところを変えたりできなかったんだ。」
⑤ Eさん 「憲法を勉強することは歴史の勉強につながり、歴史を学ぶ大切さを知ったね。」

二 次の文章を読んで、あとの問いに答えなさい。

「月谷、背番号1」
※厳かな声に、背筋が伸びる。
「はい!」
列から一歩前に進み出て、両手を伸ばす。そして若杉の手から白いゼッケンを受け取った。
記された文字は「1」のみ。
最もシンプルな数字が書かれたゼッケンは、月谷にとって特別な重みをもつ。今年の夏もつけていたし、そもそも去年の秋からずっとこのエースナンバーを背負ってきた。
しかし、今年はちがう。1重みがちがう。
月谷はエースであり、主将であり、※三ツ木のチームを文字通り率いている。新チームの華々しい公式戦デビューが、明日の地区予選だ。
この夏休み、必死にやってきた。夏休み前半はひたすら基礎体力づくり、中盤は通常練習と合宿、そして最終週は新人戦に怒濤の練習試合攻め。ダブルヘッダーは当たり前だった。

ウ　生まれた家が華族であれば、特別に努力しなくても自然と華族の身分になれたから。
エ　華族に属している人は皆、周囲の人に助けられながら華族の血筋を守ることができたから。
オ　華族になるためにはたくさんのお金が必要で、貧しい人にはその機会が無かったから。

問五　――線4「さいわいに」とありますが、その意味として最も適当なものを次から選び、記号で答えなさい。
ア　ありがたいことに　イ　残念なことに　ウ　当たり前に　エ　基本的に　オ　完全に

問六　――線5「かんちがい」とありますが、ここでのかんちがいとして最も適当なものを次から選び、記号で答えなさい。
ア　憲法の中に刑法や民法があるということ。
イ　憲法に罰則があるということ。
ウ　裁判所から「憲法違反だから無効」といわれることがあるということ。
エ　憲法はふつうの法律とはちがうということ。
オ　いまでも自由に住む場所を選べない国があること。

問七　［　　］にあてはまる言葉をひらがな三字で書きなさい。

問八　――線6「こういうこと」とありますが、これが指す部分を「～こと。」とつながるように文章中から三十八字で探して、初めと終わりの五字を書きぬきなさい。

問九　文章中から次の一文がぬけています。どの文の前に入れればよいですか。その文の初めの五字を書きぬきなさい。

> きみたちにとっては、当たり前のことだと思いますね？

問十　筆者は「日本国憲法とは何か」を理解するにはどうするとよいと言っていますか。文章中の言葉を使って六十字以内で書きなさい。

いる藩を出てほかの土地に行くことは、いのちがけのことでした。

（Ｃ）、いまでも自由に住む場所を選べない国はあります。そういう国では、人々は命令されてふるさとを捨てたりしています。

よく5かんちがいされるのですが、憲法はふつうの法律とはちがいます。刑法や民法といったふつうの法律は、ルールとそれを破ったことについての罰則が書かれていますが、憲法には罰則はありません。

「憲法を破ったから、□に入りなさい」といわれることはありません。そのかわりに、政府やお役所が憲法に違反した法律をつくったり、憲法に違反した行動をしたりすると、裁判所から「憲法違反だから無効」といわれることがあります。ときどきニュースなどで「憲法違反」ということばを聞くことがありますね。それは、6こういうことをいっているわけです。

「憲法ってなんだ?」という問いに対しては、たとえば日本国憲法の場合なら、「日本はこういう国ですよ、日本人ってこういう人たちですよ」ということが書いてあるものだという答えがわかりやすいでしょう。

とりあえず、そう受け止めておけば、まちがいではありません。

（日野原重明『十代のきみたちへ―ぜひ読んでほしい憲法の本』より）

問一　（Ａ）から（Ｃ）にあてはまる言葉として最も適当なものを次から選び、記号で答えなさい。ただし、同じ記号を二度使うことはできません。

ア　あるいは　　イ　また　　ウ　よって　　エ　なぜなら　　オ　たとえば

問二　――線1「信条」と共通する意味を持つ言葉として最も適当なものを次から選び、記号で答えなさい。

ア　教育　　イ　政治　　ウ　宗教　　エ　主義　　オ　私心

問三　――線2「そういう世の中」とありますが、どのような世の中ですか。文章中の言葉を使って十字以内で書きなさい。

問四　――線3「自動的に華族になれました」とありますが、その理由として最も適当なものを次から選び、記号で答えなさい。

ア　華族に生まれると、成人になる際に国から華族になる資格をあたえられたから。

イ　華族の子どもは、幼いころから華族になるしかないと教育されていたから。

2023年度

埼玉栄中学校

【国　語】〈第二回試験〉（五〇分）〈満点：一〇〇点〉

《注意》字数制限のある問題では、句読点（。や、）符号（「」など）も一字と数えます。

一　次の文章を読んで、あとの問いに答えなさい。

憲法というとなんだかむずかしそうで、「自分には関係がない」と思う人が多いのですが、日本国憲法に関係のない日本人はひとりもいません。（Ａ）、憲法に書かれているのは、人間の根本に関わることだからです。

（Ｂ）日本国憲法の第十四条には、こう書かれています。

「すべて国民は、法の下(もと)に平等であって、人種、1信条、性別、社会的身分又(また)は門地（注・家柄(いえがら)のこと）により、政治的、又は社会的関係において、差別されない」

それほどむずかしい文章ではないので、なんとなく意味がわかるのではありませんか？ここには「あらゆる日本人は平等ですよ。どんな理由があっても差別されることはありませんよ」と書いてあるのです。これはすばらしいことです。

たとえば江戸(えど)時代は、2そういう世の中ではありませんでした。武士がいばっていて、農家の人や町人はぺこぺこしていました。その次の明治時代には華族(かぞく)と呼ばれる人たちがいて、華族の家に生まれた人は、3自動的に華族になれました。農家の中でもちがいがあり、大きな土地を持っている地主がいれば、土地を借りてたがやし、貧しいくらしを続けている農民もいました。

日本国憲法十四条は、そのような身分の差別をしてはいけないといっています。4さいわいに、いまは武士も華族もいませんし、土地の無い農民もいなくなりました。

そして第二十二条には、こんなことが書いてあります。

「何人も、公共の福祉(ふくし)に反しない限り、居住、移転及(およ)び職業選択(せんたく)の自由を有する」

ここでは、おおぜいの人にめいわくをかけなければ、どこに住んでも、どんな仕事についてもいいですよといっています。でもそれが当たり前でない時代がむかしの日本にはありました。日本中が「藩(はん)」という小さな国のようなものに分かれていた時代には、自分の

2023年度

埼玉栄中学校 ▶解 答

※ 編集上の都合により，第２回試験の解説は省略させていただきました。

算 数 ＜第２回試験＞（50分）＜満点：100点＞

解 答

[1] (1) 13 (2) 43 (3) $\frac{3}{5}$ (4) $\frac{1}{250000}$ (5) 0.1 (6) $7\frac{2}{3}$ [2] (1) ① 61 ② ◑◑○◑● (2) ① ２回 ② 12 (3) ① ８時50分 ② ８時25分 (4) 2 % (5) 15個 [3] (1) 65.12cm (2) 19.625cm^2 (3) 233cm^2 (4) 927.66cm^2 (5) 149cm^3 [4] **最低**…４回，**手順**…ア→ウ→ア→ウ [5] 1 ÷ 2 × 4 × 8 ＝16

国 語 ＜第２回試験＞（50分）＜満点：100点＞

解 答

[一] **問1** **A** エ **B** オ **C** イ **問2** エ **問3** (例) 差別のない世の中。 **問4** ウ **問5** ア **問6** イ **問7** ろうや **問8** 政府やお役～したりする(こと。) **問9** でもそれが **問10** (例) とりあえず「日本はこういう国ですよ，日本人ってこういう人たちですよ」ということが書いてあるものだと受け止めておくとよい。 **問11** ① × ② ○ ③ ○ ④ ○ ⑤ × [二] **問1** (例) 去年と違って，月谷はエースに加えて主将でもあり，三ツ木のチームを率いる責任があるということ。 **問2** ウ **問3** 目(眼) **問4** (例) 笛吹が正ショートでないことに驚くようす。 **問5** エ **問6** ア **問7** オ **問8** (例) 速い打球はとんでこなくて，ショート方面にも打たれず，試合に勝った。 **問9** イ [三] **問1** ① 万 ② 七 ③ 百 ④ 四 ⑤ 五 **問2** ① イ ② ウ ③ ア ④ ウ ⑤ ア [四] 下記を参照のこと。

●漢字の書き取り

[四] ① 典型 ② 燃料 ③ 弁護 ④ 群れ ⑤ 劇薬 ⑥ 委ねる ⑦ 鏡台 ⑧ 綿密 ⑨ 遺産 ⑩ 展示

2023年度 埼玉栄中学校

【算　数】〈第３回試験〉（50分）〈満点：100点〉

※問題を解く上で，円周率を利用するときは3.14としなさい。

1　次の問いに答えなさい。(6)については，□にあてはまる数を答えなさい。

(1)　$12+3\times6-\{(1+5)\div2\}\times8$

(2)　$14+22+30+38+46+54+62+70+78+86$

(3)　$3\frac{1}{3}-2\frac{1}{5}+\frac{1}{10}$

(4)　$8\frac{1}{5}+\frac{3}{5}\times0.9-3\frac{1}{10}$

(5)　$\frac{1}{2\times3}+\frac{1}{3\times4}+\frac{1}{4\times5}+\frac{1}{5\times6}+\frac{1}{6\times7}+\frac{1}{7\times8}$

(6)　$4\times\{(\square-10)\div5+2\}=12$

2　次の問いに答えなさい。

(1) ある規則にしたがって分数が次のように並んでいます。このとき，約分すると$\frac{5}{6}$になる分数は何番目になるか答えなさい。

$$\frac{1}{8},\ \frac{2}{9},\ \frac{3}{10},\ \frac{4}{11},\ \frac{5}{12},\ \frac{6}{13}\ \cdots$$

(2) ご石を，●○●○○○●○○○○○●○○○○○○○●○・・・と並べるとき，左から230番目までに黒石は何個ありますか。

(3) 家から駅までの道を分速100mで移動したら，分速120mで移動するよりも5分遅く着きました。家から駅までの距離（きょり）は何kmか求めなさい。

(4) Aのビーカーには10％の食塩水が150g，Bのビーカーには14％の食塩水が250g入っています。

① これらの食塩水をよくかき混ぜると何％の食塩水になりますか。

② ①の食塩水を20％の濃度（のうど）にするには，水を何g蒸発させればよいですか。

(5) ある仕事を終わらせるのにAさん，Bさん，Cさんの3人で同時に行うと4日かかり，Aさんだけで行うと8日かかり，Bさんだけで行うと12日かかります。Cさんだけで行うと何日かかりますか。3人の行う仕事量は一定とします。

(6) りんごがいくつかあり，これらを袋（ふくろ）に3個ずつ詰（つ）めると、5個ずつ詰めたときと比べて2袋多くなります。どちらの場合も過不足なくりんごが詰められる場合，りんごは全部で何個あるか求めなさい。

3 次の問いに答えなさい。

(1) 図のように正方形ABCDの中に直角二等辺三角形AEFとDGHがあります。AE＝7cm，DG＝4cmであり，黒く塗(ぬ)られた部分の面積を$1cm^2$とするとき，正方形ABCDの面積を求めなさい。

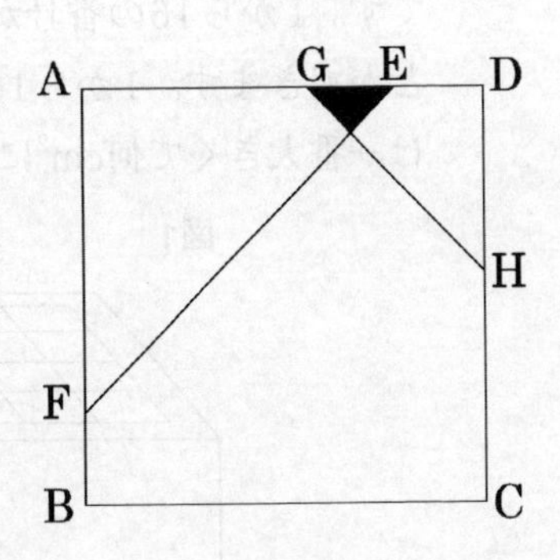

(2) 右の図は，半径2cm，中心角90°のおうぎ形OABの内部に，OA，OBを直径とする半円をかいたものです。黒く塗(ぬ)られた部分の面積を求めなさい。

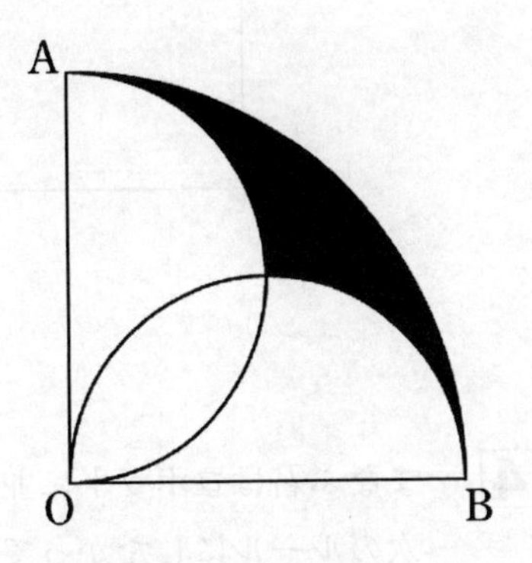

(3) 下の図は正三角形と正方形を組み合わせた図形です。角アの角度を求めなさい。

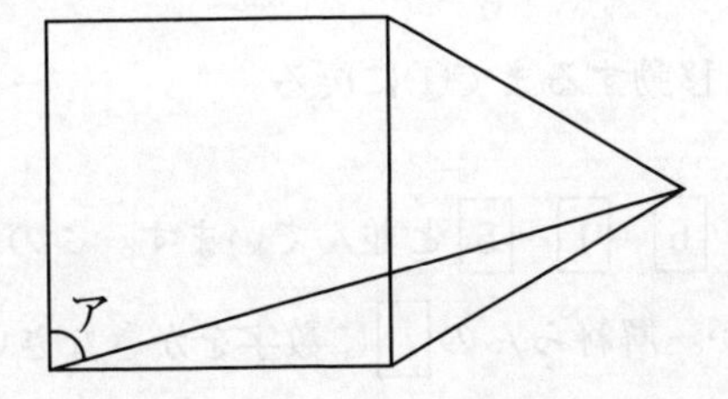

(4) 右の図は1辺が6cmの正方形であり，辺AD，ABの真ん中の点を点E，Fとします。点線を折り目として，三角錐(さんかくすい)をつくるとき，この三角錐の体積を求めなさい。

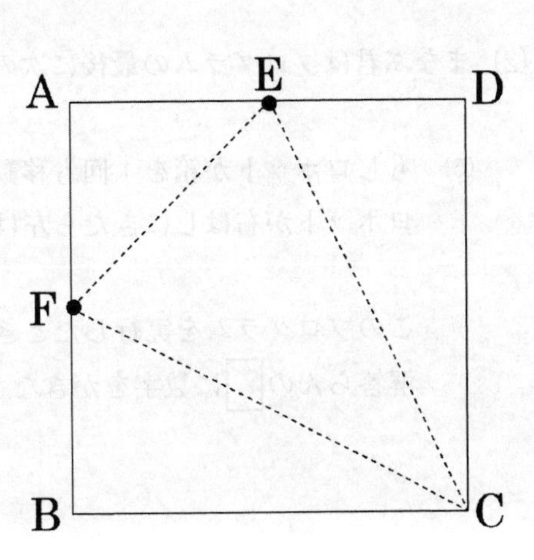

(5) 下の**図1**のような1辺の長さが5cmの立方体があります。**図2**は**図1**の上面を上から見た図です。1から16の番号が書かれた部分はその面に垂直な方向に面の反対側までくり抜くことができます。1から16の番号が書かれた部分をいくつかくり抜いて残った立体の表面積は一番大きくて何cm^2にできますか。

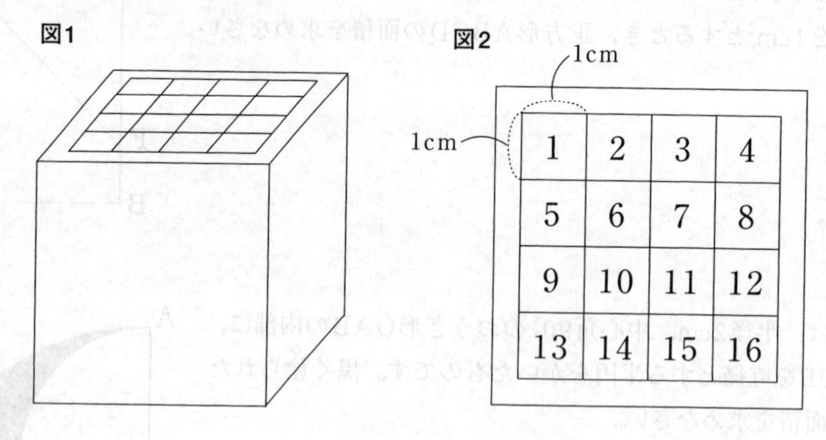

4 まなぶ君はロボットに並べられた箱の順番を変えるプログラムを組みました。ロボットは次のルールにしたがって左はしから動きます。

① 正面の箱に書かれた数と右どなりの箱に書かれた数をチェックする。
② 右どなりの数のほうが小さければ，正面にある箱と右どなりの箱を交換する。
③ 右の箱へ移動する。
④ ロボットが右はしに移動するまで①に戻る。

(1) 箱の数字が［2］［4］［3］［6］［1］［5］と並んでいます。このプログラムを実行したとき，箱はどのように並びますか。解答らんの□に数字をかきなさい。

(2) まなぶ君はプログラムの最後に次の1行を入れました。

⑤ もしロボットが箱を１回も移動させなかったらプログラムを終了する。それ以外はロボットが右はしにきたら左はしへ戻り①に戻る。

このプログラムを実行したとき，箱の並び方はどのように並びますか。
解答らんの□に数字をかきなさい。

【社　会】〈第３回試験〉（理科と合わせて50分）〈満点：50点〉

1　次の年表を見て、あとの問いに答えなさい。

	選挙法が成立した年	成立時の内閣	選挙を実施した年	有権者数	全人口に対する有権者の割合
Ⅰ	1889年	黒田　清隆	1890年	450,872人	1.1%
Ⅱ	1900年	山県　有朋	1902年	982,868人	2.2%
Ⅲ	1919年	原　　敬	1920年	3,069,148人	5.5%
Ⅳ	1925年	加藤　高明	1928年	12,408,678人	20.0%
Ⅴ	1945年	幣原喜重郎	1946年	36,878,420人	48.7%

（「令和4年3月　総務省選挙部　目で見る投票率」をもとに作成）

問1　Ⅰの時期の有権者の資格について、空欄に当てはまる数字をそれぞれ答えなさい。

直接国税を（　1　）円以上納める満（　2　）歳以上の男子

問2　ⅡからⅢの時期に起きたできごととして適切でないものを次から選び、記号で答えなさい。

ア、日露戦争　　イ、教育勅語の発布　　ウ、八幡製鉄所の操業開始　　エ、米騒動

問3　Ⅲの時期の原敬は、それまでの首相とちがい、華族ではなかったことから何と呼ばれましたか。次から選び、記号で答えなさい。

ア、平民宰相　　イ、鉄血宰相　　ウ、ビリケン宰相　　エ、黒衣の宰相

問4　Ⅳの時期に関して、あとの問いに答えなさい。

①　1924年の護憲運動により成立した内閣が、加藤高明を首相とする連立内閣です。この連立内閣に含まれない政党を次から選び、記号で答えなさい。

ア、立憲政友会　　イ、自由民主党　　ウ、革新倶楽部　　エ、憲政会

②　1925年の選挙法と同時に成立したものを次から選び、記号で答えなさい。

ア、治安警察法　　イ、治安維持法　　ウ、教育基本法　　エ、国家総動員法

③　加藤高明内閣から始まった政党内閣の時代が終わりを迎えることになった事件を次から選び、記号で答えなさい。

ア、大逆事件　　イ、二・二六事件　　ウ、秩父事件　　エ、五・一五事件

問5　Ⅴの選挙法が成立した1945年以降のできごとでないものを次から選び、記号で答えなさい。

ア、国際連盟の発足　　イ、自衛隊の設置

ウ、東海道新幹線の開通　　エ、日本国憲法の公布

問6　次の資料Ａ・Ｂはある時期の投票の様子です。表中のⅠ～Ⅴから適切なものをそれぞれ選びなさい。

資料Ａ　　資料Ｂ

2 次のＡ～Ｈの写真と略地図は中国・四国地方のものです。これをふまえて、後の問いに答えなさい。

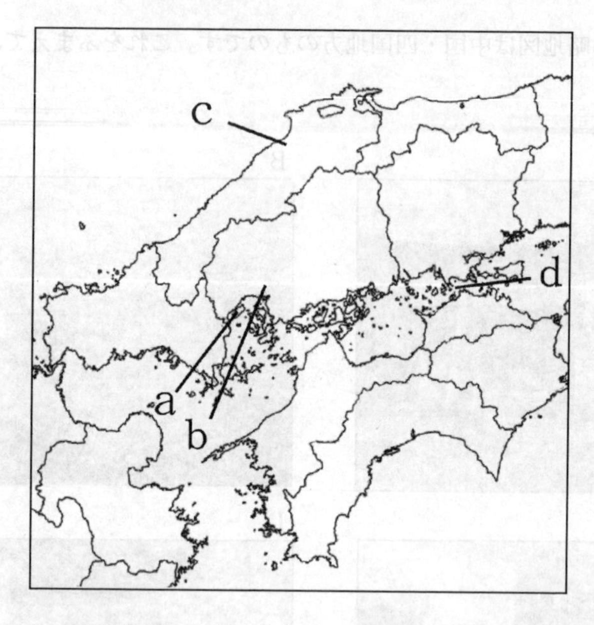

問1　写真A・B・C・Dの説明として、**正しくないもの**を次から選び、記号で答えなさい。

ア、Aは地図中のaにある日本三景の一つであり、平清盛が寝殿造の様式を取り入れた御社殿に修造した。

イ、Bは地図中のdで瀬戸内海の島々をつないで尾道市と今治市を結んでおり、日本で初めて海峡を横断できるサイクリングロードとしても有名である。

ウ、Cは負の世界遺産であり、世界に平和を訴える平和記念碑として地図中のbに残されている。

エ、Dは地図中のcに位置し、産出された銀が世界的な経済・文化の交流に影響を与え、鉱山遺跡としてはアジアで初めて世界遺産に登録された。

問2　写真A・B・C・Dの名称を次から選び、それぞれ記号で答えなさい。

ア、古宇利(こうり)大橋　イ、しまなみ海道　ウ、原爆ドーム　エ、大浦天主堂
オ、厳島(いつくしま)神社　カ、出雲大社　キ、天橋立　ク、石見(いわみ)銀山

問3　写真Eは、江戸時代初期に造営された日本三名園の一つです。この名称を次から選び、記号で答えなさい。

ア、偕楽園(かいらくえん)　イ、後楽園(こうらくえん)　ウ、兼六園(けんろくえん)　エ、浜離宮(はまりきゅう)

問4　写真Fは、日本の名峰ランキングで上位を誇り、「伯耆富士(ほうきふじ)」とも呼ばれる中国・四国地方屈指の景勝地です。この山のある県の説明として正しいものを次から選び、記号で答えなさい。

ア、日本で最も人口が少ない県で、らっきょうや二十一世紀なしの生産で有名である。

イ、マスカットの生産で有名で、水島地区では重化学工業が発達している。

ウ、本州の最も西に位置し、関門トンネルや関門橋を通じて福岡県と結ばれている。

エ、日本で最も面積が小さく、水不足に悩まされてきたのでため池がつくられてきた。

問5　写真Gは、日本の代表的な砂丘で、南北2.4km、東西16kmにもおよぶ最大級のスケールを誇ります。この砂丘のある地域の雨温図を次から選び、記号で答えなさい。

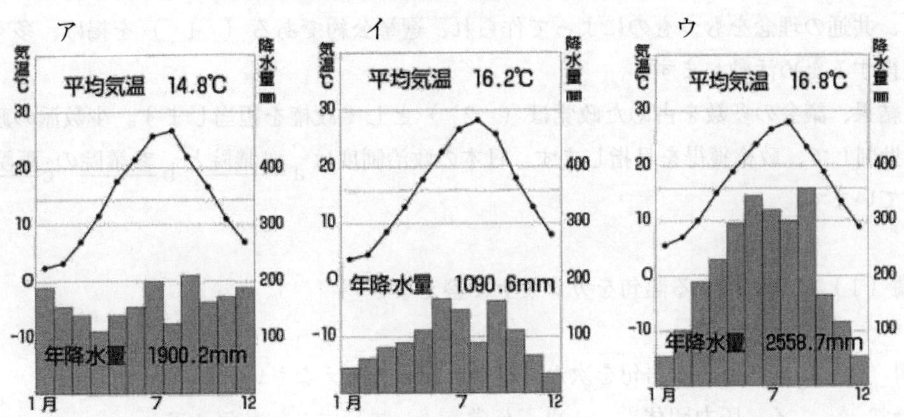

問6　写真Hは、鳴門市と（　　　）島を結ぶ大鳴門橋から観察できる世界最大級の渦潮で、最大直径は約20mというスケールを誇ります。（　　）に入る地名を次から選び、記号で答えなさい。

ア、隠岐　　　イ、佐渡　　　ウ、周防大　　　エ、淡路

問7　下は地図中bの縮尺図です。この縮尺図の説明として正しいものを次から選び、記号で答えなさい。

ア、広島駅から線路沿いに北東の方向に進むと住宅街の中に広島市民球場がある。

イ、広島城跡の東側には広島拘置所があり、その周辺には水田が広がっている。

ウ、大須賀町から常葉橋を渡って東白島町を過ぎると西白島町に行くことができる。

エ、二葉山を背にして広島駅を見ると東照宮の先に老人ホームが見える。

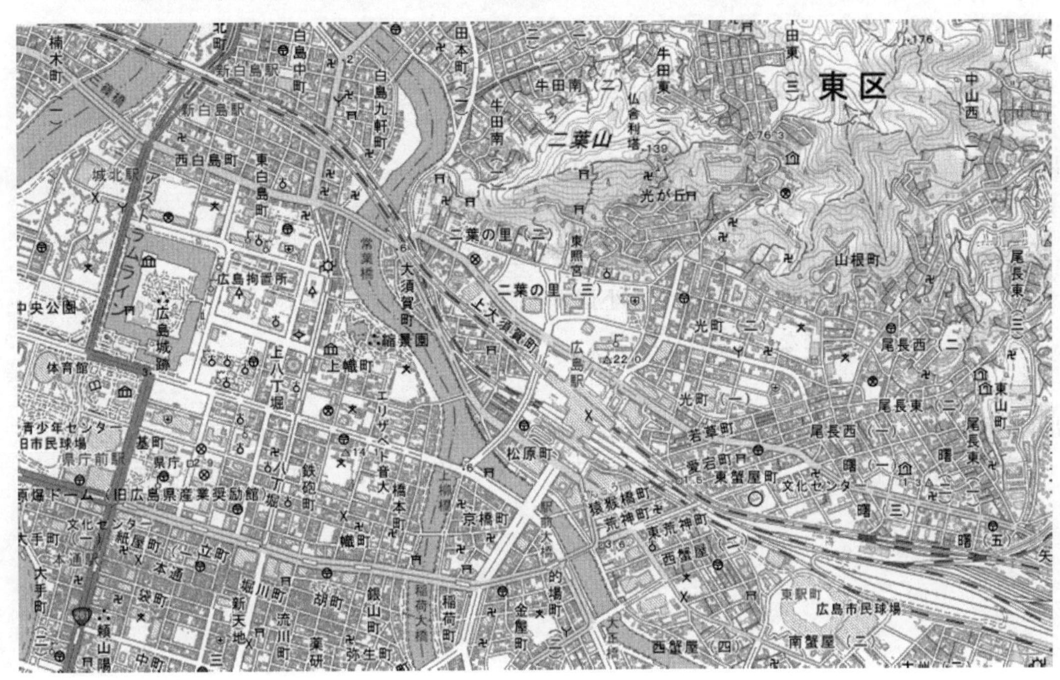

3　次の文章を読んで、以下の問いに答えなさい。

政党は、共通の理念をもつものによって作られ、選挙公約である（　１　）を掲げ、多くの議席を獲得するため活動します。

選挙の結果、議会の多数を占めた政党は（　２　）として政権を担当します。少数派の政党は政権を批判して、政権獲得を目指します。日本の政治制度は a 衆議院と b 参議院の c 両院制を採用しています。

問1　空欄（1）に当てはまる語句をカタカナで答えなさい。

問2　空欄（2）に当てはまる語句を次から選び、記号で答えなさい。

ア、野党　　イ、圧力団体　　ウ、与党　　エ、マス・メディア

問3　下線部ａの議員に関して、以下の資料の（A）～（D）に入る語句の組み合わせとして正しいものを次から選び、記号で答えなさい。

【資料】国会の構成（衆議院ＨＰ資料）より

衆議院		参議院
465名	定　数	245名※
（A）年	任　期	（C）年（半数ずつ改選）
（B）	解　散	（D）

※令和元年改選から令和4年改選までの間の定数は245名、令和4年改選以降は248名

ア、（C）8　（D）なし　　イ、（A）6　（C）4

ウ、（B）なし（C）6　　エ、（A）4　（B）あり

問4　下線部ｂの選挙制度の説明として、正しいものを次から選び、記号で答えなさい。

ア、被選挙権は25歳以上に認められている。

イ、比例代表制において、非拘束名簿方式をとっている。

ウ、1つの選挙区から1名を選出する小選挙区制が採用されている。

エ、選挙権は20歳になると認められる。

問5　下線部cについて、日本の両院制の特徴を示す原則を次から選び、記号で答えなさい。

ア、衆議院の優越　　イ、天皇の協賛機関　　ウ、法の番人　　エ、違憲立法審査権

【理　科】〈第３回試験〉（社会と合わせて50分）〈満点：50点〉

1　以下の各問いに答えなさい。

問1　光が水中から空気中へ進むとき、入射角を大きくしていくと、ある角度以上で光がすべて反射するようになる現象を何というか答えなさい。

問2　水酸化ナトリウム水溶液にアルミニウムを加えたところ、気体が発生しました。この気体の特ちょうとして正しいものを次の選択肢から選び、記号で答えなさい。

ア　空気より重い。
イ　水に溶けやすい。
ウ　火を近づけると音を立てて燃える。
エ　石灰水に通すと白くにごる。

問3　昆虫において、たまご → 幼虫 → さなぎ → 成虫の順に変化する育ち方を何というか答えなさい。

問4　冬の大三角をつくる星の一つで、こいぬ座の中にある一等星を次の選択肢から選び、記号で答えなさい。

ア　ベテルギウス
イ　プロキオン
ウ　シリウス
エ　ベガ

問5　黒目の中心にあり、光の通るあなを何というか答えなさい。

2 次の文章を読んで、後の各問いに答えなさい。

下の表は、様々な条件で図1のようにふりこをゆらし、10往復するのにかかる時間を一部まとめたものです。ただし、このふりこは左右に等しくゆれ、また糸の重さとおもりの大きさ、空気のていこうは考えないものとします。

糸の長さ〔cm〕	16	16	16	32	32	32	64	64	64
おもりの重さ〔g〕	50	100	50	50	100	50	50	100	50
ふれはば〔cm〕	4	4	8	4	4	8	4	4	8
10往復にかかる時間〔秒〕	8.0	（ 1 ）		11.3		（ 2 ）	16.0		

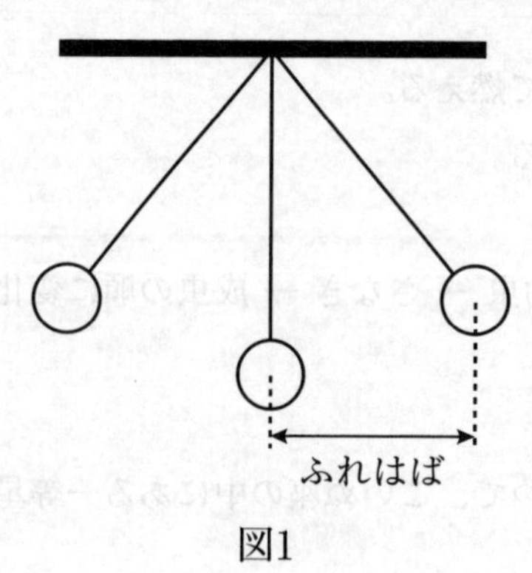

図1

問1 表中の空欄（ 1 ）に適する数値を答えなさい。

問2 表中の空欄（ 2 ）に適する数値を答えなさい。

問3 糸の長さを4倍にすると、往復するのにかかる時間は何倍になるか答えなさい。

問4 糸の長さを144cm、おもりの重さを50g、ふれはばを8cmにしたときの1往復にかかる時間としてもっとも適切なものを次の選択肢から選び、記号で答えなさい。

ア 0.8秒
イ 2.4秒
ウ 8.0秒
エ 24.0秒
オ 72.0秒

問5 おもりの重さは50g、ふれはばは100cmの条件で、1分間に10往復するふりこを作るとき、糸の長さは何cmにすればよいか答えなさい。

3 次の文章を読んで、後の各問いに答えなさい。ただし、計算問題で割り切れない場合は、四捨五入をして小数第1位まで答えなさい。

今日子さんは自分でアイスクリームを作ろうと思い、作り方を調べていると用意するものの中に食塩がありました。なぜ食塩が必要なのかがわからなかったので、先生に後日聞いてみると「水は標高0mの地球上では（　1　）℃で凍り始めます。この凍り始める温度をぎょう固点といいます。食塩水のように、水に何かを溶かした水溶液では、水よりぎょう固点が下がるという性質があります。このとき、100gの水に溶かす物質の重さと、ぎょう固点の下がる温度は比例の関係にあります。」と教えてくれました。

そこで、今日子さんはぎょう固点がどれだけ下がるのか調べたところ、下の表が見つかりました。下の表は、（　1　）℃における4種類の物質の溶解度（水100gに溶ける限界の重さ）と、水100gのぎょう固点を1℃下げるために必要な各物質の重さをまとめたものです。

	溶解度〔g/水100g〕	水100gのぎょう固点を1℃下げるときの重さ〔g〕
塩化ナトリウム	35.7	1.6
塩化カルシウム	59.5	2.0
ショウ酸カリウム	13.3	2.7
ショ糖	179.2	18.5

問1　文章中の空欄（　1　）にあてはまる数値を整数で答えなさい。

問2　（　1　）℃における塩化ナトリウムの飽和水溶液の質量パーセント濃度は何%か答えなさい。

問3　水1kgのぎょう固点を10℃下げたい場合、塩化ナトリウムは何g必要か答えなさい。

問4　水100gのぎょう固点を25℃下げたい場合、表にある4種類の物質のうちどれを使うのが適切か、4種類の物質の中から選び、答えなさい。ただし、温度が下がっていく際の溶解度の変化は無視できるものとします。

問5　冬に雪が多く降る地方では、雪の降る前に塩化カルシウムなどを道にまくことがあります。その理由を20文字以内で答えなさい。

4 次の文章を読んで、後の各問いに答えなさい。

メダカは身近な田んぼや小川、池などで見られ、日本人にもっとも親しまれている魚です。現在、野生のメダカ（黒メダカ）は、環境の変化によってその数を減らしており、目にすることが少なくなりました。1999年には環境庁（現在の環境省）によって絶滅危惧(ぐ)種Ⅱ類に指定されています。コロナ禍(か)の影響を受けて巣ごもり需要が高まり、自宅で簡単に飼育でき、繁殖し増やせるメダカが注目されています。また①改良メダカと呼ばれる、メダカ愛好家によって改良された様々な色や体形のメダカが作出され、販売されるようになりました。

しかし、増えて飼えなくなった改良メダカを自然の小川や池に放流してしまうことで、そこに住んでいた生物の生態に影響を与える②問題が出てきています。

問1 メダカの飼育において間違っているものを次の選択肢から選び、記号で答えなさい。

ア	水そうの水がよごれたら、2～3日くみおいた水と交換する。
イ	水そうは直射日光の当たる明るい場所におく。
ウ	えさは食べ残さないぐらいの量を、1日1～2回あたえる。
エ	水そうに小石や水草を入れる。
オ	水かえを行うときは全体の半分くらい、新しい水と交換する。

問2 下線部①について、ヒカリ体型という野生型とひれの形が異なるメダカがいます。図をよく見比べて異なるひれの名称をすべて答えなさい。

＜野生型のメダカ＞

＜ヒカリ体型のメダカ＞

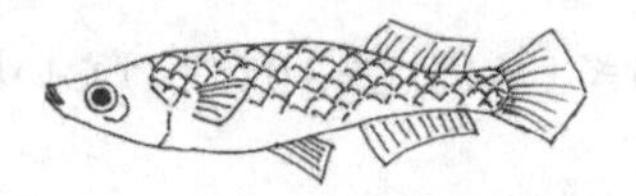

問3 下線部②について、外国から日本に入ってきて、野生化した生物がいます。その生物を次の選択肢からすべて選び、記号で答えなさい。

ア アカハライモリ　イ アマミノクロウサギ　ウ アメリカザリガニ
エ ヒアリ　オ オオクチバス（ブラックバス）　カ エゾジカ

問4　メダカの産卵する条件を検討するために、次の実験を行いました。日の当たる時間に見立て、照明を当てる時間を調整しました。また水温は水そう内にヒーターを入れて調整しました。実験結果を考えると、メダカの産卵にもっとも適した季節を次の選択肢からすべて選び、記号で答えなさい。

	水温10℃	水温20℃	水温33℃
照明を10時間	なし	なし	なし
照明を13時間	なし	産卵あり	ほとんどなし

ア 冷　　イ 春　　ウ 夏

問5　産卵した卵を採取した後、別の水槽で飼育していると、1週間ほどでふ化しました。針のように細く小さいことから、メダカの子は「針子」と呼ばれますが、このメダカの子は生まれて2～3日はエサを必要としません。その理由を20文字以内で答えなさい。

5　次の文章を読んで、後の各問いに答えなさい。

太陽の表面には黒いしみのように見える部分があり、これを（　1　）といいます。この部分を数日間連続して観察したところ、東から西へ移動していました。このことから、太陽は地球と同じように（　2　）することがわかります。太陽の直径は地球の直径の約109倍、月の直径の約400倍であり、地球から太陽までの距離は、地球から月までの距離の約400倍であることから、地球から月と太陽の大きさは（　3　）見えます。

月は地球のまわりを公転しているため、地球から見たときに形が変化しているように見えますが、新月のときは（　4　）ため、見ることができません。

太陽の南中高度を調べたところ季節によって異なっていました。地球の北半球では、夏は太陽の南中高度が高くなりますが、冬は低くなります。その理由は公転面に対して（　5　）からです。

問1　文章中の空欄（　1　）に適する語句を答えなさい。

問2　文章中の空欄（　2　）と（　3　）に適する語句として正しい組合せはどれですか。次の選択肢から選び、記号で答えなさい。

	（　2　）	（　3　）
ア	自転	等しく
イ	自転	異なって
ウ	公転	等しく
エ	公転	異なって

問3　文章中の空欄（　4　）に適する文を次の選択肢から選び、記号で答えなさい。

ア　月が太陽と反対方向にある
イ　月が太陽と同じ方向にある
ウ　月が太陽の西側の方向にある
エ　月が太陽の東側の方向にある

問4　太陽の南中高度が季節によって異なる理由は公転面に対して地軸がどのようになっているからですか。文中の空欄（　5　）に適する文章になるように、「地軸」という言葉を用いて15文字以内で答えなさい。

問5　太陽系では、地球と同じような特ちょうをもつ地球型わく星があります。地球型わく星について正しいことを述べているものを、次の選択肢からすべて選び、記号で答えなさい。

ア　中心部分は岩石などの重い物質でできていて、表面は窒素などを含んだ軽い気体でできている地球型わく星は、木星型わく星に比べて密度が小さい。
イ　水星は太陽にもっとも近いところを公転するわく星で、濃い大気のほとんどが二酸化炭素でできているため、温室効果によって表面の温度が高い。
ウ　木星は太陽系で最大のわく星で、厚い大気におおわれ表面にしま模様やうずが見られる。
エ　火星は地球の外側を公転している。水が流れてしん食されたような地形が見られ、大昔には液体の水があったと考えられている。大気は地球に比べてうすい。
オ　すい星は氷のつぶやちりなどが集まってできた小天体で、太陽に近づくと温度があがって氷がとけ太陽の反対側に長い尾を引くことがある。

問二　次の□に漢字一字をあてはめて、四字熟語を完成させなさい。

① 異□同音……みんな同じことを言うこと。
② 絶□絶命……極めて困難な立場。
③ 我田引□……自分の都合のよいように計らうこと。
④ 単□直入……いきなり本論に入ること。
⑤ 意味□長……裏に別の意味が隠されていること。

四　次の――線部のカタカナを漢字に直しなさい。また、送りがなのあるものは書きなさい。

① 面接試験でザユウの銘を聞かれる。
② 学校の授業でキノウ法について学んだ。
③ 土地のクカク整理が行われた。
④ 天空に見えるセイウンを望遠鏡で観察する。
⑤ 家の中にある鏡に姿をウツス。
⑥ 地震によって断層がジュウオウに通っている。
⑦ 久しぶりにキョウリの父に手紙を出す。
⑧ 花屋で仏壇にソナエル花を母と選んだ。
⑨ 考えに考えたキトが成功するかは君次第だ。
⑩ 今日はサイレイがあるので人がたくさん集まっている。

問十　文章の内容から読み取れることとして最も適当なものを次から選び、記号で答えなさい。

ア　机に積みあがったプリントの山は文章中では「塀」にたとえられている。
イ　飯山先生は整理整頓ができないことで、小学校の教師をやめることになった。
ウ　「ぼく」のお母さんは整理整頓のできない飯山先生に不信感を持っている。
エ　机の上を散らかしていても、「ぼく」は飯山先生のことを悪く思っていない。
オ　「ぼく」は飯山先生の机の上に通知表が置いてないか見てくる偵察係に立候補した。

三　次の各問いに答えなさい。

問一　次の□にあてはまる外来語をあとから選び、それぞれ記号で答えなさい。ただし、同じ記号を二度使うことはできません。

①　冬休みの旅行の□を考える。
②　この料理は母の□だ。
③　勉強も遊びもしたいという□に陥(おちい)る。
④　この分野の□になる。
⑤　□されることを嫌(きら)う。

ア　プライベート　イ　オリジナル　ウ　コントロール　エ　ガバナンス　オ　アイデンティティー
カ　プラン　キ　シンプル　ク　ジレンマ　ケ　ギャップ　コ　パイオニア

問七　――線６「心配」とありますが、これが指す内容として最も適当なものを次から選び、記号で答えなさい。

ア　飯山先生の散らかった机が少しずつ片づいていくような気がしたこと。
イ　飯山先生がまた散らかった机に通知表を置いたままにするかもしれないこと。
ウ　いつまでも飯山先生には整理整頓の習慣がつかず、手遅れになってしまうこと。
エ　通知表のことを心配していると飯山先生が知ったら傷つくかもしれないこと。
オ　先生たちに見つからないように職員室にしのびこむ自信がないこと。

問八　――線７「だんだんきれいになってきたみたい」とありますが、先生が机をきれいにした理由を「〜から。」とつながるように文章中から十五字以内で探して、書きぬきなさい。

問九　――線８「あっはっはと先生は笑って」とありますが、この時の先生を説明したものとして最も適当なものを次から選び、記号で答えなさい。

ア　机を片づけていただけなのに、お嫁さんが来るなどという発想があまりにも突飛なものだったので笑ってしまった。
イ　お嫁さんが来ないことを言われて傷ついた気持ちを知られまいと思って、無理に笑ってごまかしている。
ウ　もうすぐお別れすることを言おうかと思ったが、まだ早いと思い直してその場を取りつくろうように笑っている。
エ　こんなにも早く、子どもたちにお別れのことを伝える時が来てしまい、気まずさをごまかそうとして笑っている。
オ　伝えたいと思いつつ、なかなか言い出せなかったことを伝えられたので、すっきりした気持ちで笑っている。

問二　（Ａ）から（Ｃ）にあてはまる言葉として最も適当なものを次から選び、それぞれ記号で答えなさい。

Ａ　ア　一　イ　十　ウ　百　エ　千　オ　万

Ｂ　ア　くすくす　イ　しくしく　ウ　わくわく　エ　さくさく　オ　すくすく

Ｃ　ア　堂々　イ　たんたん　ウ　てんてん　エ　きょとん　オ　自然

問三　――線２「なだれをおこした」とありますが、どういうことですか。文章中の言葉を使って十五字以内で書きなさい。

問四　――線３「大騒ぎ」とありますが、なぜそうなったのですか。その理由として最も適当なものを次から選び、記号で答えなさい。

ア　学級委員のたかし君が、全員の通知表が風で飛ばされていることを報告したから。

イ　飯山先生の机にクラスの通知表が置いてあって、風で飛ばされないか心配になったから。

ウ　通知表が花吹雪のように舞うのを想像して、そのめずらしい光景を見てみたいと思ったから。

エ　学級委員のたかし君によって、飯山先生の机が散らかっていることが明らかになったから。

オ　みんなの通知表が風に飛ばされて、飯山先生がこまっていると思ったから。

問五　――線４「その役」とありますが、どんな役ですか。文章中の言葉を使って二十字以内で書きなさい。

問六　――線５「一番上だぞー、きっと」とありますが、ここに使われている表現技法として最も適当なものを次から選び、記号で答えなさい。

ア　擬人法（ぎじん）　イ　体言止め　ウ　直喩（ちょくゆ）　エ　倒置法（とうち）　オ　反復法

てきちゃって、はさみや辞書の置き場所、ぼくも覚えちゃったぐらい。でも、それが最近ヘンなんだ。先生の机、7だんだんきれいになってきたみたい。毎日見ているせいかな、気のせいかなってはじめは思ってたんだけど、やっぱりそうじゃない。ほんとうに片づいてきちゃった。見るたびに本やノートがへっているし、砂糖のびんもなくなっちゃって、今日はつるつるファイルの塀がとりはずされちゃった。クラスのみんなも言っている。先生の机、このごろお昼の時間じゃなくても、まん中がちゃんとあいてるよって。チャーハンと玉子スープが一緒(いっしょ)に載るぐらいの面積はあるぜって。へんだな、へんだな。

「先生、お嫁さんがくるの？」

ぼく、思いきって聞いてみた。そうしたら先生、しばらく（　C　）としてぼくを見ていた。それからいつものように、大きなおなかをゆさゆさせて、丸いメガネをちょっとずらして、あっはっはって笑うんだ。

「いやいや、そうじゃないんだよ。いつまでたってもお嫁さんがこないからね、ちょっとは自分で片づけようかなって思っているのさ。それにね……」

なにか言いかけたみたいだったけど、もう一つ大きい声で8あっはっはと先生は笑って、今度は忙しそうに新聞や雑誌をヒモで束ねはじめた。

それからしばらくして、知ったんだ。飯山先生、少し離れた別の小学校にかわるんだって。ホームルームの時間、なんだかこわいような顔して、話してくれた。

「みんなには、もっと早く言おうかともおもっていたんだけれどね。さよならの準備は短いほうがいいんだよ」

終業式の日、職員室に行って、ぼくたちはほんとうにびっくりした。飯山先生の机の上、なんにもない。教科書、ノート、プリント、新聞、鉛筆、消しゴム、チョーク入れ、むずかしそうな算数の本もみんなどこかに消えちゃった。コーヒーカップもメモ帳もテッシュペーパーもなんにもない。先生、行っちゃうんだなあと思った。

（俵(たわら)万智(まち)「先生の机」より）

問一　――線1「とっても片づいているんだよ」とありますが、このように言う理由を文章中の言葉を使って三十字以内で書きなさい。

時は大丈夫だったけど、もしかしたら、風がぴゅーっと吹いてくるかもしれない。そうしたらぼくらの通知表、花吹雪みたいに職員室のなかを舞うんじゃないかって。

クラスはもう3大騒ぎ。みんなきゃあきゃあ言って、もう全員の通知表が飛んでっちゃったみたいに大コーフン。どうしよう、どうしよう。そこでぼくたち、相談した。だれかが職員室に行って、そっと重しをのっけてくるっていうのは、どう？――賛成、賛成。でもだれが？だれが、4その役をするの？そうしたら、急にしーんとなっちゃった。だって、飯山先生にみつかったら、やだもんね。先生、傷ついちゃうかもしれない。まわりに他の先生もいるしさあ。

おまえ、行けよ。えーっ、なんでそうなるの。じゃあ、おまえは？ぼく、出席番号あとのほうだから、通知表、下になってると思うから、風が吹いてもたぶん大丈夫。あー、きったねーの。じゃあ、あおき君、行ってこいよ。5一番上だぞー、きっと。ねこの首に鈴をつけにいくねずみたちの相談。そんなお話があったっけ。

結局、じゃあクジびきだってことになって、みんなでどきどきクジをひいた。あたったのは、まもる君。コーヒーのびんにチョークやビー玉やちびた鉛筆を入れて作った重しを持って、いやだなあいやだなあって出発した。ぼくたちも、職員室の廊下の手前まで、くっついていく。うまくいくかな、うまくいくかな。しばらくしたら、まもる君が出てきた。コーヒーのびんを手に持ったまま。あっなんだなんだ、どうしたの？

「あのね、一生懸命机の上を見たんだけど、みつからなかったんだ。そうしたら、探しているうちに、飯山先生がうしろから来ちゃってさ。おい、何してるんだあ？って」

「どひゃー。で？なんて言ったの」

「しかたないから、通知表が風にとばされないように重しを持ってきましたって言ったら、そんな大事なものは、もう机の上にはないぞって。さっき、ほんのちょっとの間、たしかに載っていたけど、今はちゃあんと引きだしの中だって」

あー、よかった。

だけど、三学期の終業式が近づいてくると、ぼくたちはまた6心配になってきた。そこでもう一度クジを作って、偵察係を決めることにしたんだ。ときどき先生のところへ行ってさ、机の上に通知表が置いてないかどうか、見てくる係。今度はぼくがクジにあたった。けど、そんなにイヤじゃない。ぼく、飯山先生の机ってなんだか好きなんだ。そりゃあ他の先生のピカピカきちんとした机も、かっこいいとは思うけれど。

三月になってから、一日一回は先生んところに行ってるよ。いないときは、机の上をじっと見るだけ。毎日見てると、だんだん慣れ

「この机はね、1とっても片づいているんだよ。どこに何があるか、先生にはみんなちゃあんとわかっている。コーヒーが飲みたくなったら、すぐにカップと砂糖。プリントを作るときには、ほら、ここに定規と鉛筆。のりだってはさみだってサッと出てくる。その雑誌のかげには、セロテープがひそんでいるってことも、（　A　）も承知さ。はっはっは」

大きなおなかをゆさゆさせて、丸いメガネをちょっとずらして、ぼくたちがふっとぶような声で笑うんだ。（ぼく、そおっと雑誌をめくってその下を見てみたら、ほんとにセロテープが置いてあった）お昼休みになると、不思議なことに、天丼や冷やし中華のぶんだけ、机の表面が見えるようになるし、テストの採点の時には、わら半紙のぶんだけ、まん中が広場になる。

「だから大丈夫、大丈夫。はっはっは」

でもぼくは、先生の机の上の山が、2なだれをおこしたのを見たことがある。つるつるのファイルが六つぐらい積まれていて、それがちょうど隣の先生の机との塀みたいになっていたんだ。それはとてもきれいな塀だったんだけど、ある日飯山先生がその上に、プリントの束をどさっとのっけた。そうしたら、つるつるのファイルが下の方から斜めに崩れて、つるつるドサーッて、隣の先生の机の方に侵入していっちゃった。

「あっ、すいません、すいません、こりゃどうも……」

そのときばかりは先生も大あわて。まあるい顔をまっかにして、ファイルとプリントを積みなおしていた。だからその塀の上には、もう何ものっけないことにしたみたい。でも、つるつるのファイルは元どおり、今もそこにある。

ぼく、一度だけ、飯山先生の机のことを、お母さんに話したことがある。そうしたらお母さん、（　B　）って笑った。

「お子さんの勉強部屋ぐらいは、自分で片づけさせてください、整理整頓の習慣をつけるのは、大人になってからでは手遅れですって、先生いつもおっしゃるのよ。先生は、手遅れなのかしら」

それから、ちょっと真面目な顔をして、お母さんはつけ加えた。

「でも、あなたたち、あんまり机のこと、先生に言っちゃだめよ。飯山先生には、まだお嫁さんがいないの。だからいろいろと大変なのよ」

そうかあ。お嫁さんかあ。先生は独身だから、くつしたも自分で洗うんだよって自慢してたっけ。かわいいお嫁さんがきたら、先生の机の上も、きれいになるのかな。でも、学校まではそうじに来られないよね。お嫁さんだってさ、忙しいんだから。やっぱりぼく、飯山先生の机は、ずーっとすごいんじゃないかと思う。

二学期の終業式が近づいてきたころ、学級委員のたかし君が発見した。飯山先生の机の上に、通知表が重ねておいてあるって。その

問七 ――線5「ワルナスビ」とありますが、このように名付けられた理由を文章中の言葉を使って四十字以内で書きなさい。

問八 文章中から次の一文がぬけています。文章中の ア から オ のどこに入りますか。記号で答えなさい。

私たちには役に立つ液ですが、虫や病原菌には、嫌(いや)みな液でしょう。

問九 文章の内容から読み取れることとして最も適当なものを次から選び、記号で答えなさい。

ア オジギソウは自らがもつトゲだけでは自分を守り切れないため、葉っぱを閉じて垂れ下げる作戦で生きている。
イ 厳しい自然界で生き残り子孫を残していくために、すべての植物がトゲを持ち、からだを守りながら生きている。
ウ ワルナスビは私たち人間にとって利点の少ない植物であるため、見つけるとすぐに抜こうとされてしまう。
エ 植物たちがもつトゲは一般的(いっぱんてき)には表皮や葉、枝が変形したものであり、葉が変形してできるのはとても珍しいことである。
オ 日本の多くの家庭ではアロエベラという品種が好まれ栽培されていて、ジュースやヨーグルトに利用されている。

二 次の文章を読んで、あとの問いに答えなさい。

飯山(いいやま)先生の机はすごい。教科書、ノート、プリント、新聞、鉛筆(えんぴつ)、消しゴム、チョーク入れ、むずかしそうな算数の本、コーヒーカップ、大きな定規、辞書、電卓(でんたく)、メガネケース、はさみ、セロテープ、ウォークマン、メモ帳、砂糖、テッシュペーパー、灰皿、タオル、茶色い封筒(ふうとう)、それから、それから、えーとそれから、とにかくなんでも載(の)っている。ぼくたちは職員室に行くたびに、うわあすげえってびっくりする。このまえなんか、本の山の上に硯(すずり)があって、墨汁(ぼくじゅう)がたっぷり。そばを通るだけで、こぼれやしないかと、キンチョーした。カップラーメンが、おいしそうな匂(にお)いをさせて、テッシュペーパーの箱の上に、のっかっていることもある。

「先生、机のそうじしないの？先生、机を片づけないの？」

そんなふうに言う友だちもたくさんいるけれど、いつも飯山先生はニコニコしている。ニコニコしながら、こう言うんだ。

ると抜こうとします。そのときに、この植物のもっているトゲにうっかり刺さってしまいます。そんな悪さをするので、「ワルナスビ」とよばれるのです。

「植物たちは、トゲで動物に食べられることからからだを守っている」と紹介してきました。でも、私たち人間に好まれないワルナスビのような植物のトゲは、引き抜かれて捨てられてしまうことからも身を守っているのです。

（田中　修『植物はすごい　生き残りをかけたしくみと工夫』より一部改変）

問一　――線１「トゲ」を説明した部分を文章中から十五字で探して、書きぬきなさい。

問二　□にあてはまる言葉として最も適当なものを次から選び、記号で答えなさい。

ア　美しいからこそ、トゲはある　　イ　どんな花にも、トゲはある　　ウ　美しくなくても、トゲはある

エ　特別な花には、トゲがある　　オ　美しいものにも、トゲはある

問三　――線２「変形」の熟語の組み立てと同じものを次から一つ選び、記号で答えなさい。

ア　公私　　イ　飼育　　ウ　読書　　エ　国立　　オ　非常

問四　――線３「容易」の対義語を書きなさい。

問五　――線４「鋭いトゲがいっぱいあります」とありますが、筆者はこのトゲのどのような点がすごいと述べていますか。文章中の言葉を使って八十字以内で書きなさい。

問六　（　Ａ　）・（　Ｂ　）にあてはまる言葉として最も適当なものを次から選び、それぞれ記号で答えなさい。

ア　だから　　イ　しかし　　ウ　そして　　エ　さらに　　オ　たとえば

ごい作戦で生きているのです。

オジギソウは、ブラジル原産のマメ科の植物です。この植物は、動物が食べようとして触れると、葉っぱを閉じて垂れ下げます。葉っぱを広げているときと違って、たちまち、おいしそうではなくなります。これを見ると、動物の食欲が失せるのでしょう。（　Ａ　）、葉っぱが閉じて垂れ下がるのは、からだを守るためです。

この植物は、（　Ｂ　）、防御のしくみを備えています。茎には、鋭いトゲがあるのです。だから、葉が閉じて垂れ下がっておいしそうでない上に、鋭いトゲが露出している植物に、動物はかぶりつく気持ちをおこさないでしょう。［ア］

アロエは、熱帯アフリカ原産のユリ科の多肉植物です。アロエと姿や形が似ており、同じような高温の乾燥した環境に育つ植物にサボテンがあります。でも、サボテンはサボテン科の植物で、アロエとは所属する科は別なので、仲間ではありません。［イ］

アロエには、アロエベラという品種が、ジュースやヨーグルトに使われているので、よく知られていますが、他に数百種以上の品種があります。日本の家庭で多く栽培されているアロエは、キダチアロエという品種です。キダチ（木立ち）とよばれるように、木が立つように背丈は高くなります。アロエは花が咲かないように思われていますが、花は咲きます。キダチアロエは、冬に花咲くことが多く、春には、タネもできます。［ウ］

アロエのからだを折ったり傷つけたりすると、ネバッとした苦みのある液がドロッと出てきます。苦みの主な成分は、「アロイン」です。この液には薬効があるので、この植物は「医者いらず」といわれます。［エ］

この植物は、鋭いトゲでからだを動物に食べられることから守っています。それだけでなく、ネバッとした液で、虫にかじられることや病原菌の侵入に備えているのです。「自然の中で、植物がからだを守りながら生きていくのは、たいへんなのだ」と、感じられます。［オ］

5　ワルナスビという、いかにも悪いことをするような名前の植物があります。北アメリカを原産地とする、ナス科の植物です。だから、ナスと同じような色と形、大きさの花を咲かせます。この植物は、病気や連作障害に強いので、同じナス科のナスの接ぎ木の台木として、役に立ちます。

接ぎ木というのは、近縁の植物の茎や枝に割れ目を入れて、別の株の茎や枝をそこに挿し込んで癒着させ、二本の株を一本につなげてしまう技術です。接ぎ木で一本になった株は、根が台木の性質をもちます。だから、台木にワルナスビを使うと、ナスは病気に強くなり連作に耐えることができます。

この植物の花はそれなりにきれいですが、この植物は接ぎ木以外には特に役に立ちません。そのため、私たちは、この植物を見つけ

2023年度 埼玉栄中学校

【国　語】〈第三回試験〉（五〇分）〈満点：一〇〇点〉

《注意》字数制限のある問題では、句読点（。や、）符号（「」など）も一字と数えます。

□一　次の文章を読んで、あとの問いに答えなさい。

「美しいものには、1トゲがある」といわれます。これは、バラの美しく目立つ花と鋭いトゲを意識したものです。しかし、バラほど美しくない花を咲かせる植物でも、葉や茎にトゲをもつ植物は、意外と多くあります。トゲは植物たちがからだを守る武器の一つになるからです。つまり、「[　]」のです。

オナモミ、オジギソウ、アロエ、サボテン、ワルナスビ、ピラカンサなどは、トゲをもつ植物たちの代表です。「これらの植物たちが、美しくない」というつもりはありません。それぞれに美しいものです。ただ、これらの植物は、バラの花のように美しいというたとえには用いられていません。

「トゲ」は、植物のからだにある針状の突起物です。トゲには、バラやサンショウのように、表皮が2変形したものや、ボケのように、茎や枝が変形したものがあります。それに対し、サボテンのトゲは、葉が変化したものです。

これらのトゲの鋭利な先端をよく観察すれば、あるいは、実際にトゲが刺さって痛かった経験を思い出せば、「動物がこれらを食べると、さぞ痛いだろう」と3容易に想像できます。ですから、植物たちが鋭いトゲをもつ意味は「動物に食べられることから、からだを守るためである」ことは、よく理解できます。

五、六〇年前、私の子どものころ、「ひっつき虫」とよんで遊んでいたオナモミの実は、近年、見かけることが珍しくなりました。この実の外皮には、4鋭いトゲがいっぱいあります。一つの実の中に、二つのタネが入っています。ですから、このトゲで、タネが動物に食べられることを防いでいます。

しかも、このトゲは、先端が釣り針のように曲がっており、動物のからだや私たちの衣服に引っかかって運ばれる機能もあります。生育する場所を移動したり、新しい生育地を広げたりするためです。オナモミは、動物に実を食べさせず、しかも運ばせるという、す

2023年度

埼玉栄中学校 ▶解　答

※　編集上の都合により，第３回試験の解説は省略させていただきました。

算　数　＜第３回試験＞（50分）＜満点：100点＞

解　答

1 (1) 6　(2) 500　(3) $1\frac{7}{30}$　(4) $5\frac{16}{25}$　(5) $\frac{3}{8}$　(6) 15　2 (1) 35番目　(2) 15個　(3) 3 km　(4) ① 12.5％　② 150 g　(5) 24日　(6) 15個　3 (1) 81cm^2　(2) 0.57cm^2　(3) 75度　(4) 9 cm^3　(5) 294cm^2　4 (1) 2 3 4 1 5 6　(2) 1 2 3 4 5 6

社　会　＜第３回試験＞（理科と合わせて50分）＜満点：50点＞

解　答

1 問1 1 15　2 25　問2 イ　問3 ア　問4 ① イ　② イ　③ エ　問5 ア　問6 資料A…Ⅰ　資料B…Ⅴ　2 問1 イ　問2 A オ　B イ　C ウ　D ク　問3 イ　問4 ア　問5 ア　問6 エ　問7 ウ　3 問1 マニフェスト　問2 ウ　問3 エ　問4 イ　問5 ア

理　科　＜第３回試験＞（社会と合わせて50分）＜満点：50点＞

解　答

1 問1 全反射　問2 ウ　問3 完全変態　問4 イ　問5 ひとみ(瞳孔)　2 問1 8.0　問2 11.3　問3 2倍　問4 イ　問5 900cm　3 問1 0　問2 26.3％　問3 160 g　問4 塩化カルシウム　問5 (例) ぎょう固点を下げて，道の凍結を防ぐため。　4 問1 イ　問2 背びれ，尾びれ　問3 ウ，エ，オ　問4 イ　問5 (例) おなかの袋に栄養分をたくわえているから。　5 問1 黒点　問2 ア　問3 イ　問4 (例) 地軸がかたむいている　問5 エ

国 語 <第3回試験>（50分）<満点：100点>

解 答

一 **問1** 植物のからだにある針状の突起物 **問2** ウ **問3** ウ **問4** 困難 **問5** （例） トゲでタネが動物から食べられることを防ぐとともに，動物のからだや私たちの衣服に引っかけて運ばせて，生育する場所を移動したり，新しい生育地を広げたりする点。 **問6** **A** ア **B** エ **問7** （例） 私たちがこの植物を抜こうとしたときに，もっているトゲで刺す悪さをするため。 **問8** エ **問9** ウ 二 **問1** （例） 机の上は散らかっていても先生にはどこに何があるかわかるから。 **問2** **A** ウ **B** ア **C** エ **問3** （例） 積んだファイルが崩れたこと。 **問4** イ **問5** （例） 職員室に行って通知表に重しをのせる役。 **問6** エ **問7** イ **問8** 少し離れた別の小学校にかわる（から。） **問9** ウ **問10** エ 三 **問1** ① カ ② イ ③ ク ④ コ ⑤ ウ **問2** ① 口 ② 体 ③ 水 ④ 刀 ⑤ 深 四 下記を参照のこと。

●漢字の書き取り

四 ① 座右 ② 帰納 ③ 区画 ④ 星雲 ⑤ 映す ⑥ 縦横 ⑦ 郷里 ⑧ 供える ⑨ 企図 ⑩ 祭礼

Memo

Memo

Memo

2022年度　埼 玉 栄 中 学 校

〔電　話〕　048(621)2121
〔所在地〕　〒331－0078　埼玉県さいたま市西区西大宮３－11－１
〔交　通〕　JR川越線（埼京線）「西大宮駅」より徒歩４分

【算　数】〈第１回試験〉（50分）〈満点：100点〉

※問題を解く上で，円周率を利用するときは3.14としなさい。

1　次の計算をしなさい。(6)については，□にあてはまる数を答えなさい。

(1)　$61+65+69+73+77+81+85+89+93+97$

(2)　$9+(4\times14-5)\div3$

(3)　$1\frac{1}{3}+2\frac{2}{5}-3\frac{3}{7}$

(4)　$30-3\times(61-43)\div9+6$

(5)　$\frac{1}{6\times7}+\frac{1}{7\times8}+\frac{1}{8\times9}+\frac{1}{9\times10}$

(6)　$\{(\square\times2+82)\times2-9\}\times2=2022$

2 次の問いに答えなさい。

(1) 1から100までの数字の中で，3の倍数または4の倍数である数字は全部で何個ありますか。

(2) 70人が3問の問題を解きました。1問目を正解した人は48人，2問目を正解した人は32人，3問目を正解した人は25人でした。

① 1問目と2問目の両方を正解した人は，何人以上何人以下ですか。

② 2問目と3問目の両方が不正解だった人は，何人以上何人以下ですか。

(3) ピザ1枚を4人で分けることにし，くじで分ける分量を決めることにしました。1番目の人が全体の$\frac{1}{3}$，2番目の人が残りの$\frac{1}{3}$，3番目の人がそのまた残りの$\frac{1}{3}$をとり，4番目の人は残り全部をもらうことにしました。このとき，次の問いに答えなさい。

① 2番目の人がもらえるピザは，全体の何分のいくつですか。

② 3番目の人がもらえるピザは，全体の何分のいくつですか。

③ もっとも多くもらえるのは，何番目の人ですか。

(4) 図のような時計について，7時から8時の間で，長針と短針が反対向きに一直線になるのは，7時何分ですか。

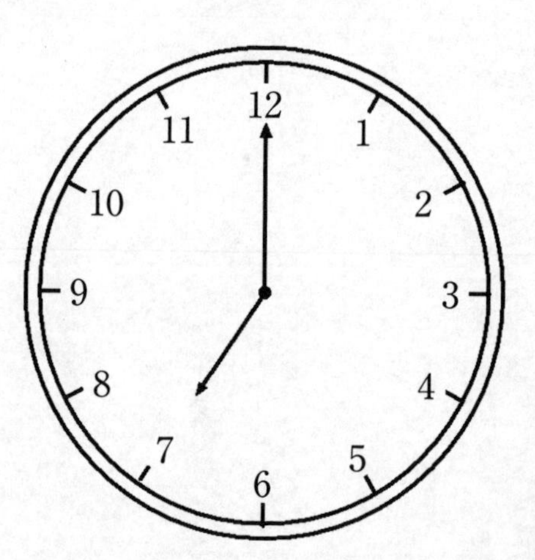

3 次の問いに答えなさい。

(1) 以下のようにAB＝8cm，AD＝5cmの長方形ABCDがあり，AE＝5cmとなるように辺AB上に点Eをとる。ここで頂点DからEにむかってボールを発射します。ボールは辺に当たると図のように当たった時と同じ角度で跳(は)ね返ります。次の問いに答えなさい。

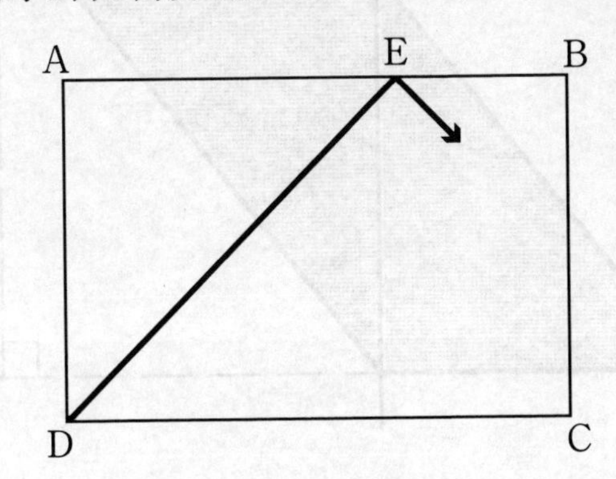

① ボールが発射されてから3回目に反射する辺を答えなさい。

② Dからボールが発射され，次にどこかの頂点にたどり着くまでに何回反射するか求めなさい。

(2) すべての辺の長さが5cmの三角錐(さんかくすい)ABCDがあり，辺ABの中点をE，辺ACの中点をF，辺CDの中点をGとします。

① 点Eから点Fまで三角錐の表面を通って移動するとき，最短距離(きょり)を求めなさい。

② 点Eから点Gまで三角錐の表面を通って移動するとき，最短距離を求めなさい。

(3) 下の図のような平行四辺形を，短いほうの対角線をじくとして1回転させたときの体積を求めなさい。

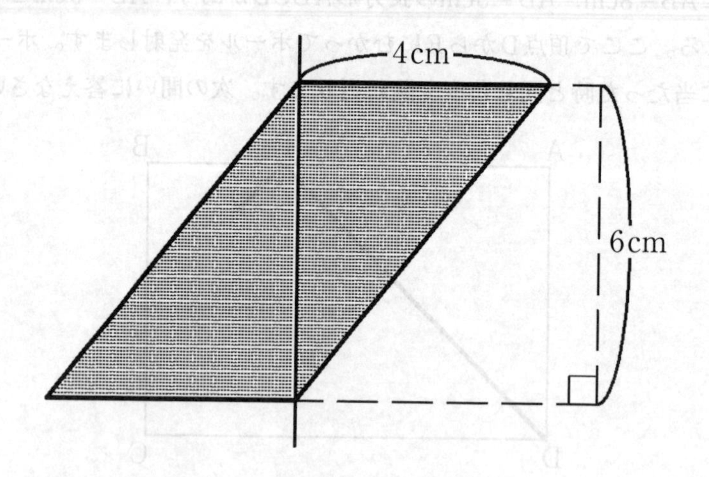

4 階段を上るとき，一度に1段または2段しか上らないとします。

例えば階段を2段上るときは1段ずつ上る上り方と一度に2段上る２通りがあります。

(1) 4段を上るときの上り方は何通りありますか。

(2) 1段，2段，3段，4段と階段を上るときの上り方を並べて書いてみたところ，この数字の列にはある規則があることが分かりました。
どのような規則か簡単に説明してください。

1，2，3，［(1)］，8，13，……

【社　会】〈第１回試験〉（理科と合わせて50分）〈満点：50点〉

1　次の年表を見て、後の問いに答えなさい。

【年表】

年	主な出来事
1492	（　１　）が西インド諸島に到達する
1519	（　２　）が世界一周に出発する ……　a
1543	鉄砲が日本に伝えられる ……………… b
1549	キリスト教が日本に伝わる …………… c
1576	安土城が築かれる ……………………… d
1582	太閤検地が始まる ……………………… e
1588	刀狩令を出す …………………………… f
1592	文禄の役 ………………………………… g
1597	慶長の役 ………………………………… h

問1　年表中の空欄（１）、（２）にあてはまる人物名を次から選び、記号で答えなさい。

ア、バスコ＝ダ＝ガマ
イ、マゼラン
ウ、コロンブス
エ、マルコ＝ポーロ

問2　年表中のaより後に起こった出来事を次の語群からすべて選び、記号で答えなさい。

＜語群＞

ア、本能寺の変　　イ、応仁の乱　　ウ、鎌倉幕府の滅亡　　エ、室町幕府の滅亡
オ、壬申の乱　　カ、関ヶ原の戦い

問3　年表中のbの出来事について、あとの問いに答えなさい。

①　鉄砲を日本に伝えた国を次から選び、記号で答えなさい。

ア、オランダ　　イ、スペイン　　ウ、イギリス　　エ、ポルトガル

②　鉄砲伝来後に起こった戦いの名前を次から選び、記号で答えなさい。

ア、長篠の戦い　　イ、屋島の戦い　　ウ、壇ノ浦の戦い　　エ、白村江の戦い

問4　年表中のcに関して、この時、キリスト教を日本に伝えた人物を次から選び、記号で答えなさい。

ア、ルイス＝フロイス　　イ、フランシスコ＝ザビエル
ウ、マテオ＝リッチ　　エ、フェルビースト

問5　年表中のdの安土城を築かせた人物を次から選び、記号で答えなさい。

ア、徳川家康　　イ、織田信長　　ウ、足利義満　　エ、豊臣秀吉

問6　年表中のe～hを行なった人物を次から選び、記号で答えなさい。

ア、徳川家康　　イ、織田信長　　ウ、足利義満　　エ、豊臣秀吉

問7　年表中のd～hについて、あとの問いに答えなさい。

①　このころに栄えた文化の名前を次から選び、記号で答えなさい。

ア、桃山文化　　イ、国風文化　　ウ、化政文化　　エ、天平文化

② 次の図の中で、このころに栄えた文化の特徴をあらわしたものを選び、記号で答えなさい。

ア

イ

ウ

エ

2 次の近畿地方に関する問いに答えなさい。

資料A

資料B

資料C

資料D

資料E

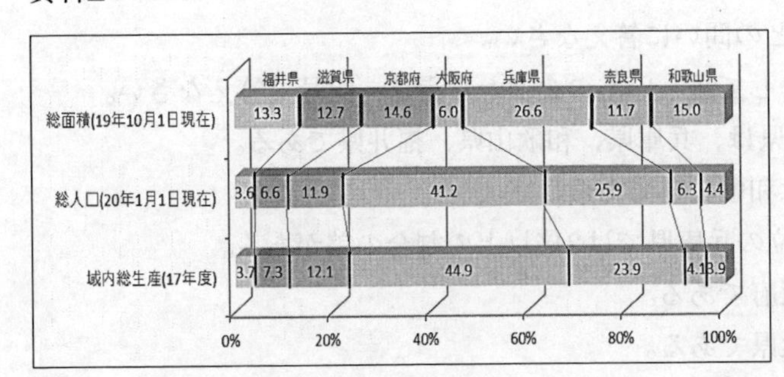

資料F

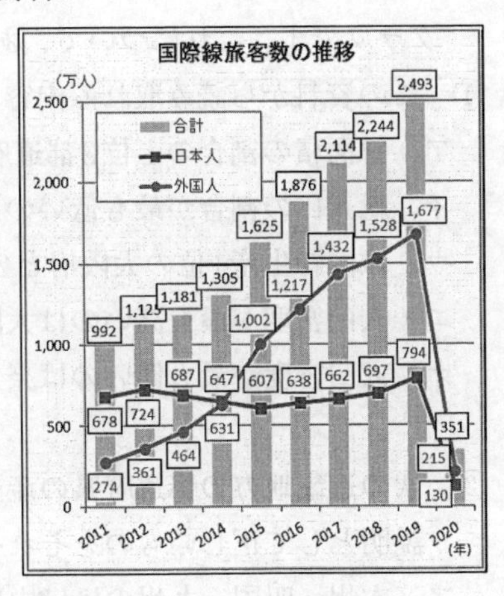

資料G

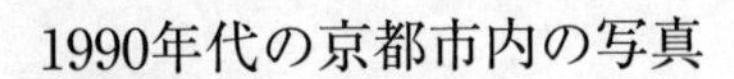

1990年代の京都市内の写真

2002年の京都市内の写真

問1　資料A～Dは近畿地方にある世界文化遺産（あるいはその一部）です。これについて、あとの問いに答えなさい。

①　次の文章ア～エは資料A～Dのそれぞれの文化遺産について説明したものです。資料AとBの説明として正しいものをそれぞれ選び、記号で答えなさい。

ア、この文化遺産は、空海（弘法大師）が禅の修行のための道場として開かれた真言宗の聖地である。

イ、この文化遺産は、採集されている円筒埴輪や土器の特徴から5世紀前半から半ばに築造されたものと考えられている。

ウ、この文化遺産は、7世紀ごろに創建され、世界最古の木造建築の1つとされている。

エ、この文化遺産は、14世紀の半ばに建築が始まり、江戸時代初期に造られた天守などが現存している。

②　資料A～Dの文化遺産が存在していない都道府県を次から選び、記号で答えなさい。

ア、大阪府　　イ、京都府　　ウ、兵庫県　　エ、奈良県　　オ、和歌山県

問2　資料Eは近畿地方の都道府県の総面積・総人口・域内総生産の割合をそれぞれ比較したグラフです。これについて、あとの問いに答えなさい。

①　この資料から読み取れる内容として正しいものを次から選び、記号で答えなさい。

ア、総面積の割合の上位3都道府県は、兵庫県、和歌山県、福井県である。

イ、総人口の割合が最も低いのは和歌山県である。

ウ、域内総生産1位の大阪府と2位の兵庫県では2倍以上の割合の差がある。

エ、人口密度が最も高いのは大阪府である。

オ、人口密度が最も低いのは奈良県である。

②　次の近畿地方の都道府県の産業の特徴について説明した文の中で、福井県と滋賀県の説明として正しいものをそれぞれ選び、記号で答えなさい。

ア、本州・四国・九州のほぼ中央に位置した物流の便利さを生かした内陸の工業地域として日本のものづくりをリードしている。

イ、近畿地方の屈指の稲作地域として知られる一方で、眼鏡フレーム生産は全国の約90%を占めている。

ウ、温暖な気候をいかした果樹栽培が盛んで、みかん・梅の生産量は日本一である。工業では鉄鋼業と石油産業が盛んである。

エ、世界でも有数の国際貿易港と関西国際空港を持ち、南部の工業地帯では重化学工業が発達し、中部から北部にかけては農林水産業が盛んである。

オ、製造業と観光業が産業の中心で、県内の労働者の約30%が県外で働きに出ている。また、墨や割りばしの生産が日本一など地場産業も盛んである。

問3　資料Fは2011年から2020年までの関西国際空港の国際線旅客者数の推移を示したものです。資料Fから読み取れることとして正しくないものを選び、記号で答えなさい。

ア、2020年はコロナ禍の影響で旅客数は激減し、統計の始まった2011年を下回る結果となった。

イ、2011年から2019年まで、国際線旅客者のうち外国籍を持つ人の人数は一度も下がらずに増加し続けていた。

ウ、2011年から2019年まで、国際線旅客者のうち日本国籍を持つ人の人数は一度も増加せずに減少し続けていた。

エ、2017年には初めて、国際線旅客者数の合計が2000万人を上回った。

オ、2011年から2019年まで、国際線旅客者のうち日本国籍を持つ人の人数が最も多かったのは、2012年の724万人である。

問4　資料Gの二つの写真は京都市内の「花見小路」からとった写真です。2つの写真を見比べて京都市の景観の保護のために行われたことを1つ挙げて、説明しなさい。

問５　琵琶湖のある滋賀県では持続可能な発展の実現のために様々な取り組みを行っています。下にある環境問題と取り組み事例の中の空欄（１）と（２）に入る語句をそれぞれ漢字で答えなさい。

環境問題	主な原因	取り組み事例
（　１　）やアオコの発生	生活用水の流入による富栄養化とプランクトンの大量発生	りんを含まない石けんの使用
ブルーギルやオオクチバスなどの（　２　）の増加	食用としての輸入や無責任な放流	電流ショッカーボードの設置による駆除活動

3　次の文章を読んで、以下の問いに答えなさい。

日本国憲法は、a生存権、（　１　）を受ける権利、b労働三権などのc社会権を取り入れている。社会権の実現のために、各種の法律が整備されてきた。法律が憲法の理念を実現しているかについては法廷でしばしば争われてきた。

問1　次の文章は下線部aについて書かれた日本国憲法の条文です。条文の空欄（　①　）と（　②　）にあてはまる語句を、次から選び、記号で答えなさい。

＜条文＞

すべて国民は、（　①　）で（　②　）な最低限度の生活を営む権利を有する。

ア、幸福　　イ、文化的　　ウ、健康　　エ、自発的

問2　空欄（　１　）にあてはまる語句を答えなさい。

問3　下線部bとして誤っているものを次から選び、記号で答えなさい。

ア、団結権　　イ、団体交渉権　　ウ、請願権　　エ、団体行動権

問4　下線部cとして誤っているものを次から選び、記号で答えなさい。

ア、人間らしい生活の実現のためには重要である

イ、20世紀的基本権と呼ばれることがある

ウ、国家からの積極的な介入を求める権利である

エ、自由権よりも前から定着した人権である

【理　科】〈第1回試験〉（社会と合わせて50分）〈満点：50点〉

1　以下の各問いに答えなさい。

問1　モノコードで音を鳴らすとき、高い音を出すための方法として正しいものを次の選択肢からすべて選び、記号で答えなさい。

ア　弦の長さを短くする。
イ　弦の太さを太くする。
ウ　弦のはり方を強くする。
エ　弦のはじき方を強くする。

問2　5%の食塩水を100g作るときに必要な水は何gか答えなさい。

問3　花粉がめしべの柱頭につくことを何というか答えなさい。

問4　日本の上空を西から東へふいている風を何というか答えなさい。

問5　注射器に水と空気を入れて栓をし、ピストンをおしこみました。中の水と空気の体積はどう変化したか、正しく説明したものを次の選択肢から選び、記号で答えなさい。

ア　水も空気も体積が小さくなった。
イ　水の体積が小さくなり、空気の体積は変わらなかった。
ウ　水の体積は変わらず、空気の体積が小さくなった。
エ　水も空気も体積は変わらなかった。

2 次の文章を読んで、後の各問いに答えなさい。

光は空気中や水中を直進し、鏡などにあたると①反射します。しかし、空気中を直進した光が水中に入るなど、性質のちがう物質へななめに入射するとき②折れ曲がって進みます。

問1 文章中の下線部①について、下図のように光が鏡にあたったとき光はどのように進みますか。図中の選択肢から選び、記号で答えなさい。

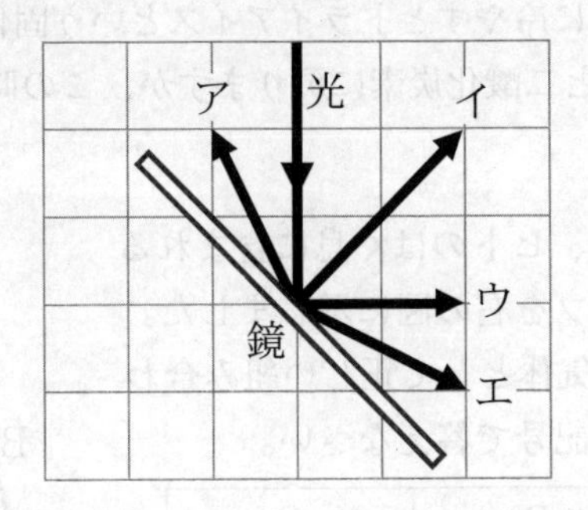

問2 文章中の下線部②のように、光が性質のちがう物質の境界で折れ曲がることを何というか答えなさい。

問3 文章中の下線部②について、下図のように光が水中から空気中にななめに進むとき、光はどのように進みますか。図中の選択肢から選び、記号で答えなさい。

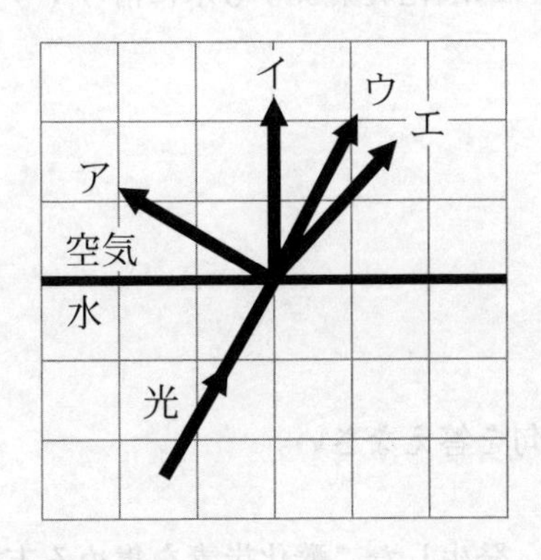

問4 光は、鏡や水以外にレンズでも進む方向を変えることができます。中央が厚く、まわりがうすいレンズを何というか答えなさい。

問5 問4のレンズの焦点から照射した光は、レンズを通ったあとどのように進みますか。「レンズの軸」という言葉を用いて15文字以内で答えなさい。

3 次の文章を読んで、後の各問いに答えなさい。

二酸化炭素は空気中に約0.04％含まれている気体です。生物が呼吸によって①はく息には普通の空気より二酸化炭素が多く含まれています。

二酸化炭素は②水に少し溶けて、炭酸イオンという状態に変化します。海の中には炭酸イオンが含まれており、海中の他の成分と結合して貝がらなどを作り、それらが海底でおし固められると（　③　）が作られます。この（　③　）にうすい塩酸をかけると、④二酸化炭素を発生させることができます。

二酸化炭素を－78.5℃以下に冷やすとドライアイスという固体になります。ドライアイスを常温の空気中で放置すると二酸化炭素に戻りますが、この時に体積は約750倍に増えます。

問1　文章中の下線部①について、ヒトのはく息に含まれる気体の割合を表した円グラフを右の図に示しました。右図のＡ～Ｃにあてはまる気体として正しい組み合わせを次の選択肢から選び、記号で答えなさい。

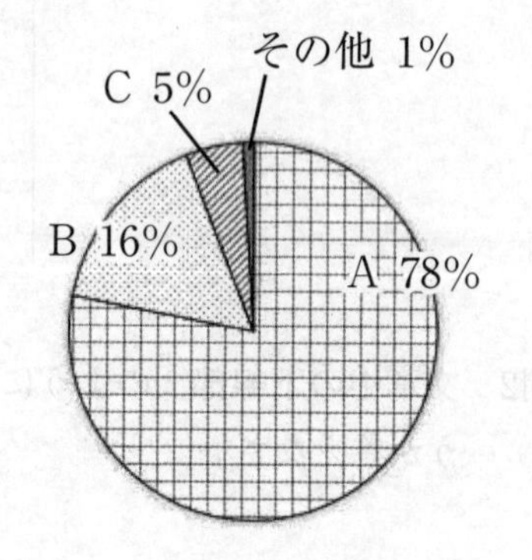

	A	B	C
ア	ちっ素	酸素	二酸化炭素
イ	二酸化炭素	ちっ素	酸素
ウ	二酸化炭素	酸素	ちっ素
エ	酸素	二酸化炭素	ちっ素

問2　文章中の下線部②について、二酸化炭素よりも水に溶けやすい気体を次の選択肢から選び、記号で答えなさい。

ア　水素
イ　酸素
ウ　ちっ素
エ　アンモニア

問3　文章中の空欄③に適する語句を答えなさい。

問4　文章中の下線部④について、発生した二酸化炭素を集める方法として最もふさわしくないものを次の選択肢から選び、記号で答えなさい。

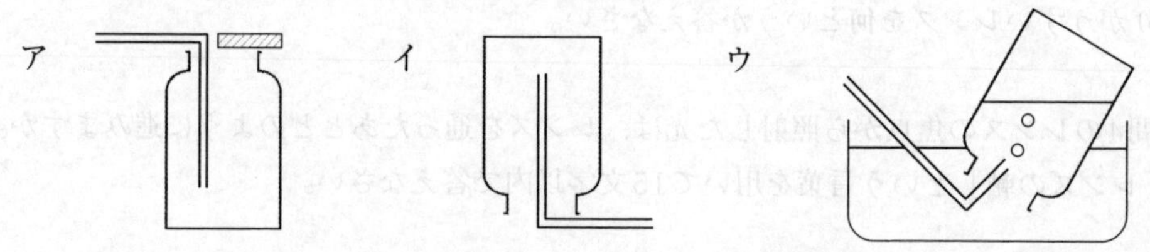

問5　ドライアイスは$1cm^3$あたり1.5gの重さとなります。ドライアイス30gを常温の空気中で放置すると、何Lの二酸化炭素になりますか。$1cm^3=1mL$として答えなさい。

4 次の文章を読んで、後の各問いに答えなさい。

①卵と精子が結びつくことを受精といい、このときできるものを②受精卵といいます。受精卵は母親の子宮で成長していきます。子宮の中には、たい児に栄養を送ったり不要なものを受け取ったりするAがあります。たい児とAはBでつながっています。また、子宮の中はCという液体で満たされています。

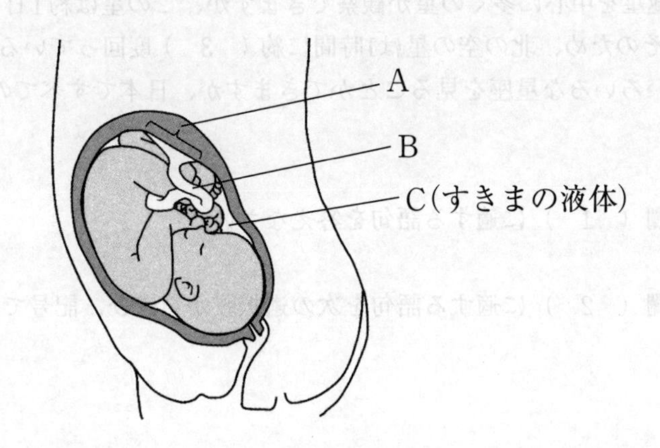

問1 文章中の下線部①について、卵と精子のそれぞれを作る性別、作られる場所、おおよその大きさについて正しいものを次の選択肢から2つ選び、記号で答えなさい。

	性別	作られる場所	大きさ
ア	男	精巣	0.14mm
イ	男	卵巣	0.05mm
ウ	男	卵巣	0.14mm
エ	男	精巣	0.05mm
オ	女	精巣	0.14mm
カ	女	卵巣	0.05mm
キ	女	卵巣	0.14mm
ク	女	精巣	0.05mm

問2 文章中の下線部②について、受精卵からたい児となり生まれてくるまでにかかる時間は何週間くらいですか。次の選択肢から選び、記号で答えなさい。

ア 20週間
イ 30週間
ウ 40週間
エ 50週間

問3 文章中および図のA、Bについてそれぞれの名称を答えなさい。

問4 文章中および図のCのはたらきを答えなさい。

5 次の文章を読んで、後の各問いに答えなさい。

夜空に見える星のなかには、太陽のように自ら光や熱を発する（　１　）や、自身で光を出さずに（　１　）の光を反射して光っている星があります。星の明るさは等級で表すことができますが、実際には非常に明るくても地球からの（　２　）によっては暗く見えるため、地球から見たみかけの明るさを示しています。また、日本の北の空を見上げると、こぐま座の北極星を中心に多くの星が観察できますが、この星は約1日でもとの位置に戻ってきます。そのため、北の空の星は1時間に約（　３　）度回っていると考えられます。季節によっていろいろな星座を見ることができますが、日本ですべての星座を見ることは難しいです。

問1　文章中の空欄（　１　）に適する語句を答えなさい。

問2　文章中の空欄（　２　）に適する語句を次の選択肢から選び、記号で答えなさい。

ア　大きさ
イ　温度
ウ　自転
エ　きょり

問3　日本の夏と冬の代表的な星座や星について、誤っている組合せはどれですか。次の選択肢から選び、記号で答えなさい。

	夏	冬
ア	アンタレス	アンドロメダ
イ	デネブ	シリウス
ウ	アルタイル	プロキオン
エ	デネブ	ベテルギウス

問4　文章中の空欄（　３　）に適する数字を答えなさい。

問5　星や星座について正しいことを述べているものを、次の選択肢から選び、記号で答えなさい。

ア　星の色が異なって見える理由は、星の表面の温度が違うためである。オリオン座のリゲルは温度が低いため青白い光を放つ。
イ　北の空の星は、太陽のように東から西へ時計の針と同じ向きに動いている。
ウ　北極星の見える高さは、赤道付近では地平線の近くで見られ、北極点ではほぼ真上に見える。このように観察する場所の緯度によって見える角度は異なる。
エ　星や星座を探すときには星座早見を使用する。北の空を見るときは、北が上にくるように星座早見を持ち、北の方角を見る。

④ 校庭でサッカーをしているのは石井君だ。
ア 今日の風はとてもさわやかだ。
イ あそこにいるのは秋田犬だ。
ウ 君におすすめしてもらった本を読んだ。

⑤ この作品は、優(すぐ)れたものばかりです。
ア 押(お)し入れのおくで破れた本をみつけた。
イ たった今、手紙を書き終えた。
ウ あなたは山田さんでしたね。

四 次の――線部のカタカナを漢字に直しなさい。また、送りがなのあるものは書きなさい。

① 主人にチュウセイをちかう。
② コウザンから銀をほり出す。
③ 罪をおかした人をサバク。
④ 飛行機をソウジュウする。
⑤ 学級新聞をスル。
⑥ 木の切りカブにつまずく。
⑦ 山頂で初日の出をオガム。
⑧ ワレサキに出口に走る。
⑨ ヨーロッパショコクを旅行する。
⑩ 新商品をテレビでセンデンする。

ア 同じ意味の漢字を組み合わせたもの。
イ 反対の意味の漢字を組み合わせたもの。
ウ 上の字と下の字が主語と述語の関係のもの。
エ 上の字が下の字を説明(修飾)しているもの。
オ 下の字から上の字に返って読むもの。
カ 上の字が下の字を打ち消しているもの。

問二 次の――線部の言葉と同じ性質を持つものをあとから選び、それぞれ記号で答えなさい。

① 今日は妹もいっしょに行くらしい。
ア 子どもの愛らしい笑顔にいやされる。
イ かぜをひいたらしく、調子が悪い。
ウ スポーツマンらしく、正々堂々とプレーした。

② 今までの努力がふと思い出される。
ア 先生の質問にさっと答えられた。
イ 先生も笑顔でこちらに来られた。
ウ 旅先の父のことが案じられる。

③ 横浜のような港町が好きだ。
ア この道は駅まで続いているようだ。
イ 湖の水面が、まるで鏡のようだ。
ウ 先輩のように速く走りたい。

問五　――線4「まるで自分が責められているようにも思いました」の部分に使われている表現技法を次から選び、記号で答えなさい。

ア　体言止め　イ　直喩（ちょくゆ）　ウ　擬人法（ぎじん）　エ　反復法　オ　倒置法（とうち）

問六　――線5「お母さんは声を震わせる」とありますが、何に一番感動したのですか。文章中の言葉を使って二十五字以内で書きなさい。

問七　□にあてはまる身体の一部を表す漢字一字を考えて書きなさい。

問八　――線6「びっくりして」とありますが、なぜびっくりしたのですか。文章中の言葉を使って四十字以内で書きなさい。

問九　この文章の特徴（とくちょう）として最も適当なものを次から選び、記号で答えなさい。

ア　私の目線で話が展開しており、複数の登場人物の心の中を描くことで読者が感情移入しやすくなっている。

イ　情景描写（びょうしゃ）を多く用いて、登場人物の心情の変化を明確に追えるように表現している。

ウ　ストーリーを複数の視点から描く（えが）ことで、読者がさまざまな考えに触れる（ふ）機会が多くなっている。

エ　人物の名前や場所を具体的に書くことで、イメージしやすく話の内容が理解しやすくなっている。

オ　会話文を多用することで登場人物の心情を表現し、読者が理解しやすいように描かれている。

三　次の問いにそれぞれ答えなさい。

問一　次の①～⑤の熟語の構造として最も適当なものをあとから選び、それぞれ記号で答えなさい。

①　呼応　②　官製　③　表現　④　深海　⑤　登校

……泰子先生が、そんなこと？

6びっくりして、何も言えなかった。萌香ちゃんのお母さんは、自分の手をじっと見る。

（青山美智子『木曜日にはココアを』より、一部省略）

問一（Ａ）から（Ｃ）にあてはまる言葉として最も適当なものを次から選び、それぞれ記号で答えなさい。

Ａ　ア　正直　イ　はずかしげ　ウ　健気　エ　得意気　オ　適当

Ｂ　ア　のこのこ　イ　おずおず　ウ　のそのそ　エ　だらだら　オ　せかせか

Ｃ　ア　ヤケ　イ　偉そう　ウ　満足気　エ　うつろ　オ　しどろもどろ

問二 ―― 線１「私は『あっ』と声をあげそうになった」とありますが、なぜですか。文章中の言葉を使って三十字以内で書きなさい。

問三 ―― 線２「私は奥歯をかみしめた」とありますが、この時の「私」の心情として最も適当なものを次から選び、記号で答えなさい。

ア　悔しい　イ　むなしい　ウ　切ない　エ　痛い　オ　怖い

問四 ―― 線３「否定しようとして、やめた」とありますが、その理由として最も適当なものを次から選び、記号で答えなさい。

ア　泰子先生の自信に満ちあふれた言動によって、その人に言われるとそうなのだと思えてきてしまうから。

イ　泰子先生には何を言っても通じることはなく、どうあがいても結局は自分が悪くなるのが分かっているから。

ウ　泰子先生は自分が正しいと思っており、私も何が正解なのかわからなかったから。

エ　泰子先生は一度決めたことは絶対に譲らない性格であり反抗するだけ時間がもったいないと思ったから。

オ　泰子先生の正義感に対抗するためにはそれなりの準備が必要であり、今の自分にはその準備がなかったから。

ほんの少し間があって、何か言わなくてはと思ったところでお母さんが口を開いた。
「えな先生。萌香ね、爪噛みが治ったんですよ」
お母さんが静かな笑みをたたえて言う。
「あの子、前は指の爪ぜんぶ噛んでしまって、ひどいときは血が出るくらいで……。悩みました。育児書を読むと、やめなさいと叱ってはいけないとか、愛情不足が原因だとかって書いてあるし。こんな大事に想ってるつもりなのにどうしてって、４まるで自分が責められているようにも思いました」
「……」
「一ヶ月ぐらい前、えな先生の爪はきれいなピンクなんだよって、うれしそうに話してました。萌香もあんなきれいな手になりたいって。だから爪はもう噛まないって、自分から。ギザギザで伸びる間もなかった爪が、今ではちゃんと揃ってます」
萌香ちゃんの５お母さんは声を震わせる。私も□がいっぱいになって、涙がこぼれそうだった。ああ、よかった。私の願いは通じていた。私がマコちゃんに憧れたように、萌香ちゃんが私のピンクのネイルを素敵だと感じてくれたなら、爪噛みしなくなるかもしれないと思ったのだ。
「ありがとうございます」
深々とお辞儀をするお母さんに、私は（　Ｃ　）になって言った。
「でも、私、すぐにネイル取っちゃったから、萌香ちゃんガッカリしたんじゃないかと思います」
お母さんは身体を起こす。
「いいえ。萌香がきれいだと言っていたのは、ネイルを取ったあとの爪のことです」
「え？」
「泰子先生から、聞いてません？」
聞いてない、何も。泰子先生の名前が出てくること自体、予想外だった。
「最初はネイルをかわいいと思ったみたいで、それがきっかけだったのはたしかです。でも、えな先生がネイルを取ったあと、泰子先生がみんなに言ったんですって。えな先生の手は、働き者の手だよねって。たくさん笑って、たくさん食べて、なんでも楽しくがんばっていると、えな先生みたいにきれいな爪になるよ。大人になってから、爪に色を塗ってオシャレしたいなと思ったとき、元気な爪だったら素敵だよって」

そう言い放つと、今度は汚いものを捨てるように私の手をはらう。
「添島瑠々ちゃんのお母さんから苦情がきてるのよ。あなたのせいで、瑠々ちゃんが爪にマジックを塗って困るって。あなた、子どもたちに、お店に行かなくても自分で簡単にできるって言ったらしいわね。どうしてそんなけしかけるようなことするの」
そういえばさっき、瑠々ちゃんのお母さんとすれ違った。私が挨拶したら、ふいっと顔をそむけられたっけ。彼女がよく着ているボーダーシャツの後ろ姿を私は思い出す。
「けしかけたわけじゃ……」
「言い訳しないで。他のお母さんたちだって気づいてるわよ。あなただけじゃなくて園全体の印象が悪くなるのよ？」
2私は奥歯をかみしめた。そんなふうに頭ごなしで私が悪いと断定されたら何も言えない。黙っていると、泰子先生は勝手に話を進めていく。
「仕事が終わったら彼氏とデートとかでオシャレしたいんだろうけど、仕事は仕事、プライベートはプライベートできっちり分けないとだめよ」
違う。ぜんぜん違う、違います。3否定しようとして、やめた。泰子先生は常に自分が正解なんだろう。話しても無駄な気がした。
私だって、自分なりに一生懸命仕事に取り組んでいる。でも、私がどうしてネイルを取らなかったか、その「理由」をどう説明すればいいのかわからなかったし、私にはそれが正解なのかも自信がなかった。
「とにかく、ネイルは取りなさい」
「……わかりました」
やっとのことでそれだけ言い、私はぎゅうっと拳を握った。ピンクの爪を隠すみたいに。
萌香ちゃんが退園すると園長から聞かされたのは、十月も半ばに差しかかったころだ。
お父さんの急な転勤で、来週には引っ越しするという。
「えな先生」
お迎えのとき、萌香ちゃんのお母さんから呼び止められた。普段口数が少なくて控えめな彼女から、声をかけられたのは初めてだった。
「萌香がお世話になりました」
「……萌香ちゃん、お引っ越ししちゃうんですね」
「ええ」

えていないのを確認すると私は、「ありがとう」と小さく言って笑いかけ、急いでコップをテーブルに置いた。

萌香ちゃんの隣に座っていた、きのこ頭の拓海くんが（　Ａ　）に言う。

「僕のおかあさんもやってるよ。爪にお絵かきしてくれるお店があるんでしょ」

それを受けて、向かいにいた瑠々ちゃんも食いつくように身を乗り出し、私の指に見入った。瑠々ちゃんのきつく結んだおさげの先が牛乳に入りそうになって、私はコップをよけた。

「えな先生もお店でやってもらったの？」

瑠々ちゃんは私の指をつかむ。こうなるともう逃げられなかった。

「ううん、お店じゃなくておうちで、自分でやったよ」

「自分でできるの？」

「できるよ、簡単だよ」

私はコップを配り終え、ひきつった笑顔だけ残して退散した。

帰り際、萌香ちゃんが（　Ｂ　）とやってきて、ささやくように言った。

「えな先生、また明日もおてて見せてね」

はにかみながら私を見上げる萌香ちゃんの手を見て、１私は「あっ」と声をあげそうになった。すんでのところで、それをこらえる。

「……うん、明日ね」

翌日も、その次の日も、私はネイルをつけたまま出勤した。

「事務室に来て」

閉園のあと、片づけをしていたら泰子先生が私の耳元でぼそりと言った。金曜日の夕方のことだ。同僚数人から心配と好奇の混ざった視線で見送られつつ、私は泰子先生の後についていった。

泰子先生は勤続十五年のベテランで、「化粧をしない先生」だ。眉毛さえ描かない。いつも高圧的で、私は最初からなんとなく彼女に好かれていないだろうなと感じていた。事務室でふたりになり、ドアを閉めると泰子先生は言った。

「あなたねぇ、手、見せてごらんなさいよ」

前置きもなく、第一声、それだった。言われるまま右手を差し出すと、泰子先生は乱暴に私の指をつかんだ。

「何考えてるの、ネイルなんかして！」

問八 □にあてはまる二字の熟語として最も適当なものを次から選び、記号で答えなさい。
ア 経済　イ 感覚　ウ 技術　エ 教育　オ 機械

問九 文章の内容から読み取れることとしてふさわしくないものを次から選び、記号で答えなさい。
ア バイオマスエネルギーも環境にやさしいエネルギーの一つである。
イ セルロース・ナノファイバーとは、髪の毛一万分の一ほどの細さに加工した木である。
ウ 山が荒れたままにしておくと人間も暮らしていけなくなってしまう。
エ 分収林あるいは植え分けとは、木を伐採したときの売上金を渡す約束で土地を借りることである。
オ かつての「学校林」は、地域や学校区の人々の寄付などで建設することが多かった。

二 次の文章を読んで、あとの問いに答えなさい。

先週の火曜日のことだ。
九月の三連休に中学の同窓会があって、私は久しぶりに塗ったネイルをオフするのを忘れて出勤してしまった。短大卒業後幼稚園教諭の仕事に就いて一年半になる。ちょっと気がゆるんでいたのかもしれない。
一応、ネイル禁止という規則はない。でもそれはなんとなく暗黙のルールになっていて、ネイルはおろか化粧もしてこない先生もいる。
ネイルの色はピンクだった。今日だけ、ごまかして過ごそう。先生や園児の視界に手がなるべく入らないよう心がけながら、私は午前中を乗り切った。
お弁当の時間だった。私が牛乳の入ったコップを配っているとき、萌香ちゃんが「わあ」と声をあげた。
「えな先生、おててキレイ」
はっと手をひっこめようとしたがそうもいかない。配らなければならない牛乳のコップがまだトレイに載っていた。他の先生に聞こ

問一　━━線１「二〇一四年に、一〇年後に国内の木材自給率を五〇パーセントにすることを目標に立てました」とありますが、この理由としてふさわしくないものを次から選び、記号で答えなさい。

ア　新興国で木材の需要が増え、安い外材が日本に十分に入ってこなくなったから。
イ　大規模な製材や合板の工場が稼働できなくなり、林業に関連したほかの分野へも影響が出てくるから。
ウ　戦後に植林された人工林の多くが、現在利用可能な時期になってきたから。
エ　ＣＬＴや不燃材料など、新たな商品を開発することによって、国産材の利用を増やしたいから。
オ　環境にやさしいエネルギーとして、太陽光や風力・水力などが注目を集めているから。

問二　━━線２「特に注目をあびている」とありますが、なぜですか。文章中の言葉を使って四十字以内で書きなさい。

問三　（Ａ）から（Ｄ）にあてはまる言葉として最も適当なものを次から選び、記号で答えなさい。ただし、同じ記号を二度使うことはできません。

ア　ですから　　イ　また　　ウ　しかし　　エ　では　　オ　たとえば

問四　━━線３「国が補助金を出す」とありますが、これと同じ意味を表す部分を文章中から九字で探して、書きぬきなさい。

問五　━━線４「国産材」とありますが、この対義語を文章中から二字で探して、書きぬきなさい。

問六　━━線５「伐りっぱなしの山を増やすことになり」とありますが、なぜですか。文章中から一文で探して、初めの五字を書きぬきなさい。

問七　━━線６「スギやヒノキ、カラマツを中心とした人工林です」とありますが、なぜですか。文章中の言葉を使って四十字以内で書きなさい。

（Ｂ）、4国産材の使いみちが増えたことで、今度は5伐りっぱなしの山を増やすことになり、一層の森林荒廃につながるのではないかといった心配もあります。

（Ｃ）、山が荒れたままにしておいてもいいものでしょうか。そんなことはありません。前にも述べたように、森林が荒廃してしまえば、人間も暮らしていけなくなってしまうからです。

私は、これからは木材や燃料としての木の価値を考えるだけではなく、森林がもたらすそのほかの多くの機能を生かしていくことが大切だと考えています。森林が私たちの生活に果たしている役割を広く知ってもらい、国民に理解してもらって、国の資金を投入するといったことが必要な時期にきているのではないかと思います。

現在、日本の森林は、およそ二五〇〇万ヘクタールあります。そのうちの約四割にあたる一〇〇〇万ヘクタールほどが6スギやヒノキ、カラマツを中心とした人工林です。これは、木を植えた当時は木材の価値が高かったので、木はいずれお金になると考えて、みんなが一生懸命に植えた結果です。土地を持っていない人も、土地を借りて植林し、伐採したときに売上金の半分を土地の所有者に渡すといった取り決めをして、木を植えました（「分収林」あるいは「植え分け」といいます）。

（Ｄ）、かつては小学校や中学校でも「学校林」といって山林を所有していました。現在では、学校は、市町村などがお金を全額負担して建てますが、一九六〇年ごろまでは、地域や学校区の人々の寄付などで建設することが多かったため、学校林を伐採して建設資金にあてたわけです。

このように、人の心はどうしても□的な価値があればそちらの方向に移ってしまう傾向があります。したがって、あまりお金にならない今の林業は悲惨な状況にあります。しかし、お金にならなくてもやらなければならない仕事もあるのです。

（田中惣次『本当はすごい森の話』より）

二〇二二年度 埼玉栄中学校

【国語】〈第一回試験〉（五〇分）〈満点：一〇〇点〉

《注意》字数制限のある問題では、句読点（。や、）符号（「」など）も一字と数えます。

一 次の文章を読んで、あとの問いに答えなさい。

一方国では、1二〇一四年に、一〇年後に国内の木材自給率を五〇パーセントにすることを目標に立てました。これは一つの理由として、それまで木材をあまり使わなかった新興国といわれる国々（中国、韓国、台湾など）で木材の需要が増えたため、今までのように安い外材が日本に十分に入ってこなくなったからです。国産材を使わなければ、今まで国が推し進めてきた大規模な製材や合板の工場（木材を加工する工場）が稼働できなくなり、林業だけではなく、林業に関連したほかの分野へも影響が出てくるからです。さらに、戦後に植林された人工林の多くが、現在利用可能な時期になってきたということもあります。

また、近年は、CLT（板を各層で交差するように重ねて接着したパネル板のこと。壁や床などに使われる）や不燃材料（燃えにくく加工した木材）など、新たな商品を開発することによって、国産材をたくさん使ってもらおうという動きもさかんです。また、環境にやさしいエネルギーとして、太陽光や風力・水力などとともに、木材を中心としたバイオマスエネルギーも注目を集めています。

2特に注目をあびているのが、木を細かく砕いて、髪の毛の一万分の一ほどの細さにしたものをからみ合わせて作る、セルロース・ナノファイバーという素材です。強度は鉄の数倍で重さは軽く、自動車や飛行機、タイヤ、ガラス、コンクリートと、さまざまなものに使えるという革命的な素材です。

（Ａ）、森林を所有している者にとっては、いくら国産材の需要が増え、3国が補助金を出す制度があるといっても、現在の木材価格のままでは、伐採したあとにふたたび植林するのはやはり難しいといえます。木を植えて育てるには長い年月と手間とお金がかかるため、これから新たに木を植えても、植えれば植えるだけ経費がかかって損をしてしまうからです。

2022年度

埼玉栄中学校 ▶解説と解答

算 数 ＜第１回試験＞（50分）＜満点：100点＞

解 答

1 (1) 790 (2) 26 (3) $\frac{32}{105}$ (4) 30 (5) $\frac{1}{15}$ (6) 214 2 (1) 50個 (2) ① 10人以上32人以下 ② 13人以上38人以下 (3) ① $\frac{2}{9}$ ② $\frac{4}{27}$ ③ １番目 (4) ７時$5\frac{5}{11}$分 3 (1) ① 辺CD ② 11回 (2) ① 2.5cm ② 5 cm (3) 175.84cm^3 4 (1) ５通り (2) （例） どの数字も前の２つの数字を足した数字になっている。

解 説

1 計算のくふう，四則計算，逆算

(1) $61+65+69+73+77+81+85+89+93+97=(61+97)+(65+93)+(69+89)+(73+85)+(77+81)=158+158+158+158+158=158\times5=790$

(2) $9+(4\times14-5)\div3=9+(56-5)\div3=9+51\div3=9+17=26$

(3) $1\frac{1}{3}+2\frac{2}{5}-3\frac{3}{7}=1\frac{35}{105}+2\frac{42}{105}-3\frac{45}{105}=3\frac{77}{105}-3\frac{45}{105}=\frac{32}{105}$

(4) $30-3\times(61-43)\div9+6=30-3\times18\div9+6=30-54\div9+6=30-6+6=30$

(5) $\frac{1}{A\times B}=\frac{1}{A}-\frac{1}{B}$となることを利用すると，$\frac{1}{6\times7}+\frac{1}{7\times8}+\frac{1}{8\times9}+\frac{1}{9\times10}=\left(\frac{1}{6}-\frac{1}{7}\right)+\left(\frac{1}{7}-\frac{1}{8}\right)+\left(\frac{1}{8}-\frac{1}{9}\right)+\left(\frac{1}{9}-\frac{1}{10}\right)=\frac{1}{6}-\frac{1}{7}+\frac{1}{7}-\frac{1}{8}+\frac{1}{8}-\frac{1}{9}+\frac{1}{9}-\frac{1}{10}=\frac{1}{6}-\frac{1}{10}=\frac{5}{30}-\frac{3}{30}=\frac{2}{30}=\frac{1}{15}$

(6) $\{(\square\times2+82)\times2-9\}\times2=2022$より，$(\square\times2+82)\times2-9=2022\div2=1011$，$(\square\times2+82)\times2=1011+9=1020$，$\square\times2+82=1020\div2=510$，$\square\times2=510-82=428$ よって，$\square=428\div2=214$

2 倍数，集まり，割合，時計算

(1) １から100までの整数のうち，３の倍数は，100÷３＝33あまり１より，33個あり，４の倍数は，100÷４＝25(個)ある。これらを合わせると，33＋25＝58(個)となるが，これは３の倍数でも４の倍数でもある数を２回数えた個数である。３の倍数でも４の倍数でもある数は，３と４の公倍数である12の倍数で，１から100までに，100÷12＝８あまり４より，８個ある。よって，１から100までのうち，３の倍数または４の倍数である数は，58－８＝50(個)ある。

(2) ① １問目と２問目の両方を正解した人の人数がもっとも少なくなるのは，70人全員が１問目または２問目を正解した場合である。このとき，両方の問題を正解した人数は，(48＋32)－70＝10(人)である。また，両方を正解した人がもっとも多くなるのは，２問目を正解した32人が，全員１問目も正解している場合だから，その人数は32人とわかる。したがって，両方を正解した人は10人以上32人以下である。 ② ２問目と３問目の両方が不正解だった人数がもっとも少なくなるのは，２問目または３問目のどちらか一方を正解した人数がもっとも多くなるとき，つまり，両方を正解した人が１人もいないときだから，その人数は，70－(32＋25)＝13(人)とわかる。また，両方が不正解だった人数がもっとも多くなるのは，２問目または３問目を正解した人数がもっとも少ないときである。そのとき，２問目を正解した32人の中に，３問目を正解した25人全員がふくまれるから，その人数は，70－32＝38(人)とわかる。以上より，両方が不正解だった人は，13人以上38人以下である。

(3)　①　ピザ全体の量を$\boxed{1}$とすると，１番目の人は$\boxed{\frac{1}{3}}$がもらえるので，残りは，$\boxed{1}-\boxed{\frac{1}{3}}=\boxed{\frac{2}{3}}$になる。すると，２番目の人は$\boxed{\frac{2}{3}}$の$\frac{1}{3}$がもらえるので，$\boxed{\frac{2}{3}}\times\frac{1}{3}=\boxed{\frac{2}{9}}$がもらえる。つまり，全体の，$\frac{2}{9}\div 1=\frac{2}{9}$がもらえる。　②　２番目の人がもらった後の残りは，$\boxed{\frac{2}{3}}-\boxed{\frac{2}{9}}=\boxed{\frac{4}{9}}$で，３番目の人は，この$\frac{1}{3}$をもらえるから，$\boxed{\frac{4}{9}}\times\frac{1}{3}=\boxed{\frac{4}{27}}$がもらえる。つまり，全体の，$\frac{4}{27}\div 1=\frac{4}{27}$がもらえる。

③　１番目，２番目，３番目の人がもらえる量は，それぞれ全体の，$\frac{1}{3}=\frac{9}{27}$，$\frac{2}{9}=\frac{6}{27}$，$\frac{4}{27}$だから，４番目の人は全体の，$1-\frac{9}{27}-\frac{6}{27}-\frac{4}{27}=\frac{8}{27}$がもらえる。よって，$\frac{4}{27}<\frac{6}{27}<\frac{8}{27}<\frac{9}{27}$より，もっとも多くもらえるのは，１番目の人とわかる。

(4)　時計の数字と数字の間１つ分の角度は，360÷12＝30(度)なので，右の図の長針と短針のつくる角度は，30×５＝150(度)になる。また，長針と短針が反対向きに一直線になるのは，図の状態から長針が短針よりも，180－150＝30(度)多く進むときである。長針は１分間に，360÷60＝６(度)，短針は１分間に，30÷60＝0.5(度)進むから，１分間に長針は短針よりも，６－0.5＝5.5(度)多く進む。よって，７時から８時の間で，長針と短針が反対向きに一直線になるのは，図の状態から，$30\div 5.5=\frac{60}{11}=5\frac{5}{11}$(分後)なので，７時$5\frac{5}{11}$分とわかる。

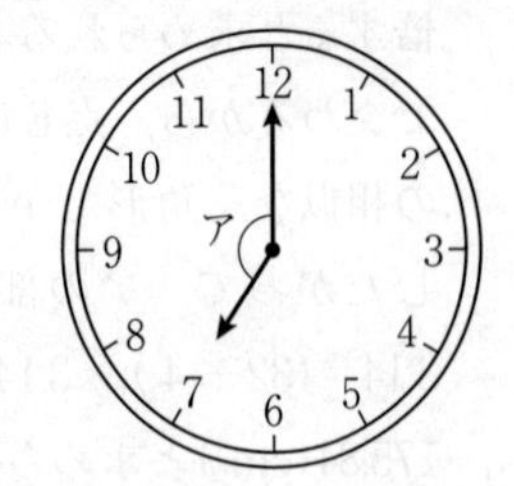

3　平面図形，立体図形―点の移動，長さ，体積

(1)　①　右の図１で，AEとADの長さは５cmで等しいから，三角形ADEは直角二等辺三角形となり，アの角度は45度になる。よって，イの角度も45度になり，この後，ボールはつねに，45度の角度で辺に当たり，跳(は)ね返る。よって，２回目以降の反射のようすを表すと図１のようになるから，３回目に反射するのは辺CDとわかる。　②　右下の図２のようにDEを延長して考える。ボールが発射されたあとはじめてたどり着いた頂点をＦとすると，AFは，AD：AE＝５：５＝１：１より，長方形ABCDを縦と横の長さが１：１になるようにしきつめてできる大きな正方形の対角線となる。長方形ABCDは，縦の長さが５cm，横の長さが８cmだから，しきつめたときにできる大きな正方形の１辺の長さは，もとの長方形の縦と横の長さの最小公倍数の40cmとなり，長方形ABCDを縦に，40÷５＝８(個)，横に，40÷８＝５(個)並べた形になる。このとき，ボールは矢印と直線が交わったと

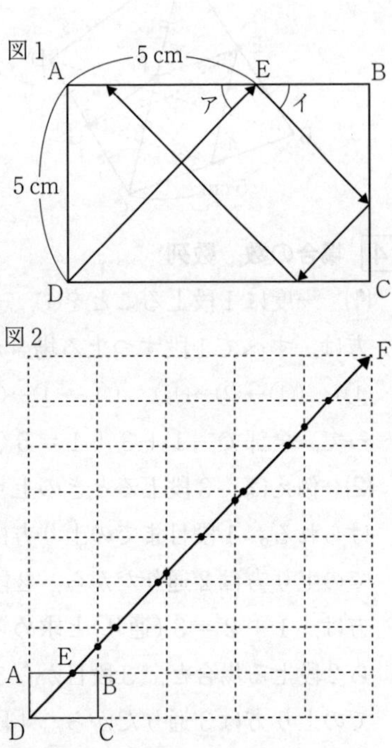

ころで反射するので，11回反射したとわかる。

(2) ① 三角錐(すい)の点Ａ～Ｇの位置関係は下の図３のようになる。点Ｅと点Ｆはそれぞれ辺AB，辺ACの中点だから，三角形AEFと三角形ABCは相似になり，その相似比は１：２である。したがって，直線EFの長さは辺BCの長さの半分だから，$5\times\frac{1}{2}=2.5$(cm)と求められる。 ② 点Ｅから点Ｇまで最短で移動する経路は，図３のアのように，辺ACを横切る場合，イのように，辺BCを横切る場合，ウのように，辺BDを横切る場合が考えられる。たとえば，辺ACを横切る場合，最短となるのは，下の図４のように展開図で表したとき，経路が点Ｅから点Ｇまで一直線になる場合である。このとき，直線EGは点Ｆを通り，EFとFGの長さは等しいので，直線EGの長さはEFの２倍となり，$2.5\times2=5$(cm)とわかる。なお，辺BC，辺BDを横切る場合も同様に，最短の経路は，展開図で表したとき，それぞれ横切る辺の真ん中の点を通る直線になり，その長さは，辺ACを横切る場合と同じで，５cmとなる。

(3) 問題文の図の平行四辺形を１回転させると，下の図５のような円錐を２つ合わせた形の立体ができ，この立体の体積は，図５のアの部分(大きな円錐から小さな円錐を切り取った形)の体積を２倍すると求められる。図５で，四角形ABCDは長方形で，長方形の対角線はそれぞれの真ん中の点で交わるから，点ＥはACの中点とわかる。よって，三角形AFEと三角形ABCは，相似比が１：２の相似な三角形だから，FEの長さは，$4\times\frac{1}{2}=2$(cm)，AFの長さは，$6\times\frac{1}{2}=3$(cm)となる。したがって，アの部分の体積は，$4\times4\times3.14\times6\div3-2\times2\times3.14\times3\div3=32\times3.14-4\times3.14=(32-4)\times3.14=28\times3.14$($cm^3$)だから，図５の立体の体積は，$28\times3.14\times2=56\times3.14=175.84$($cm^3$)と求められる。

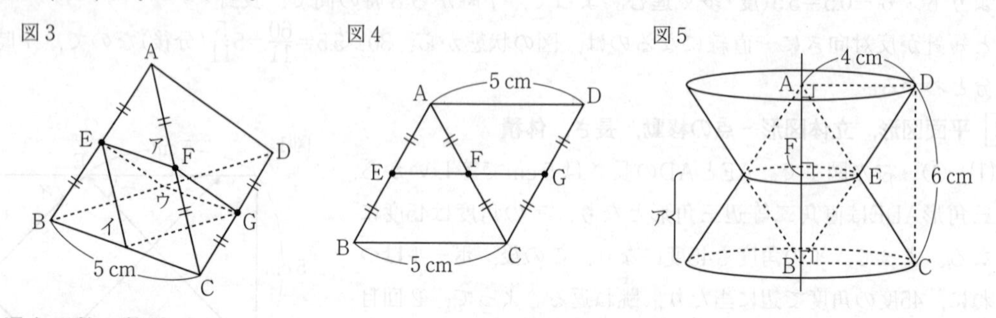

4 場合の数，数列

(1) 一度に１段上ることを①，一度に２段上ることを②と表すことにすると，４段上るときの上り方は，すべて１段ずつ上る場合が(①→①→①→①)の１通り，１回だけ２段上る場合が(②→①→①)，(①→②→①)，(①→①→②)の３通り，２段ずつ２回上る場合が(②→②)の１通りある。よって，全部で，$1+3+1=5$(通り)ある。

(2) 例えば，３段上るときの上り方は，１段目から２段上る場合と，２段目から１段上る場合に分けられる。１段目までの上り方は１通りだから，１段目から２段上る場合も１通りあり，２段目までの上り方は２通りだから，２段目から１段上る場合も２通りある。よって，３段上るときの上り方は，$1+2=3$(通り)と求められる。同じように考えると，４段上るときの上り方は，２段目から２段上る場合と，３段目から１段上る場合に分けられ，２段目までの上り方は２通り，３段目までの上り方は３通りだから，４段上るときの上り方は，$2+3=5$(通り)と求められる。このように，ある段数を上るときの上り方の数は，それより２つ少ない段数と１つ少ない段数の上り方の和になる。よって，並べた数の列には，「３番目以降の数字は，前の２つの数字を足した数字になる」という規則がある。

社　会　＜第１回試験＞（理科と合わせて50分）＜満点：50点＞

解答

[1] 問１　１　ウ　　２　イ　　問２　ア，エ，カ　　問３　①　エ　②　ア　　問４　イ　問５　イ　　問６　エ　　問７　①　ア　②　エ　　[2] 問１　①　A　ウ　　B　ア　②　イ　　問２　①　エ　②　福井県…イ　　滋賀県…ア　　問３　ウ(オ)　　問４　(例)　電線をなくした。　　問５　１　赤潮　　２　外来種　　[3] 問１　①　ウ　②　イ　　問２　教育　　問３　ウ　　問４　エ

解説

[1] 各時代の歴史的なことがらについての問題

問１　１　1492年，イタリアの航海者コロンブスはスペインを出航して大西洋を横断し，南北アメリカ大陸の間に浮かぶ西インド諸島に到達した。当時，ヨーロッパの人々はアメリカ大陸の存在を知らなかったので，ヨーロッパを出て大西洋を横断すればインドに到達できると考えていた。したがって，コロンブスが到達した地点は西インド諸島とよばれるようになり，コロンブスも最後までそこがインドだと信じていた。　２　1519年，ポルトガルの航海者マゼランは，スペインから出航して大西洋を南西に進み，南アメリカ大陸南端の海峡(現在のマゼラン海峡。海峡を発見したマゼランの名から名付けられた。)を通って太平洋に入った。その後フィリピンに到達したが，マゼランはこの地で命を落とした。残された部下が残りの航海を引き継ぎ，スペインに帰国したことで，史上初めての世界一周が達成されるとともに，地球が球体であることが証明された。なお，バスコ＝ダ＝ガマはアフリカ大陸南端の喜望峰をまわってインド航路を開いたポルトガルの航海者，マルコ＝ポーロは陸路で元(中国)に到達したイタリアの旅行家で，旅の記録を『東方見聞録(世界の記述)』として残している。

問２　アは1582年，イは1467～77年，ウは1333年，エは1573年，オは672年，カは1600年のできごとである。なお，1519年は日本では戦国時代にあたる。

問３　①　1543年，種子島(鹿児島県)に漂着した中国船に乗っていたポルトガル人によって，日本に鉄砲(火縄銃)が伝えられた。ちょうど日本が戦国時代であったため，新兵器の鉄砲は急速に普及し，戦法や築城法に大きな影響をあたえた。また，堺(大阪府)や国友(滋賀県)など，国内でも鉄砲が生産されるようになった。　②　1575年の長篠の戦いでは，織田信長と徳川家康の連合軍が3000丁ともいわれる数の鉄砲を有効に用いて，当時最強といわれた武田勝頼の騎馬隊をうちやぶった。したがって，アが鉄砲伝来後に起こった戦いとして正しい。なお，イとウは平安時代末に起こった源平の戦いで，どちらも1185年のできごと。エは日本が唐(中国)・新羅の連合軍に敗れた戦いで，飛鳥時代の663年に起こった。

問４　1549年，鹿児島に上陸したスペイン人宣教師フランシスコ＝ザビエルによって，日本にキリスト教が伝えられた。ザビエルは中国地方と九州地方を中心に布教活動を行い，２年後に日本を離

れた。なお，ルイス＝フロイスは1563年に来日したポルトガル人宣教師で，織田信長の保護を受けて日本で布教活動を行った。マテオ＝リッチはイタリア人宣教師，フェルビーストはベルギー人宣教師で，ともに中国で活動した。４人とも，イエズス会というカトリック修道会の宣教師である。

問５　1576年，織田信長は天下統一の拠点とするため，琵琶湖（滋賀県）の東岸に，五層七階の壮大な天守閣を持つ安土城の建設を始めた。城は1579年に完成したが，1582年の本能寺の変で信長が倒されたのち，焼失した。なお，徳川家康は江戸幕府初代将軍で，江戸城を居城とし，幕府を開いた。足利義満は室町幕府の３代将軍で，「花の御所」とよばれる邸宅を京都室町に，金閣を京都北山につくったことで知られる。豊臣秀吉は，信長の後を継いで天下統一を成し遂げた戦国武将で，一向宗の根拠地であった石山本願寺跡に大阪（大坂）城を築いた。

問６　豊臣秀吉は全国に役人を派遣し，太閤検地を始めた。太閤検地では，それまで統一されていなかったものさしやますが全国で統一され，田畑の調査が行われた。田畑や屋敷地の面積が測量され，土地の等級や収穫高（石高）などとともに耕作者が年貢納入の責任者として検地帳に記された。これによって，土地の耕作者は土地を保証されるかわりに年貢負担を義務づけられた。また，1588年には刀狩令を出して一揆を防ぎ，兵農分離を進めた。さらに1590年に小田原の北条氏を倒して全国統一をはたすと，明（中国）の征服をくわだて，朝鮮にその先導役を務めるよう求めた。しかし，朝鮮がこれを断ったため，文禄の役（1592～93年）と慶長の役（1597～98年）の二度にわたって朝鮮出兵を行った。朝鮮出兵は1598年に秀吉が亡くなったため兵が引き上げられ，失敗に終わった。

問７　①　織田信長や豊臣秀吉が政権を握り，天下統一事業を進めた時代を安土桃山時代といい，この時代には，豪華で雄大なことを特徴とする桃山文化が栄えた。なお，国風文化は平安時代，化政文化は江戸時代後半，天平文化は奈良時代に栄えた文化である。　②　エの姫路城は桃山文化を代表する城で，池田輝政によって大改修工事が行われ，写真のような姿になった。その白壁の美しさから「白鷺城」ともよばれ，桃山文化だけでなく，日本を代表する城郭建築として，1993年にユネスコ（国連教育科学文化機関）の世界文化遺産に登録された。なお，アは龍安寺石庭（京都府），ウは銀閣（京都府）で，いずれも室町時代に栄えた東山文化を代表する文化財，イは東大寺正倉院（奈良県）で，天平文化を代表する文化財である。

２　近畿地方の特徴や産業についての問題

問１　①　**A，B**　資料Aは法隆寺の金堂と五重塔である。７世紀初めの607年に推古天皇と聖徳太子が用明天皇のために建てた寺院で，斑鳩寺ともよばれる。落雷がもとになった火災で焼失したとされており，現在のものは670年以降に再建されたものであるが，それでも世界最古の木造建築として，1993年にユネスコの世界文化遺産に登録された。また，資料Bは高野山にある金剛峯寺の大門である。金剛峯寺は平安時代に空海が開いた真言宗の総本山となっており，高野山は2004年に「紀伊山地の霊場と参詣道」の１つとして，世界文化遺産に登録された。なお，資料Cは姫路城，資料Dは大仙（大山）古墳で，それぞれエとイが説明している。　②　資料Aは奈良県，資料Bは和歌山県，資料Cは兵庫県，資料Dは大阪府にある文化遺産である。

問２　①　ア　総面積の割合上位３府県は，26.6％の兵庫県，15.0％の和歌山県，14.6％の京都府なので，福井県が誤っている。　イ　総人口の割合は，和歌山県ではなく3.6％の福井県が最も低い。　ウ　域内総生産第１位の大阪府の割合は44.9％，第２位の兵庫県の割合は23.9％なので，44.9÷23.9＝1.8…より，大阪府の割合は兵庫県の割合の２倍に満たない。　エ，オ　人口密度は，

(面積)÷(人口)で求められ，せまい地域に多くの人がいるほど人口密度は高くなる。よって，大阪府は総面積の割合が最も低く，総人口の割合が最も高いので，人口密度が最も高いと判断できる。一方，総面積の割合が奈良県よりも高い和歌山県と福井県のほうが，総人口の割合では奈良県より低いので，この２県のほうが奈良県よりも人口密度が低いとわかる。　② 福井県の鯖江市では，眼鏡フレームの生産が地場産業として発展しており，福井県の眼鏡フレームの生産量は全国の90%以上を占めている。よって，福井県の説明にはイがあてはまる。本州・四国・九州のほぼ中央に位置する滋賀県は，大きな街道が交わる交通の要所となってきた。全国有数の内陸工業県で，県内総生産に占める製造業の割合は，全国で最も高い。よって，滋賀県の説明にはアがあてはまる。なお，全国を８つの地方に分類した場合，一般に福井県は近畿地方ではなく中部地方に分類される。統計資料は『データでみる県勢』2021年版などによる。

問３　国際線旅行者のうち日本国籍を持つ人は，2011年から2012年に増加したあと2012年から2015年にかけては減少し続けたが，その後2019年まで再び増加し続けている。よって，ウが正しくない。また，2011年から2019年までの間で，国際線旅行者のうち日本国籍を持つ人の人数が最も多かったのは2019年の794万人なので，オも正しくない。

問４　２つの写真を比べると，1990年代の写真には電柱や電線が見られるが，2002年の写真にはこれらがなくなっていることがわかる。京都市では，景観を重視した道路と防災を重視した道路に分けて無電柱化が進められ，観光地として国内外から多くの旅行者が訪れる京都市祇園の花見小路(通)は，景観の面から無電柱化が行われた。なお，「無電柱化の推進に関する法律」が2016年に成立したことで，京都だけでなく各地で無電柱化が進められるようになった。無電柱化の利点としては，景観がよくなること，道路が広くなって通行しやすくなること，地震で電柱が倒れて交通をさまたげたり建物を壊したりしなくなることなどがあげられる。

問５　**１**　生活用水の流入などによって海や湖の水が富栄養化すると，水中のプランクトンが急激に増えて水面が赤く見える赤潮や，藻が大量発生して水面が緑色ににごるアオコが発生することがある。琵琶湖では，付近の開発などによって工場廃水や生活排水が流れこむようになり，1977年に大規模な赤潮が発生した。そのため，滋賀県は1979年に「滋賀県琵琶湖の富栄養化の防止に関する条例」(琵琶湖条例)を定め，リンをふくむ合成洗剤の使用禁止や，工場廃水にふくまれるリンやチッ素の量を厳しく規制した。　**２**　もともとその地域にいなかったのに，人間の活動によって持ちこまれた生物種のことを，外来種という。なかには生態系や経済に大きな影響をあたえる種もあり，環境問題の１つとして扱われる。琵琶湖では，ブルーギルやオオクチバスなど４種の魚を「有害外来魚」に指定し，駆除の対象としている。

3 日本国憲法についての問題

問１　①，②　生存権とは，すべての人が人間らしく生きるためにふさわしい生活をする権利であり，その保障を国に求める権利である。日本国憲法は生存権について第25条１項で，「すべて国民は，健康で文化的な最低限度の生活を営む権利を有する。」と規定している。また，２項では国に対して，社会福祉や社会保障，公衆衛生の向上と増進に努めることを義務づけている。

問２　日本国憲法は第26条で，「すべて国民は，法律の定めるところにより，その能力に応じて，ひとしく教育を受ける権利を有する。」とし，社会権の１つとして教育を受ける権利を保障している。

問３　社会権のうち，労働組合をつくる権利を団結権，労働組合をつくって使用者と交渉(こうしょう)する権利を団体交渉権，ストライキなどの団体行動をする権利を団体行動権という。これら３つの権利は合わせて労働三権とよばれ，日本国憲法第28条で保障されている。なお，請願権とは，国や地方公共団体に対しておだやかな方法で希望や苦情などさまざまな要望を申し出る権利である。これは，日本国憲法第16条によって保障されている。

問４　社会権は，すべての人が人間らしく生きるために重要な権利であり，国家の積極的な介入(かいにゅう)による保障が必要な権利である。国家からの自由を保障する自由権や平等権を求める動きよりもあとから主張されるようになり，1919年にドイツで制定されたワイマール憲法において初めて規定された。このことから，20世紀的基本権とよばれることもある。したがって，エが誤っている。

理　科　＜第１回試験＞（社会と合わせて50分）＜満点：50点＞

解　答

1　**問１**　ア，ウ　**問２**　95ｇ　**問３**　受粉　**問４**　へん西風　**問５**　ウ　2　**問１**　ウ　**問２**　くっ折　**問３**　エ　**問４**　とつレンズ　**問５**　（例）　レンズの軸に平行に進む。　3　**問１**　ア　**問２**　エ　**問３**　石灰岩　**問４**　イ　**問５**　15Ｌ　4　**問１**　エ，キ　**問２**　ウ　**問３**　Ａ　たいばん　Ｂ　へそのお　**問４**　（例）　しょうげきからたい児を守る。　5　**問１**　こう星　**問２**　エ　**問３**　ア　**問４**　15　**問５**　ウ

解　説

1　小問集合

問１　モノコードで高い音が出るのは，モノコードの弦(げん)の長さを短くしたときや弦のはり方を強くしたとき，弦の太さを細くしたときなどである。弦のはじき方だけを強くしたときは，音の高さは変わらずに，音の大きさが大きくなる。

問２　つくりたい食塩水は，食塩の割合が５％だから，水の割合を，100－５＝95(％)にすればよい。したがって，必要な水の重さは，$100\times\frac{95}{100}=95$(ｇ)と求められる。

問３　おしべの花粉が，めしべの柱頭につくことを受粉という。なお，花粉がこん虫によって運ばれる花を虫ばい花，花粉が風で運ばれる花を風ばい花とよぶ。

問４　日本上空では，西から東へとへん西風がふいている。そのため，日本付近の天気は，西から東へと移り変わることが多い。

問５　密閉して水や空気をおしたとき，水はおし縮めることができないので体積が変化しないが，空気はおし縮めることができるため体積が小さくなる。

2　光についての問題

問１　鏡で光が反射する点から鏡に垂直な線を引いたとき，その線と入射する光がつくる角を入射角といい，同様に反射する光がつくる角を反射角という。光が反射するときは，入射角の大きさと反射角の大きさが等しくなるので，ウのように進む。

問２　光が空気中から水中に進むときのように，性質のちがう物質を通るときは，物質の境界で光

が折れ曲がることがあり，これをくっ折という。

問３　物質の境界面で光がくっ折する点から境界面に垂直に引いた線と，入射する光がつくる角を入射角といい，同様にくっ折する光がつくる角をくっ折角という。光が，水中から空気中に進むときは，入射角よりもくっ折角のほうが大きくなるので，エのように水面に近づくようにくっ折する。

問４　中央が厚く，まわりがうすいレンズをとつレンズという。とつレンズに対して垂直に平行光線をあてると，光は１点に集まる。この点を焦点という。

問５　とつレンズの中心と焦点を通る直線は，レンズの軸(光軸)とよばれる。とつレンズの焦点から照射した光は，とつレンズを通ったあと，レンズの軸と平行に進む。

３　気体についての問題

問１　ヒトのはく息には，ちっ素が約78%，酸素が約16%，二酸化炭素が約５%含まれる。なお，酸素の割合は，吸う息よりもはく息のほうが小さく，二酸化炭素や水蒸気の割合は，吸う息よりもはく息のほうが大きい。

問２　水素や酸素，ちっ素などは水に溶けにくいが，アンモニアや塩化水素などは二酸化炭素よりも水に溶けやすい。

問３　石灰岩は，貝がらなどが海底でおし固められてできる。石灰岩にうすい塩酸をかけると，二酸化炭素が発生する。

問４　二酸化炭素は，空気より重く，水に少し溶ける気体で，アの下方置換法のほかに，ウの水上置換法でも集めることができる。イの上方置換法は，水に溶けやすく，空気よりも軽い気体を集めるのに適している。

問５　ドライアイスは１cm^3あたり1.5ｇなので，ドライアイス30ｇの体積は，30÷1.5＝20(cm^3)となる。固体のドライアイスから気体の二酸化炭素になると体積は約750倍に増えると述べられていることから，このドライアイスが二酸化炭素になったときの体積は，20×750＝15000(cm^3)とわかる。つまり，１Ｌは1000cm^3より，15000÷1000＝15(Ｌ)である。

４　ヒトの誕生についての問題

問１　ヒトの卵の大きさは約0.14mmで，女性の体の卵巣でつくられる。一方，ヒトの精子の大きさは約0.05mmで，男性の体の精巣でつくられる。

問２　たい児は，受精から約40週間で生まれる。なお，生まれたばかりのたい児の身長は約50cmで，体重は約3000ｇである。

問３　Ａをたいばん，Ｂをへそのおという。たいばんでは，たい児の血液と母親の血液のあいだで，養分や酸素と，不要物や二酸化炭素の交換をしている。へそのおの中にはたい児とたいばんをつなぐ血管がある。

問４　子宮の中はＣの羊水で満たされており，羊水は外部のしょうげきからたい児を守ったり，たい児が運動できる空間をつくったりするなどのはたらきをしている。

５　星座や星についての問題

問１　太陽や星座をつくる星をつくるように，自ら光や熱を発する星をこう星という。なお，地球のように，こう星のまわりを公転する星をわく星という。

問２　地球から見たときのこう星の明るさは，こう星自身が発している光の強さだけでなく，地球からそのこう星までのきょりも関係している。

問３　夏の夜空で観察できる代表的な星には，はくちょう座のデネブ，こと座のベガ，わし座のアルタイル，さそり座のアンタレスなどがある。一方，冬の夜空で観察できる代表的な星には，オリオン座のベテルギウスやリゲル，おおいぬ座のシリウス，こいぬ座のプロキオンなどがある。アンドロメダ座は，秋の夜空で観察できる代表的な星座である。

問４　こう星は公転しないが，地球が自転しているため，見かけ上動いて見える。地球は１日で約360度自転するので，北の空の星は北極星を中心に１時間あたり約，360÷24＝15(度)回って見える。

問５　北半球では，北極星の見える高度は，その土地の緯度(いど)と等しくなるので，ウが正しい。なお，アについて，リゲルは表面温度が高いため青白い色をしている。イについて，北の空の星は，北極星を中心に反時計回りに動いて見える。エについて，星座早見を使用するときは，観察する方角が手前(下)になるように星座早見を持つ。

国　語　<第１回試験>（50分）<満点：100点>

解　答

□一 **問１**　オ　**問２**　(例)　強度は鉄の数倍で重さは軽く，さまざまなものに使えるという革命的な素材だから。　**問３**　Ａ　ウ　Ｂ　ア　Ｃ　エ　Ｄ　イ　**問４**　国の資金を投入する　**問５**　外材　**問６**　木を植えて　**問７**　(例)　当時は木材の価値が高く，いずれお金になると考えて，みんなが一生懸命に植えたから。　**問８**　ア　**問９**　オ　□二 **問１**　Ａ　エ　Ｂ　イ　Ｃ　オ　**問２**　(例)　萌香ちゃんの爪が爪噛みのせいでひどい状態だったから。　**問３**　ア　**問４**　ウ　**問５**　イ　**問６**　(例)　萌香が自分から爪噛みを直そうとしだしたこと。　**問７**　胸　**問８**　(例)　好かれていないだろうなと思っていた泰子先生から自分が認められていると知ったから。　**問９**　オ　□三 **問１**　①　イ　②　ウ　③　ア　④　エ　⑤　オ　**問２**　①　イ　②　ウ　③　ウ　④　イ　⑤　ア　□四 下記を参照のこと。

●漢字の書き取り

□四 ①　忠誠　②　鉱山　③　裁く　④　操縦　⑤　刷る　⑥　株　⑦　拝む　⑧　我先　⑨　諸国　⑩　宣伝

解　説

□一 **出典は田中惣次(たなかそうじ)の『本当はすごい森の話―林業家からのメッセージ』による。**近年，木材に新たな需要(じゅよう)が生まれている一方で，日本の林業は，戦後に植林された人工林が価値を失い，悲惨(ひさん)な状況(じょうきょう)に置かれていると述べられている。

問１　直後の段落で，日本が木材自給率を高めようとしたのは「環境(かんきょう)にやさしいエネルギーとして，太陽光や風力・水力などとともに，木材を中心としたバイオマスエネルギー」が注目を集めるようになったからだと説明されている。オはこれに合わない。

問２　同じ段落に，「強度は鉄の数倍で重さは軽く，自動車や飛行機，タイヤ，ガラス，コンクリートと，さまざまなものに使える」セルロース・ナノファイバーが，環境にやさしいバイオマス素材として「特に注目をあびている」とある。

問３　**Ａ**　国産材をたくさん使ってもらおうという動きもさかんになってはきたものの，「現在の木材価格のまま」では林業を続けることが難しいという文脈である。よって，前のことがらを受けて，それに反する内容を述べるときに用いる「しかし」が合う。　**Ｂ**「長い年月と手間とお金がかかる」林業では，木を植えれば植えるほど損をしてしまうので，「伐りっぱなしの山」が増え，結果として「一層の森林荒廃につながる」ことも考えられるというつながりである。よって，前のことがらを原因・理由として，後にその結果をつなげるときに用いる「ですから」があてはまる。

Ｃ　林業のかかえる問題点をふまえたうえで，筆者は「山が荒れたままにしておいてもいいものでしょうか」と問いかけているので，前のことがらを受けて，それをふまえながら次のことを導く働きの「では」がふさわしい。　**Ｄ**　木材の価値が高かったころにつくられた人工林として，「分収林」と「学校林」を並べているので，ことがらを並べ立てるときに用いる「また」がよい。

問４　ここでの「補助金」は，日本の林業を支えるために，国が出すお金のことをいう。よって，三つ後の段落の「国の資金を投入する」という部分がぬき出せる。

問５　日本で生産された木材をいう「国産材」の対義語は，最初の段落にある，外国から輸入された木材を意味する「外材」である。

問６　問３のＢでみたように，「長い年月と手間とお金がかかる」林業では，木を植えれば植えるほど経費がかかるので，やがて「伐りっぱなしの山」が増えてしまうと述べられている。

問７「スギやヒノキ，カラマツを中心とした人工林」が，日本の森林の四割にもおよぶのは，植林した当時は，「木材の価値が高かったので，木はいずれお金になると考えて，みんなが一生懸命に植えた」からである。

問８　空らんをふくむ一文のはじめに，「このように」とあるので直前の二つの段落に注目する。木材の価値が高かったかつての日本では，「木はいずれお金になる」と考えた人々が一生懸命に植林していたし，学校を設立するのにも所有していた山林からお金を得ていた時代があったと述べられている。つまり，「人の心」はお金になるかどうかに左右されやすいというのだから，アの「経済」が選べる。

問９　最後から二つ目の段落で，「地域や学校区の人々の寄付」によって建設されたのは「学校」だと述べられている。よって，オがふさわしくない。

二　**出典は青山美智子の『木曜日にはココアを』による。**幼稚園教諭の「私」（えな先生）は，ピンクのネイルをしたまま勤務していたが，ベテランの泰子先生にとがめられる。

問１　**Ａ**「私」の手を見て「えな先生，おててキレイ」と話す萌香ちゃんに対し，知っているとばかりに拓海くんが「僕のおかあさんもやってるよ。爪にお絵かきしてくれるお店があるんでしょ」と言ったのだから，エの「得意気」が入る。　**Ｂ**　帰り際，萌香ちゃんは「私」に「えな先生，また明日もおてて見せてね」と「ささやくように」，「はにかみながら」声をかけてきたのだから，イの「おずおず」が合う。　**Ｃ**　ネイルをつけていたことで泰子先生から注意を受けていた「私」は，意外にも爪のことで萌香ちゃんのお母さんに感謝され，とまどってしまったのだろうと考えられる。よって，オの「しどろもどろ」があてはまる。

問２　ぼう線５の直前で，萌香ちゃんのお母さんから，娘の爪は「ギザギザで伸びる間もなかった」のに先生のおかげでちゃんと揃うようになったと「私」が感謝されたことをおさえる。つまり，このとき萌香ちゃんの手を見た「私」が驚いたのは，「爪噛み」のくせがある彼女の爪が「ギザギザ」になっていたからである。

問３　「ネイルをつけたまま出勤」し続けていた意図をくみ取ろうともせず，泰子先生から頭ごなしに「悪い」と断定されたことに「私」は不満を抱いたものと想像できるので，アが選べる。

問４　「私」が泰子先生の言葉を否定しなかったのは，泰子先生は「常に自分が正解」だと思っているので，何を言ってもむだだと思ったからだということに加え，自分自身も「どう説明すればいいのかわからなかった」からだと，続く部分に描かれている。

問５　ぼう線４には，「まるで～ように」を用いた比喩の表現である「直喩」が用いられている。

問６　爪噛みのなおらなかった娘が，「私」のような「きれいな手になりたい」から「爪はもう噛まない」と言って自らやめたことに，萌香ちゃんのお母さんは感動しているのである。

問７　えな先生のおかげで娘の爪噛みがなおったと感激して声を震わせるお母さんを目の当たりにして，「私」もまた感極まったのだから，「胸がいっぱいに」なったとするのがよい。

問８　厳しかった泰子先生が，園児たちには「えな先生の手は，働き者の手だよね」と言って，自分のことを認めてくれていることがわかったので，「私」は驚いたのである。

問９　本文では会話文が多用されており，「私」や萌香ちゃん，泰子先生などの心情がわかりやすく描かれているので，オが正しい。

三　熟語の組み立て，助動詞の知識

問１　①　「呼ぶ」に対して「応える」という組み立てなので，イが選べる。　②　「官(国家，政府)」が「製造する」という組み立てなので，ウが正しい。　③　「表す」と「現す」という組み立てなので，アがよい。　④　「深い海」となり，「深い」が「海」をくわしく説明しているので，エが合う。　⑤　「学校へ登る」となり，下の漢字が上の漢字の対象・目的を表しているので，オがふさわしい。

問２　①　人から聞いたことや推測したことを表す「らしい」なので，イが同じ。なお，アは「愛らしい」という形容詞の一部。ウは名詞について“ふさわしい”という意味を表す接尾語である。②　自然とある気持ちがわいてくることを表す「れる」なので，ウがよい。なお，アは“～できる”という意味。イは尊敬の意味を表す。　③　具体例をあげる例示の「ような」なので，ウが選べる。なお，アは不確かな断定の意味。イは比喩を表す。　④　断定の意味を表す「だ」なので，イがふさわしい。なお，アは「さわやかだ」という形容動詞の一部。ウは過去を表す助動詞。⑤　その状態が続いているという，存続の意味を持つ「た」なので，アが正しい。なお，イは完了の意味を，ウは確認の意味を表す。

四　漢字の書き取り

①　組織や権力者のために，心をつくして働くこと。　②　鉱石を採掘する山。　③　“善悪を明らかにする”という意味。　④　乗り物を運転すること。　⑤　“印刷する”という意味。⑥　「切り株」は，木を切ったあとに残る部分。　⑦　音読みは「ハイ」で，「拝見」などの熟語がある。　⑧　「我先に」は，自分が先になろうとして争うようす。　⑨　さまざまな国。⑩　商品や主張を多くの人に知ってもらうための活動。

2022年度　埼玉栄中学校

〔電　話〕　048(621)2121
〔所在地〕　〒331－0078　埼玉県さいたま市西区西大宮３－11－１
〔交　通〕　JR川越線（埼京線）「西大宮駅」より徒歩４分

【算　数】〈第３回試験〉（50分）〈満点：100点〉

※問題を解く上で，円周率を利用するときは3.14としなさい。

1　次の計算をしなさい。(6)については，□にあてはまる数を答えなさい。

(1) $\{70-7-(7+2)\times 7\}\times 7$

(2) $0.23\times 180+4\times 1.8\times 23+5\times 230\times 0.18$

(3) $1\frac{2}{3}+2\frac{5}{6}-3\frac{1}{2}$

(4) $3.5+4\frac{1}{3}-1.25-\frac{17}{12}$

(5) $22+26+30+34+38+42+46+50$

(6) $\left(2.25-\frac{1}{4}\right)\times 2\frac{2}{3}-\left(\square+4\frac{7}{8}-1.375\right)\div 1\frac{1}{2}=1$

2 次の問いに答えなさい。

(1) ある仕事を終わらせるのに，Aさん，Bさん，Cさんの3人が共同で行うと4日かかり，Aさんだけで行うと8日，Bさんだけで行うと12日かかります。Cさんだけで行うと何日必要になりますか。ただし，3人のそれぞれ行う仕事量は一定とします。

(2) あるからあげ屋では，1パック500円でからあげを売っています。このからあげ屋では，閉店2時間前から割引きをして売っています。割引きの種類は2割引きと半額があります。2割引きで売ったときは1時間に20パック，半額で売ったときは1時間に40パック売れます。ただし，パックの残りの数以上に売ることはできません。この2時間で売れた金額の合計を『特別売上』と名前を付けます。また，からあげ1パック作るのに原価50円かかります。売れ残った場合は，売れ残りの原価分が損失となります。『特別売上』から原価と損失を引いた金額を『特別利益』と名前を付けます。

① 残り70パックのとき，2時間半額の割引きを行いました。『特別利益』はいくらになりますか。

② 閉店2時間前の時点で，パックが60個以上ありました。最初の1時間は2割引き，次の1時間は半額の割引きを行いました。『特別売上』と『特別利益』の差が4,800円でした。閉店2時間前の時点でのパック数はいくつありましたか。

(3) 何人かの小学生にみかんを配ります。1人に4個ずつ配ると17個余り，1人に5個ずつ配るとちょうど3人に配ることができません。みかんは何個あるか求めなさい。

(4) きゅうりとトマトをふくろに入れて野菜のつめ合わせぶくろを作ります。ふくろはAとBの2種類用意し，Aのふくろにはきゅうり7本，トマト5個を入れ，Bのふくろにはきゅうり5本，トマト7個を入れます。AとBのふくろを合わせて30ふくろ作ったところ，きゅうりが全部で198本必要でした。AとBをそれぞれ何ふくろずつ作りましたか。

(5) あるクラスの生徒14人の算数の平均点は73点でした。このクラスに転入生が1人加わり，その生徒の算数の点数は28点であるとき，転入生を含めたこのクラスの平均点を求めなさい。

(6) 8%の食塩水があります。これに5%の食塩水を200g，水を400g入れてよくかき混ぜたら，3%の食塩水になりました。はじめ，8%の食塩水は何gありましたか。

(7) 太郎君が，持っていたお金の$\frac{3}{10}$を使い，さらに5,000円を使いました。次に残りの$\frac{5}{6}$を貯金したら，1,500円残りました。太郎君が初めに持っていたお金はいくらですか。

3 次の問いに答えなさい。

(1) 次の図は，大きさのちがう2つの正方形の中心を重ねたものです。色がついた部分は二等辺三角形で，面積は大きい方が16cm^2，小さい方が2cm^{2}です。2つの正方形の面積は，それぞれ何cm^{2}になりますか。

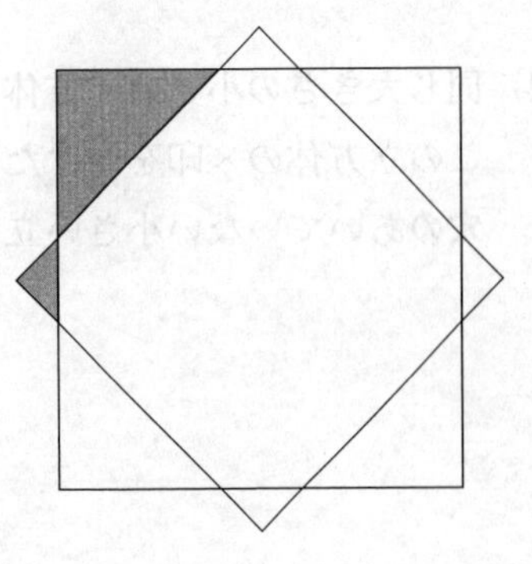

(2) 下の図で，　　の面積の和と　　の面積が等しいとき，長方形の横の長さを求めなさい。

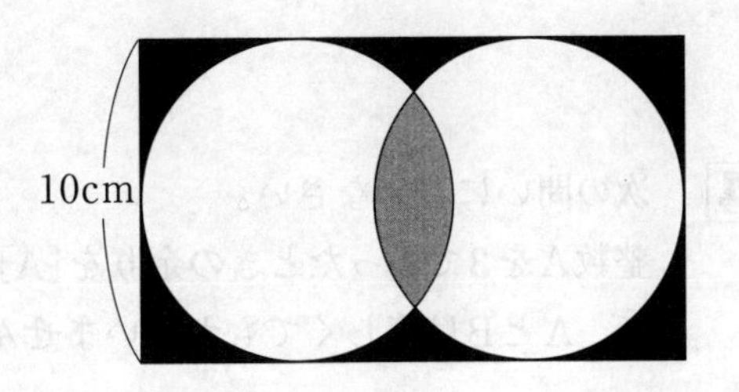

(3) **図1**のように底面の半径が2cm，高さが6cmの円柱の容器に水を入れたとき，水の高さは2cmとなりました。同じ量の水を**図2**のような容器に入れたとき，水の高さは何cmですか。ただし，**図2**の容器は底面の半径が4cm，高さが6cmの円柱の中にふたをした**図1**と同じ容器があり，水は円柱と円柱の間にしか入れることができないものとする。

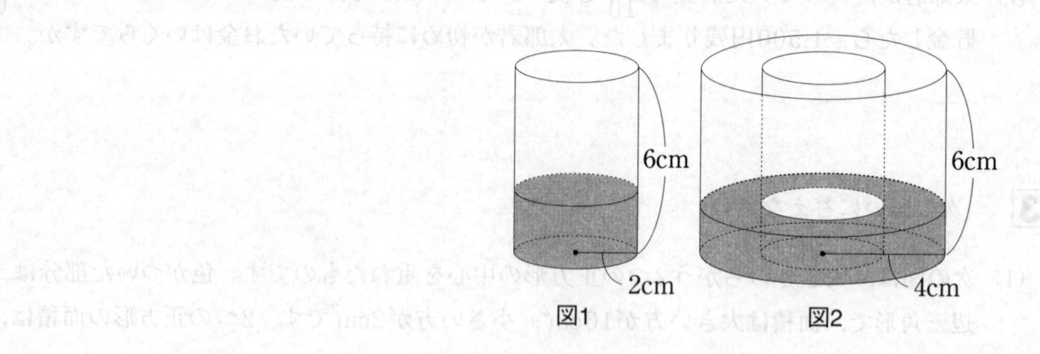

図1　図2

(4) 同じ大きさの小さい立方体を積み上げて，図のような大きい立方体を作りました。この立方体の×印をつけた面から一番奥の面まで垂直に穴をあけました。穴のあいていない小さい立方体の個数を求めなさい。

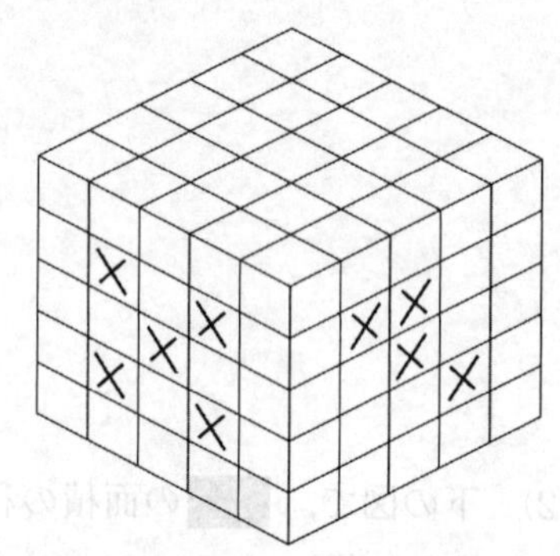

4 次の問いに答えなさい。

整数Aを3でわったときの余りを[A]で表します。A，Bはそれぞれ1以上20以下の整数で，AとBは等しくてもかまいません。次の問いに答えなさい。

(1) [A]＝2となる整数Aは何個ありますか。

(2) [[A]+[B]]＝1となる整数A，Bの組は何組ありますか。

【社　会】〈第３回試験〉（理科と合わせて50分）〈満点：50点〉

1　次の年表を見て、あとの問いに答えなさい。

西暦	で　き　ご　と
1612	徳川家康が幕領にキリスト教禁止令を出す
1616	ヨーロッパ船の来航地を長崎・（　１　）に制限する
1623	〔　Ⅰ　〕が商館を閉じて、日本を去る
1624	〔　Ⅱ　〕船の来航を禁止する
1633	a 特定の船以外の海外渡航と在外日本人の帰国を禁止する
1635	外国船の来航・貿易地を長崎・（　１　）に限る 日本人の海外渡航・帰国を禁止する
1637	b 九州地方の農民らが、禁教と重税に反対して一揆を起こす
1639	〔　Ⅲ　〕船の来航を禁止する
1641	オランダ商館を長崎の（　２　）に移す

問1　年表中の空欄（1）、（2）に適する語句をそれぞれ漢字で答えなさい。

問2　年表中の空欄〔Ⅰ〕～〔Ⅲ〕に適する語句を次からそれぞれ選び、記号で答えなさい。
　ア、ポルトガル　　イ、フランス　　ウ、スペイン　　エ、イギリス

問3　年表中の下線部aについて、これがきっかけとなって停止された貿易制度として適切なものを次から選び、記号で答えなさい。
　ア、日宋貿易　　イ、朱印船貿易　　ウ、勘合貿易　　エ、日朝貿易

問4　年表中の下線部bについて、この一揆の首領だった人物を次から選び、記号で答えなさい。
　ア、新井白石　　イ、松平定信　　ウ、水野忠邦　　エ、天草四郎

問5　右の絵について説明した文章を読み、文中の空欄（　①　）、（　②　）に適する語句を次からそれぞれ選び、記号で答えなさい。

> これは（　①　）でないことを証明するための、（　②　）のようすを描いたものである。とくに長崎では、毎年正月に行われ、江戸時代末期まで行われた。

　ア、絵ふみ　　イ、脱穀　　ウ、ムスリム　　エ、キリシタン

問6　鎖国下においても、四つの窓口で異国との交流は続いていました。窓口となった地名と交流のあった国の組み合わせとして適切なものを次から選び、記号で答えなさい。

ア、長崎　―　朝鮮　　　　イ、薩摩　―　琉球王国
ウ、下田　―　ロシア　　　エ、対馬　―　中国
オ、松前　―　アメリカ

2　次の九州地方に関する問いに答えなさい。

九州地方についてのまとめノート

九州地方の自然環境
A 火山による地形が形成されている。
B 梅雨から夏にかけて台風が多く上陸。
C 近海で暖流が流れ、冬でも温暖な気候。

九州地方の農業や畜産
D 北部では稲作が盛んに行われている。
E 南部では畑作や畜産が盛んである。
F 近年は外国産の安い肉の輸入が増加。

九州地方の工業
G 近代的な重工業発祥の地である。
H 1960年代以降、生産が減少。
I その後、産業の転換が図られた。

九州地方の抱える問題点
豪雨による自然災害が多く発生する。
J 都市部の温暖化が進む。
K 大陸からの風による環境被害。

問1　下線部Aについて、九州の地形の形成について説明した文として正しいものを次から選び、記号で答えなさい。

ア、屋久島を取り囲む鹿児島湾は火山灰の上に海水が入ってできた湾である。
イ、福岡県に広がる秋吉台では石灰岩を多く含むカルストの地形が広がっている。
ウ、九州の中心部には浅間山の噴火物が積もってできたカルデラが広がっている。
エ、大正の頃に起こった桜島の爆発により対岸の大隅半島とつながった。

問2　下線部Bについて、右の地図は福岡市立西高宮小学校周辺の災害時における被害状況を地図化したものです。これを何というか。カタカナで答えなさい。

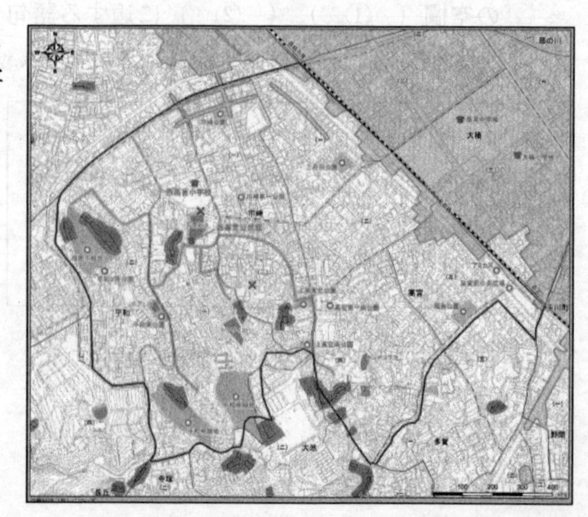

問3　下線部Cについて、九州の近海を流れているXの海流の名称として正しいものを次から選び、記号で答えなさい。

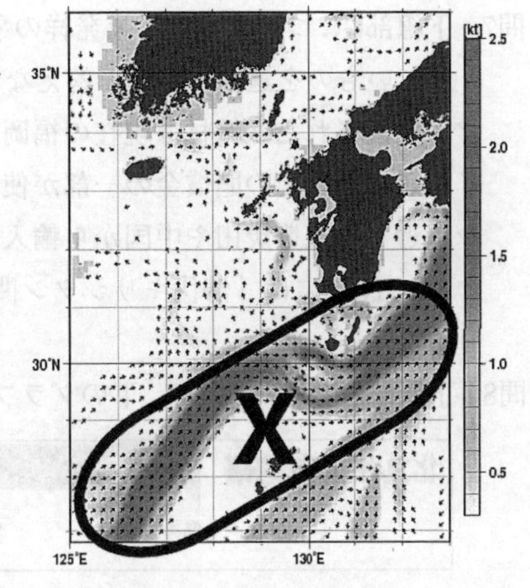

ア、南太平洋海流
イ、日本海流
ウ、千島海流
エ、対馬海流
オ、リマン海流

問4　下線部Dについて、山がちな地形が多い九州北部では、右の写真のような土地活用がみられます。これを何というか。漢字２字で答えなさい。

問5　下線部Eについて、九州南部では、シラスと呼ばれる地層が広がっており、稲作には一般的に不向きとされていますが、その理由を「水」という言葉を必ず用いて説明しなさい。

問6　下線部Fについて、下の画像から読み取れる外国産肉への対抗策を１つ考えて説明しなさい。

【楽天市場】より引用

問7　下線部Gについて、重工業発祥の象徴である官営八幡製鉄所について説明した文として正しいものを選び、記号で答えなさい。

ア、建設された八幡村は現在の福岡市の一部である。

イ、日露戦争での賠償金の一部が使われて建設された。

ウ、近くの筑豊炭田や中国から輸入した石炭や鉄鉱石を使って鉄鋼が生産された。

エ、2015年には「潜伏キリシタン関連遺産」として世界遺産登録された。

問8　下線部HとIについて、下のグラフYの産業を次から選び、記号で答えなさい。

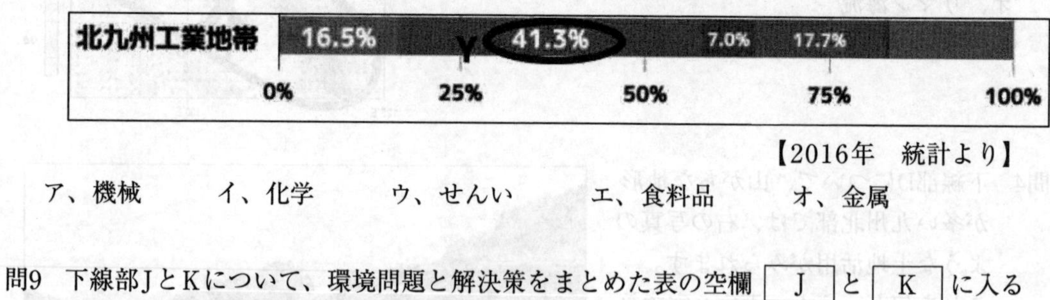

【2016年　統計より】

ア、機械　　イ、化学　　ウ、せんい　　エ、食料品　　オ、金属

問9　下線部JとKについて、環境問題と解決策をまとめた表の空欄 J と K に入る語句をそれぞれ答えなさい。

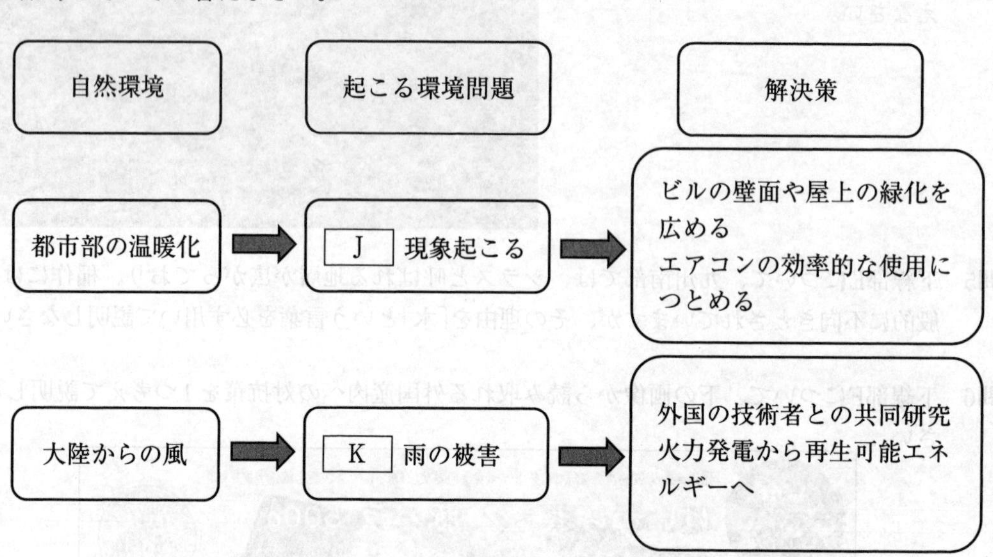

3　次の表は埼玉県の勤労者世帯の収入と支出を調べたものです。あとの各問いに答えなさい。

表1【勤労者世帯の収入と支出(埼玉県2019年)】

収　　入		474,096円
支出	消費支出	242,751円
	非消費支出	81,668円
	黒　　字	149,677円

表2【消費支出の割合（単位：％)】

支出項目	2014年	2019年
食　料	25.9	27.6
住　居	8.2	8.5
光熱・水道	6.7	7.1
家具・家事用品	3.3	3.3
被服・履物	4.9	4.1
保健医療	4.2	4.8
交通・通信	15.2	13.6
教　育	3.9	3.8
教養娯楽	10.9	11.0
その他	16.8	16.1

問1　**表1**の下線部の非消費支出は税金などに支払う支出です。この非消費支出の税金について、以下の問いに答えなさい。

①　法人税と消費税について説明した文を次からそれぞれ選び、記号で答えなさい。

ア、商品の値段に一定の割合で課される税金で、税金を負担するのは消費者だが、納めるのは商店などの経営者である。

イ、個人が会社などに勤めて給料を得たり、商売で利益をあげたりして手に入れた収入に課される税金である。

ウ、会社の１年間の利益に対して課される税金である。

エ、自動車の所有者に課される税金である。

②　国や地方公共団体が、１年間にどれだけのお金が必要か、税金などをどのように集めるかの計画のことを何というか、次から選び記号で答えなさい。

ア、利益　　イ、損失　　ウ、公債　　エ、予算

問2　下の文のような家計の支出を何というか答えなさい。

ビバ男くんの家庭では支出項目の黒字を、将来の支出に備えて銀行預金をしたり、国債を購入したり、株式を購入したりしてお金を蓄えています。

問3　**表2**「消費支出の割合」から、2014年と2019年を比較して読み取れる変化として正しいものを次から選び、記号で答えなさい。

ア、支出項目の「交通・通信」は増加しているが、「光熱・水道」は減少している。

イ、支出項目の「光熱・水道」は増加しているが、「保健医療」は減少している。

ウ、支出項目の「被服・履物」は増加しているが、「食料」は減少している。

エ、支出項目の「食料」は増加しているが、「交通・通信」は減少している。

【理　科】〈第３回試験〉（社会と合わせて50分）〈満点：50点〉

1　以下の各問いに答えなさい。

問1　ゴムボールを床に力強くたたきつけたら、はねかえって天井まで届きました。このゴムボールを、はじめと同じ場所・高さで静かに落とすとどうなりますか。次の選択肢から選び、記号で答えなさい。

ア　はねかえって天井まで届いた
イ　落とした場所と同じ高さまではねかえった
ウ　落とした場所より低い高さまではねかえった
エ　はねかえらなかった

問2　ろうそくの炎は、外側から外えん、内えん、えん心という3つの部分に分かれています。この中で最も温度の高い部分を次の選択肢から選び、記号で答えなさい。

ア　外えん
イ　内えん
ウ　えん心

問3　ヒトの心臓には4つの部屋があります。筋肉がもっとも厚いのはどこか、次の選択肢から選び、記号で答えなさい。

ア　右心房
イ　右心室
ウ　左心房
エ　左心室

問4　こと座のベガ、はくちょう座のデネブとともに夏の大三角をつくる、わし座の1等星を何というか答えなさい。

問5　虫が受粉のなかだちをする花を何というか答えなさい。

2 音の伝わり方について、後の各問いに答えなさい。

Ⅰ．空気中の音の速さは気温によって変化します。気温0℃で毎秒331mで伝わり、気温が1℃上がるごとに毎秒0.6mずつ速くなる性質があります。これを式で表すと、次式になります。

331＋0.6×気温＝空気中の音の秒速

問1 気温20℃の時、空気中を伝わる音の速さは秒速何mか答えなさい。

問2 空気中を伝わる音の速さが毎秒349mの時、気温は何℃か答えなさい。

問3 気温35℃の夏の夜空に花火が上がりました。花火が光った後に、爆発音が5秒遅れて聞こえました。花火から見ている場所までの距離は何mか答えなさい。

Ⅱ．気温25℃のとき、秒速14mで岸壁に向かって垂直に進む船が、岸壁から3600m離れた地点を通過したときから10秒間汽笛を鳴らし続けました。

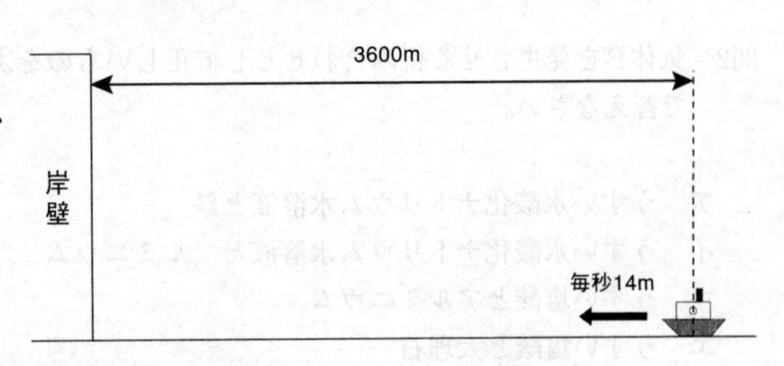

問4 反射音が聞こえはじめるのは何秒後か答えなさい。

問5 この船に乗っている人は、岸壁からの汽笛の反射音を何秒間聞きますか。次のア～オの中から最も近いものを選び、記号で答えなさい。

ア 5秒間
イ 7秒間
ウ 9秒間
エ 11秒間
オ 13秒間

3 学さんと今日子さんが水と電気を使った実験について話しています。
次の会話文を読んで、後の各問いに答えなさい。

今日子：「今日の理科の実験はとても不思議だったね。」
学　：「そうだね、少し水酸化ナトリウムをとかした水に電流を流すと、2種類の気体が発生するなんて驚いたよ。」
今日子：「①2種類の気体をA、Bとして性質を調べたけど私たちの班はどちらの確認実験もうまくいってよかったね。」
学　：「私はBの気体を確認するのに火を近づけたとき、『ポン』と音を立てて燃えたのも面白かったよ。」
今日子：「最後に先生が言っていた、今日の実験とは反対の化学反応を用いた②電池の話も勉強になったわ。」

問1　文章中の下線部①について、気体Bの名称を答えなさい。

問2　気体Bを発生させる組み合わせとして正しいものを次の選択肢からすべて選び、記号で答えなさい。

ア　うすい水酸化ナトリウム水溶液と鉄
イ　うすい水酸化ナトリウム水溶液とアルミニウム
ウ　うすい塩酸とアルミニウム
エ　うすい塩酸と大理石
オ　うすい過酸化水素水と二酸化マンガン

問3　気体Aの特ちょうとして正しいものを次の選択肢から選び、記号で答えなさい。

ア　空気中に体積の割合で約78%含まれている
イ　鼻をさすようなにおいがある
ウ　漂白作用や殺菌作用がある
エ　水に溶けにくく、空気よりも少し重い

問4　気体A自体は燃えませんが、ほかの物質を燃やすのを助けるはたらきがあります。このようなはたらきを何というか答えなさい。

問5　文章中の下線部②について、気体Aと気体Bが反応して水ができるときに、発生するエネルギーを電気エネルギーに変える電池を何というか答えなさい。

4 種子の発芽と植物の成長に必要な条件を調べるために、実験を2つ行いました。次の文章を読んで、後の各問いに答えなさい。

<実験1>

5つのシャーレにガーゼをしき、それぞれにエンドウマメの種子を5つ入れました。その後、以下の異なる条件で実験を行い、種子の発芽に必要な条件(もの)を調べました。なお、実験を行った実験室は20℃に保たれ、水道水を入れた場合はエンドウマメがしずまないように、ガーゼにしっかりと水をしみこませました。

<条件>

シャーレ1:何も入れない。
シャーレ2:水道水を入れた。
シャーレ3:水道水を入れて冷蔵庫で保管した。冷蔵庫の温度は約5℃に設定した。
シャーレ4:水道水を入れて箱をかぶせた。
シャーレ5:液体肥料を加えた水道水を入れた。

<結果>

以下の表のようになりました。なお、図の数字は発芽したエンドウマメの種子数を表しています。

	シャーレ1	シャーレ2	シャーレ3	シャーレ4	シャーレ5
発芽した数	0	4	0	4	4

問1 シャーレ1と2の実験から発芽に必要な条件(もの)は何と考えられますか。5文字以内で答えなさい。

問2 シャーレ3と4の実験から発芽に必要な条件(もの)は何と考えられますか。5文字以内で答えなさい。

問3 シャーレ1から5までの結果から、発芽に必要ではない条件(もの)は何と考えられますか。次の選択肢からすべて選び、記号で答えなさい。

ア 土
イ 養分
ウ 温度
エ 空気
オ 水
カ 日光

<実験2>

同じくらいの大きさに育ったエンドウマメのなえを2つ用意しました。植木鉢にはそれぞれバーミキュライトを入れて、なえを植えました。以下の異なる条件で実験を行い、植物の成長に必要な条件（もの）を調べました。なお、バーミキュライトは鉱物から作られており、養分を含みません。また、根がくさらない程度に、朝と夕方に液体肥料を加えた水を同量与えています。

<条件>

植木鉢1：日光の当たるところに置いた。

植木鉢2：日光の当たらないところに置いた。

<結果>

それぞれのなえの育ち方を以下の表にまとめました。

	植木鉢1	植木鉢2
葉のようす	こい緑色で大きいものが多い	うすい緑色で、小さいものが多い
くきのようす	太くがっしりとしている	細長く、うすい黄色

問4　植物の成長にえいきょうする条件（もの）は何ですか。実験2の結果から考えられるものを、次の選択肢からすべて選び、記号で答えなさい。

ア　土
イ　養分
ウ　空気
エ　水
オ　日光

問5　実験で使用したエンドウマメと同じものを用意して、発芽前の子葉にヨウ素液をかけたところ、青むらさき色に変化しました。このことから、子葉には何が含まれていると考えられるか、答えなさい。

5 次の文章を読んで、後の各問いに答えなさい。

太陽は朝、東の地平線から出て、正午頃に真南に来ます(南中)。このとき、太陽は1日で最も高い位置となります。その後、少しずつ低くなり、夕方に西の地平線にしずんでいきます。このような太陽の1日の動きを、太陽の日周運動といいます。

月も太陽と同じように東から出て、南を通り、西にしずみます。太陽と月はほとんど同じ大きさに見えます。昔は太陽も月も地球の周りを公転していると考えられていました。しかし、現在では太陽の周りを地球が公転し、さらに地球の周りを月が公転していることが分かっています。太陽と地球と月の位置関係により、月は様々な見え方をします。2021年5月26日には、月が地球の影に完全に隠れる「皆既月食」という現象が見られたことで話題になりました。

問1　太陽が出ている晴れた日に棒を立てると、棒のかげができます。春分の日の南中時刻に棒を地面に垂直に立てた時、できるかげの様子を表した図を次の選択肢から選び、記号で答えなさい。

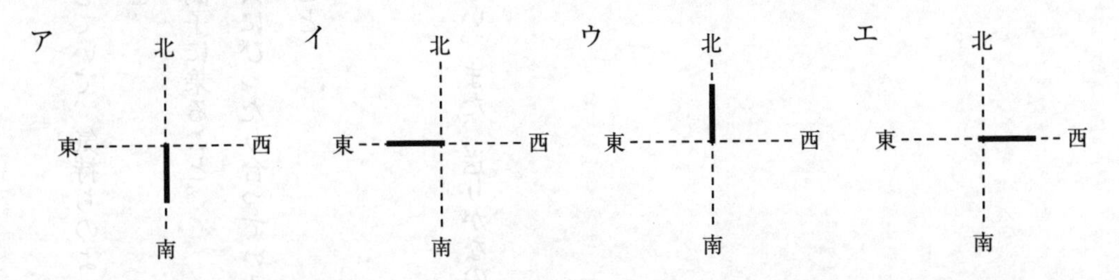

問2　冬至の日の南中時刻にも、問1のように棒を立ててかげを観察しました。冬至の日のかげの長さは春分の日と比べてどうなりますか。「冬至の日の方が…」に続けて20文字以内で理由とともに答えなさい。ただし、「太陽」という語句を使うこと。

問3　太陽の直径は140万km、月の直径は3500kmです。また、月と地球との距離は38万kmです。太陽と月が全く同じ大きさで見えるものとして、地球と太陽との距離を計算し答えなさい。

問4　月食のときには3つの天体が一直線に並んでいます。その順番として正しいものを次の選択肢から選び、記号で答えなさい。

ア　太陽－月－地球　　イ　太陽－地球－月　　ウ　地球－太陽－月

問5　月食のときに観察できる月の形として正しいものを次の選択肢から選び、記号で答えなさい。

問二　次の□に漢字一字をあてはめて、慣用句を完成させなさい。

①　□を割ったような……さっぱりしていて、気持ちのよい性質。
②　□の歩み……進み具合の遅(おそ)いこと。
③　□に乗る……思い通りになって調子に乗ること。
④　□につく……職業や任務がその人にぴったり合っていること。
⑤　□をもたせる……相手を立てること。

四　次の――線部のカタカナを漢字に直しなさい。また、送りがなのあるものは書きなさい。

①　クラス全員でトウロンする。
②　仏前におかしをソナエル。
③　国民のソウイを問う。
④　父のアリし日の写真を見る。
⑤　遅(おく)れたことをベンカイする。
⑥　お手紙をハイケンしました。
⑦　ハソンした車を直す。
⑧　的に向かって弓で矢をイル。
⑨　ジョウカ町として発展した町だ。
⑩　かぎをゲンジュウにかける。

問六　――線４「どうして、それをクラスの落とし物箱なんかにしたの」とありますが、これに対する答えは何ですか。文章中の言葉を使って四十字以内で書きなさい。

問七　――線５「ぼくも、なにか、いいたかった」とありますが、もしあなたが「ぼく」の立場だったらどのようなことをいいますか、考えて書きなさい。ただし、文章中に挙がっているものとは別の例を答えること。

問八　――線６「きっとうまくいく」とありますが、「おばあちゃん」はなぜそのように考えたのですか。文章中の言葉を使って三十五字以内で書きなさい。

問九　――線７「それ」とは何を指しますか。文章中から十六字で探して、書きぬきなさい。

問十　――線８「ぼくにもこの缶を使って」とありますが、「ぼく」が助けようと思ったのはどんな人ですか。文章中から三十二字で探して、初めの五字を書きぬきなさい。

三　次の問いにそれぞれ答えなさい。

問一　次の□にあてはまる外来語をあとから選び、それぞれ記号で答えなさい。ただし、同じ記号を二度使うことはできません。

① 私たちはいつでもお客様第一の□で仕事をしている。
② 言葉の□から彼の気持ちを考える。
③ これまで積んできた□を活かせるような会社への転職を考えている。
④ 大切な店を守るために□を切りつめて営業していく。
⑤ 国内外で通用する□な社会人を目指して頑張ります。

ア　プログラム　イ　キャリア　ウ　ソーシャル　エ　クオリティ　オ　メディア
カ　グローバル　キ　コスト　ク　スタンス　ケ　ディスカッション　コ　ニュアンス

問二　Ⅰ・Ⅱにあてはまる体の一部を表すひらがな二字を考えて書きなさい。ただし、同じ文字を使わないようにすること。（Ⅰには同じ言葉が入ります。）

問三　――線２「不思議そうに」とありますが、この内容としてふさわしくないものを次から選び、記号で答えなさい。

ア　持ってかえっていることを知らなかったこと。
イ　知らないうちに、なくなっていること。
ウ　いつの間にかもどってくること。
エ　えんぴつがけずってあったりすること。
オ　ハンカチがきれいになってたりすること。

問四　――線３「柊也の声は、ふるえていた」とありますが、なぜだと考えられますか。最も適当なものを次から選び、記号で答えなさい。

ア　もともと人と話すのが苦手だから。
イ　みんなの注目を浴びていることに気付いたから。
ウ　謝罪をすることに緊張(きんちょう)してしまったから。
エ　悠平に許してもらえるかが心配だから。
オ　自分を許せない気持ちでいっぱいだから。

問五　（Ａ）から（Ｃ）にあてはまる言葉として最も適当なものを次から選び、それぞれ記号で答えなさい。

Ａ　ア　はっと　イ　かっと　ウ　しっと　エ　わっと　オ　ぞっと
Ｂ　ア　もっと　イ　きっと　ウ　ぼっと　エ　すっと　オ　どっと
Ｃ　ア　どどっと　イ　ごおっと　ウ　ふわっと　エ　はいっと　オ　ふうっと

「おばあちゃんね、中学生のときにこの缶を、クラスの意見箱にしたことがあるんだって。」
「意見箱ってなに？」
悠平がきく。
「もめごとが多いクラスだったんだ。それで、みんなにいいたいことは紙に書いて、この缶に入れることにしたんだって。週に一回、みんなで読んで、また思ったことを書いて入れるんだ。」
日菜乃は心配になった。
「そんなことして、よけいに、けんかにならなかったの？」
「それが、ならなかったんだ。」
柊也の目が、くるっと動く。
「みんながなっとくできるような答えが、必ず入ってたんだって。『赤い缶より』って。」
「赤い缶より……。」
美羽の背中が、（　Ｂ　）のびた。
「そのうちみんな、次はどんな答えが入ってるだろうって考えるようになって、だんだん、けんかがなくなっていったんだ。」
「7それって、先生が入れてたんじゃないですか。」
結の意見に、柊也ははっきり首をふった。
「先生の字じゃなかったんだって。だれが書いていたのかは、最後までわからなかったけど。」
柊也の Ⅱ に、小さなえくぼがうかんだ。
「でも、仲のいいクラスになって、おばあちゃんはすごくうれしかったらしい。だから、8ぼくにもこの缶を使ってがんばれって。大切なものだけど、かしてくれたんだ。」
「うーん、いい話だなあ。」
翔太が、（　Ｃ　）大きく息をはく。

（西村（にしむら）友里（ゆり）『消えた落とし物箱』より）

問一 ——線１「柊也が持ってかえってた」とありますが、何を持ってかえっていたのですか。文章中から三字で探して、書きぬきなさい。

「あの赤い缶だけどさ、ばあちゃんにもらったのか。」
　翔太が、そっときく。
「うん。」
「4どうして、それをクラスの落とし物箱なんかにしたの。おばあちゃんの大事なものなんじゃないの。」
　日菜乃は、きかずにはいられなかった。
　だって、三郎(さぶろう)さんは、ふろしきに包んで大切に置いていたのだ。
「それは……おばあちゃんが、すすめてくれたんだ。」
「おばあちゃんが？」
　柊也は、ゆっくりうなずいた。
「四年生になってすぐに、道徳で『だれかのために』っていう話があったでしょ。」
「ありました。」
　すぐにわかったのは、結だけだ。
「重いものを持ってあげた、算数の問題を教えてあげた、消しゴムをかしてあげた、おはようって声をかけた。みんないっぱい、いってたよね。5ぼくも、なにか、いいたかったんだけど。」
　柊也は、すっと足元に視線を落とした。
「びっくりするくらい、なんにもなかったんだ。力もないし、勉強も苦手だし、人に声かけるなんてはずかしいし。ぼく、なにもできないんだって……。」
　そんなに一生けんめい考えていたんだ。日菜乃はびっくりしてしまった。
「帰ってその話したら、おばあちゃんが、なにかできるよって、いっしょに考えてくれてね。それでぼく、クラスに落とし物箱を置くことを思いついたんだ。」
　柊也が、ゆっくり視線を上げる。
「落とし物してこまってる人とか、拾ったけどどうしようって思ってる人がいたら、役に立つんじゃないかなって思って。」
　そんなこと考えるなんてすごいなあと、日菜乃は思う。
「そうしたら、おばあちゃんがあの赤い缶を持ってきてくれたんだ。この缶を使ったら、6きっとうまくいくって。」
「きっとうまくいく？」
　美羽が不思議そうな顔をした。

二　次の文章を読んで、あとの問いに答えなさい。

「えーっ、1柊也（とうや）が持ってかえってた？」
美羽（みう）の［Ｉ］が、すとんと落ちた。
「なんだー。七不思議じゃなかったんだ……。」
「そうでしょうね。」
結（ゆい）が当然のようにいった。
「でもね。」
柊也が、すっと息をすった。
「ぼくが知らないうちに、なくなってることもあったんだ。心配していると、いつの間にか、もどってきてたんだけど。それが、えんぴつがけずってあったり、ハンカチがきれいになってたりして。」
「それって、どういうこと？」
日菜乃（ひなの）はおそるおそるきいた。
美羽と悠平（ゆうへい）も、2不思議そうに柊也を見ている。
翔太（しょうた）が、なにかいいかけたときだ。
「ごめんなさい。」
いきなり柊也が頭を下げた。
「大事な本、あの缶（かん）に入れちゃって。なくしちゃって。……ぼく、こんなことになるなんて、思わなくて。」
3柊也の声は、ふるえていた。
「本当に、ごめんなさい。ぼくも、一生けんめい、さがしていたんだけど……。」
「お、お前のせいじゃねえよ。」
翔太があわてて柊也の［Ｉ］に手を置く。
「うん。そうだよ。柊也くんが悪いなんて、思ってないよ。ねっ。」
日菜乃がいうと、美羽や悠平も大きくうなずいた。
「それに、柊也くんもこまっているんではないですか。大切な缶がなくなったのですから。」
結の言葉に、柊也は（　Ａ　）したように顔を上げた。

問二 ――線2「ゾウリムシの皮膚」とありますが、ゾウリムシの皮膚はどんな働きを持っていますか。文章中の言葉を使って四十字以内で書きなさい。

問三 （ A ）から（ C ）にあてはまる言葉として最も適当なものを次から選び、記号で答えなさい。ただし、同じ記号を二度使うことはできません。

ア しかし　イ たとえば　ウ なぜなら　エ つまり　オ さて

問四 ――線3「皮膚は、生物にとって、何のためにあるのでしょうか」とありますが、何のためにあると説明していますか。文章中の言葉を使って四十五字以内で書きなさい。

問五 ――線4「シロアリを防ぐ薬品」とありますが、これは何をたとえたものですか。文章中から四字で探して、書きぬきなさい。

問六 ――線5「物質」の対義語を次から一つ選び、記号で答えなさい。

ア 精神　イ 感情　ウ 混同　エ 自然　オ 天然

問七 □ にあてはまる言葉として最も適当なものを次から選び、記号で答えなさい。

ア 両生類　イ 哺乳類（ほにゅうるい）　ウ 鳥類　エ 爬虫類（はちゅうるい）　オ 魚類

問八 文章中から次の一文がぬけています。どの文のあとに入れればよいですか。その文の終わりの六字を書きぬきなさい。

こんなふうに、皮膚は世界とからだを区別する境界として、命を維持（いじ）する大切な役割を担（にな）っています。

だを冷やすといいますが、ほんとうにそれだけで済むのでしょうか。多くの動物は暑いときは、水を浴びたり、木陰に入ってじっとするぐらいしか、作戦がありません。寒いときには、あとで詳しく述べますが、たとえば冬のスズメのように羽毛を立ててからだから空気が逃げるのを防いでいます。これが本当のダウンジャケットですね。

からだに毛のないトカゲやカメのような□は、日本のように寒い冬があるときは、じっと冬眠してエネルギーの消耗を防ぎます。冬以外でも寒いときは日向ぼっこしているのをよく見かけます。

恐竜が絶滅したのも、大隕石の落下で世界の空が曇り、寒くなったからだという説があります。暑さ、寒さの対策は生き物の命にかかわるのです。

一方、家の壁である皮膚は、私たちのからだや心の状態を表したりもします。恥ずかしくなったら顔や耳が赤くなったり、体調が悪いときは青くなったり、肌が荒れたり、皮膚の防御機能が落ちるので菌の感染症になったりします。心理状態や体調が表情に出るということは日常的に知られています。それは、心やからだの状態が皮膚に表れているということでもあり、皮膚から、心とからだに働きかけていることもあるのです。

精神的なストレスにより、ダメージを受けた後の皮膚の防御機能の回復が遅れることが知られています。また内臓の病気があるとき、その兆候が皮膚の特定の部分に表れたりもします。また、ストレス以外のホルモンの変化、たとえば女性の周期や更年期のときのホルモンバランスの変化も皮膚に影響を及ぼします。

（傳田光洋『皮膚はすごい―生き物たちの驚くべき進化―』より）

問一 ――線１「地球上に、皮膚のない生き物はいません」とありますが、「皮膚」の説明としてふさわしくないものを次から一つ選び、記号で答えなさい。

ア　生物のからだの中を外部環境の変化から守るもの。
イ　死んだ細胞や生きた細胞が必ず混ざりあっているもの。
ウ　トマトやゾウリムシの表面を覆っている薄い膜のこと。
エ　生き続けるために必要不可欠で、からだの中と外の世界との境界をつくるもの。
オ　あらゆる生物が持っていて、脂の一種でできていることもあるもの。

面白いことを書いています。

まず、家の屋根、壁、床などは、雨や雪、風、強い紫外線、害のある埃から、私たちを守ってくれています。泥棒や虫なんかも、屋根、壁、床がきちんとしていれば、私たちをおびやかすことはありません。それと同様に、皮膚の一つ目の役割は、この「防御機能」というもので、からだの外にあるいろんなもの、からだに危害を加えそうなものを防ぐことです。

あらゆる生き物の皮膚は、からだの外の環境、たとえば熱や寒さ、乾燥などの変化が起きても、からだの中の生きるための動きが一定に働くようにすること、あるいはからだにダメージを与える危険なもの、とがったものや、ぶつかってくるもの、病気をもたらす細菌やウイルス、あるいは極端な暑さ、寒さ、乾燥、強すぎる紫外線、危険な化学物質から身体を守っています。そして、たとえば目に見える大きさのたいていの生き物は、いくつもの役割を持った組織が組み合わさった、機能の高い皮膚を持っています。

万一、その皮膚がダメージを受けた場合、皮膚自身が、ダメージを受けた場所や程度に合わせて、そのダメージを修復します。（　B　）、皮膚に傷ができて穴が開いたときには、その穴をふさぐため、傷の周囲から細胞が、ぞろぞろ傷を埋めに来ます。そして、最後には元通りの機能を持った皮膚になるのです。

家を守るのには、化学的な手段もあるでしょう。たとえば4シロアリを防ぐ薬品とか、あるいは木造の家の場合、木が腐ったり、釘がさびたりするのを防ぐ塗料。私たちの皮膚も、腐敗や酸化を防いだり、からだに危険な菌を殺す5物質を作ることができます。人間だけではなくて、いろんな動物、そして私たちが普段食べる植物にも、このような抗菌物質を作る仕組みがあるのです。

（　C　）、家の防御機能を完璧にしたいなら、頑丈な鉄筋コンクリートで、屋根から壁から床まで覆いつくし、泥棒が壊して入ってきそうな窓や扉も作らなければいい。でも、そんな家に住みたい人はいないでしょう。空気も入ってこないから、たちまち息が苦しくなる。夏は暑くて風もないし、冬は寒くて仕方ない。だったらエアコンをつければいいじゃないか。そう、それが皮膚の二つ目の役割です。

換気扇は家の中の嫌な匂いを外に出し、新鮮な空気と入れ替えてくれます。夏のエアコンは暑い空気を外に出し、冷たい空気を家の中に入れます。たまには窓を開けて外を見たいときもあるでしょう。

皮膚の二つ目の役割は、家（からだ）の外の世界と、熱をやりとりすること。「交換機能」と呼ぶことにしましょう。たとえば、暑いとき、寒いときは、その変化をすぐに感じてからだの中の温度を一定に調整する機能があります。人間は暑いときには汗を流し、その汗が蒸発するとき、熱が奪われていく。また汗をかいたとき、風に吹かれると、すーっとして気持ちがいい。逆に寒いときは皮膚の中を流れる血の量が増えて、なんとか皮膚が凍らないようにします。

人間のように暑いときに汗をかいてからだを冷やす動物は、他にはウマしかいません。暑いとき、イヌはハッハッと舌を出してから

二〇二二年度 埼玉栄中学校

【国語】〈第三回試験〉（五〇分）〈満点：一〇〇点〉

《注意》字数制限のある問題では、句読点（。や、）符号（「」など）も一字と数えます。

一　次の文章を読んで、あとの問いに答えなさい。

皮膚、肌、皮、いろんな呼び方がありますが、1地球上に、皮膚のない生き物はいません。

ここで「皮膚」と言っているのは、生き物のからだの表面を覆っていて、からだの中と、外の世界とを区別する薄い膜のことです。

赤いトマトの薄い皮、三、四十マイクロメートル（一マイクロメートルは一ミリメートルの一〇〇〇分の一）ぐらいの厚さですが、これも皮膚だと言えます。その皮膚はトマトの中身を腐敗菌や乾燥から守っています。その仕組みは人間の皮膚とは違っていますが、トマトの皮膚はそれなりに、いくつもの優れた仕組みが組み合わされて、中身を守るようになっています。

顕微鏡を使わないと見えないゾウリムシは、たった一つの細胞でしかない単細胞生物ですが、そのからだは、細胞膜と呼ばれる「皮膚」で、外の世界との境界を作っています。2ゾウリムシの皮膚、細胞膜はリン脂質と呼ばれる脂の一種でできていますが、いろんなスイッチなどが埋め込まれていて、たとえばゾウリムシにとって危険な熱、低温、酸、アルカリを回避する仕組みになっています。そしてエサを見つける能力まであるのです。

人間の皮膚やトマトの皮の表面は死んだ細胞が重なってできていますが、ゾウリムシの皮膚は生きています。それはゾウリムシが一つの細胞からできている生き物だからです。（　A　）、人間もトマトもゾウリムシも、からだと外部との境界を作ります。そしてからだの中を外部環境の変化から守り、生き続けるために、その境界は大きな役割を持っているのです。

そういう意味での皮膚は、あらゆる生物が持っています。

そもそも、3皮膚は、生物にとって、何のためにあるのでしょうか。

ウィーン工科大学で建築の歴史を研究する傍ら、生物の構造についても研究している科学者たちが、私たちのからだを家にたとえて、

2022年度

埼玉栄中学校　▶解　答

※　編集上の都合により，第３回試験の解説は省略させていただきました。

算　数　＜第３回試験＞（50分）＜満点：100点＞

解　答

1 (1)　0　(2)　414　(3)　1　(4)　$5\frac{1}{6}$　(5)　288　(6)　3　2 (1)　24日　(2)　①　14000円　②　96個　(3)　145個　(4)　A　24ふくろ　B　６ふくろ　(5)　70点　(6)　160 g　(7)　20000円　3 (1)　$144cm^2$と$200cm^2$　(2)　15.7cm　(3)　$\frac{2}{3}$cm　(4)　87個　4 (1)　７個　(2)　133組

社　会　＜第３回試験＞（理科と合わせて50分）＜満点：50点＞

解　答

1 **問１**　**1**　平戸　**2**　出島　**問２**　Ⅰ　エ　Ⅱ　ウ　Ⅲ　ア　**問３**　イ　**問４**　エ　**問５**　①　エ　②　ア　**問６**　イ　2 **問１**　エ　**問２**　ハザードマップ　**問３**　イ　**問４**　棚田　**問５**　（例）　水はけが良すぎるため。　**問６**　（例）　品質を高める。（ブランド化する。）　**問７**　ウ　**問８**　ア　**問９**　**J**　ヒートアイランド(現象)　**K**　酸性(雨)　3 **問１**　①　**法人税**…ウ　**消費税**…ア　②　エ　**問２**　貯蓄　**問３**　エ

理　科　＜第３回試験＞（社会と合わせて50分）＜満点：50点＞

解　答

1 **問１**　ウ　**問２**　ア　**問３**　エ　**問４**　アルタイル　**問５**　虫ばい花　2 **問１**　秒速343m　**問２**　30℃　**問３**　1760m　**問４**　20秒後　**問５**　ウ　3 **問１**　水素　**問２**　イ，ウ　**問３**　エ　**問４**　助燃性　**問５**　燃料電池　4 **問１**　水　**問２**　適当な温度　**問３**　ア，イ，カ　**問４**　オ　**問５**　デンプン　5 **問１**　ウ　**問２**　（例）　（冬至の日の方が）太陽の南中高度が低いのでかげが長くなる。　**問３**　１億5200万km　**問４**　イ　**問５**　エ

国　語　＜第３回試験＞（50分）＜満点：100点＞

解　答

一　問１　イ　問２　（例）　ゾウリムシにとって危険な熱，低温，酸，アルカリを回避したりエサを見つける働き。　問３　A　ア　B　イ　C　オ　問４　（例）　からだに危害を加えそうなものを防ぐためとからだの外の世界と熱をやりとりするため。　問５　抗菌物質　問６　ア　問７　エ　問８　わるのです。　二　問１　赤い缶　問２　Ⅰ　かた　Ⅱ　ほお(ほほ)　問３　ア　問４　ウ　問５　A　ア　B　エ　C　オ　問６　（例）　おばあちゃんが赤い缶をクラスの落とし物箱にするようにすすめてくれたから。　問７　（例）　教室のごみ捨てをした。　問８　（例）　中学生のときにこの缶をクラスの意見箱にし，仲のいいクラスになったから。　問９　みんながなっとくできるような答え　問10　落とし物し　三　問１　①　ク　②　コ　③　イ　④　キ　⑤　カ　問２　①　竹　②　牛　③　図　④　板　⑤　花　四　下記を参照のこと。

●漢字の書き取り

四　①　討論　②　供える　③　総意　④　在り　⑤　弁解　⑥　拝見　⑦　破損　⑧　射る　⑨　城下　⑩　厳重

Dr.福井の入試に勝つ！脳とからだのウルトラ科学

入試当日の朝食で，脳力をアップ！

朝食を食べない学生は，朝食をきちんと食べる学生に比べて成績が悪かった――という研究発表がある。まあ，ちょっと考えればわかると思うけど，朝食を食べないということは，車にガソリンを入れないで走らせようとするようなものだ。体がガス欠になった状態では，頭が十分に働くわけがない。入試当日の朝食はちゃんと食べよう！　朝食を食べた効果があらわれるように，試験開始の２時間以上前に食べるようにするとよい。

では，入試当日の朝食にふさわしいものは何か？

まず，脳の直接のエネルギー源はブドウ糖だけであるから，それを補給するためのご飯やパン，これは絶対に必要だ。また，砂糖や果物の糖分は吸収されやすく，効果が速くあらわれやすいので，パンにジャムをぬったり果物を食べたりするのもよいだろう。

次に，タンパク質。これは脳の温度を上げる作用がある。温度が低いままでは十分に働かないからね。タンパク質を多くふくむのは肉や魚，牛乳，卵，大豆などだが，ここでは大豆でできたとうふのみそ汁や納豆をオススメする。そして，記憶力がアップするDHAを多くふくんでいる青魚，つまりサバやイワシなども食べておきたい。

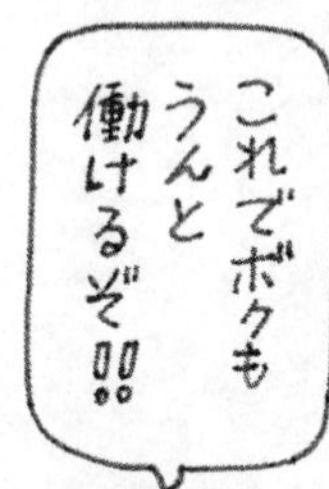

生野菜も忘れてはならない。その中にふくまれるビタミンBは，ブドウ糖を脳に吸収しやすくする働きを持つので，結果的に脳力アップにつながるんだ。

コーヒーや紅茶，緑茶は，カフェインという成分の作用で目覚めをうながすが，トイレが近くなってしまうので，飲みすぎに注意！　試験当日はひかえたほうがよいだろう。眠気を覚ましたいときはガムをかむといい。脳が刺激(しげき)されて活性化し，目が覚めるんだ。

Dr.福井(福井一成(ふくいかずしげ))…医学博士。開成中・高から東大・文Ⅱに入学後，再受験して翌年東大・理Ⅲに合格。同大医学部卒。さまざまな勉強法や脳科学に関する著書多数。

2025年度用
中学スーパー過去問

■編集人 声の教育社・編集部
■発行所 株式会社 声の教育社
〒162-0814 東京都新宿区新小川町8-15
☎03-5261-5061(代) FAX03-5261-5062
https://www.koenokyoikusha.co.jp

※本書の内容についての一切の責任は当社にあります。内容・解説・解答・その他は当社ホームページよりお問い合わせ下さい。

よくある解答用紙のご質問

01

実物のサイズにできない

拡大率にしたがってコピーすると，「解答欄」が実物大になります。配点などを含むため，用紙は実物よりも大きくなることがあります。

02

A3用紙に収まらない

拡大率164％以上の解答用紙は実物のサイズ（「出題傾向＆対策」をご覧ください）が大きいために，A３に収まらない場合があります。

03

拡大率が書かれていない

複数ページにわたる解答用紙は，いずれかのページに拡大率を記載しています。どこにも表記がない場合は，正確な拡大率が不明です。

04

１ページに２つある

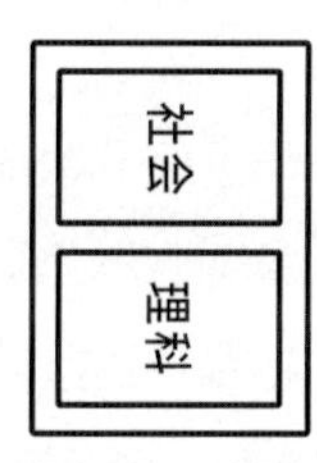

１ページに２つ解答用紙が掲載されている場合は，正確な拡大率が不明です。ほかの試験回の同じ教科をご参考になさってください。

埼玉栄中学校

【別冊】入試問題解答用紙編

解答用紙は本体からていねいに抜きとり、別冊としてご使用ください。

※　実際の解答欄の大きさで練習するには、指定の倍率で拡大コピーしてください。なお、ページの上下に小社作成の見出しや配点を記載しているため、コピー後の用紙サイズが実物の解答用紙と異なる場合があります。

●入試結果表

— は非公表

年度	回	項目	国語	算数	社会	理科	２科合計	４科合計	合格者	
2024	第１回	配点(満点)	100	100	50	50		300	４科最高点	268
		合格者平均点	—	—	—	—		—	４科基準点	医 200
		受験者平均点	62.3	62.3	34.9	27.4		186.9		難 184
		キミの得点								進 174
	第２回	配点(満点)	100	100			200		２科最高点	187
		合格者平均点	—	—			—		２科基準点	医 148
		受験者平均点	63.1	76.2			139.3			難 134
		キミの得点								
	第３回	配点(満点)	100	100	50	50		300	４科最高点	256
		合格者平均点	—	—	—	—		—	４科基準点	医 204
		受験者平均点	63.0	51.6	33.6	29.1		177.3		難 188
		キミの得点								進 175
2023	第１回	配点(満点)	100	100	50	50		300	４科最高点	267
		合格者平均点	—	—	—	—		—	４科基準点	医 205
		受験者平均点	61.0	65.8	35.6	28.7		191.1		難 192
		キミの得点								進 178
	第２回	配点(満点)	100	100			200		２科最高点	186
		合格者平均点	—	—			—		２科基準点	医 146
		受験者平均点	67.1	67.5			134.6			難 132
		キミの得点								
	第３回	配点(満点)	100	100	50	50		300	４科最高点	259
		合格者平均点	—	—	—	—		—	４科基準点	医 216
		受験者平均点	64.0	66.4	31.2	25.6		187.2		難 198
		キミの得点								進 187
2022	第１回	配点(満点)	100	100	50	50		300	４科最高点	277
		合格者平均点	—	—	—	—		—	４科基準点	医 215
		受験者平均点	59.0	63.1	34.3	35.3		191.7		難 204
		キミの得点								進 187
	第３回	配点(満点)	100	100	50	50		300	４科最高点	279
		合格者平均点	—	—	—	—		—	４科基準点	医 207
		受験者平均点	57.2	46.9	29.2	30.2		163.5		難 199
		キミの得点								進 183

※　表中のデータは学校公表のものです。ただし、２科合計・４科合計は各教科の平均点を合計したものなので、目安としてご覧ください。

声の教育社

２０２４年度　埼玉栄中学校

算数解答用紙　第１回

番号		氏名		評点	／100

1	(1)		(2)		(3)
	(4)		(5)		(6)
2	(1)	通り	(2)	曜日	(3) 個
	(4)	点	(5)	個	(6) %
	(7)	① 個			
		② 個			
3	(1)	度	(2)	cm^2	
	(3)	cm	(4)	cm^3	
4	(1)				
	(2)	匹			

（注）この解答用紙は実物を縮小してあります。Ｂ５→Ａ４（115%）に拡大コピーすると、ほぼ実物大の解答欄になります。

〔算　数〕100点（学校配点）

1～4　各５点×20

2024年度　埼玉栄中学校

社会解答用紙　第1回

番号		氏名		評点	／50

1

問1	①	②	問2	①	②
問3	①	②	問4	①	②
問5		人物名			

2

問1		問2		問3	
問4		問5			
問6	行き先	①		②	
問7					
問8					

3

問1		問2		問3	
問4		問5			

（注）この解答用紙は実物を縮小してあります。Ｂ５→Ｂ４（141％）に拡大コピーすると、ほぼ実物大の解答欄になります。

〔社　会〕50点（学校配点）

1～3　各２点×25

２０２４年度　　埼玉栄中学校

理科解答用紙　第１回

番号		氏名		評点	／50

1

問1	m	問2		問3	
問4		問5			

2

問1		問2	g	問3	
問4	cm	問5	cm^3		

3

問1		問2	
問3	度		
問4			
問5			

点B
鏡
点A
壁

4

問1		問2		問3	
問4		問5			

5

問1		問2		問3	hPa
問4		問5			

（注）この解答用紙は実物を縮小してあります。Ｂ５→Ｂ４（141％）に拡大コピーすると、ほぼ実物大の解答欄になります。

〔理　科〕50点（学校配点）

1～5　各２点×25＜4の問４は完答＞

2024年度　埼玉栄中学校

国語解答用紙　第一回

番号		氏名		評点	/100

一

問一　A　B　C

問二

問三

問四　から

問五

問六

問七　問八

問九　①　②　③　④　⑤

二

問一

問二　A　B　C　D

問三

問四

問五

問六　問七

問八　問九

三

問一　①　②　③　④　⑤

問二　①　②　③　④　⑤

四

①　②　③　④

⑤　⑥　⑦　⑧

⑨　⑩

（注）この解答用紙は実物を縮小してあります。179％拡大コピーすると、ほぼ実物大の解答欄になります。

〔国　語〕100点（学校配点）

一　問1，問2　各2点×4　問3　7点　問4　4点　問5　2点　問6　7点　問7　4点　問8，問9　各2点×6　二　問1　4点　問2，問3　各2点×5　問4，問5　各7点×2　問6～問9　各2点×4　三，四　各1点×20

2024年度　　埼玉栄中学校

算数解答用紙　第2回

番号		氏名		評点	／100

1	(1)		(2)		(3)	
	(4)		(5)		(6)	
2	(1)		(2) ①	日間	②	日間
	(3)		(4) ①	通り	②	通り
	(5)	%	(6)	の方が		円安い
3	(1)	cm^2	(2)	m		
	(3) ①	cm^3	②	cm		
4	(1)		(2)	A：　　，B：　　，C：		

(注) この解答用紙は実物を縮小してあります。B５→A４(115%)に拡大コピーすると、ほぼ実物大の解答欄になります。

〔算　数〕100点(学校配点)

1～4　各５点×20

２０２４年度　埼玉栄中学校

国語解答用紙　第二回　番号　氏名　評点 /100

一
問一 A B
問二
問三　問四　問五
問六 〜ため。
問七
問八　問九
問十 ① ② ③ ④ ⑤

二
問一
問二 A B C
問三　問四　問五
問六
問七　問八　問九

三
問一 ① ② ③ ④ ⑤
問二 ① ② ③ ④ ⑤

四
① ② ③ ④
⑤ ⑥ ⑦ ⑧
⑨ ⑩

（注）この解答用紙は実物を縮小してあります。179％拡大コピーすると、ほぼ実物大の解答欄になります。

〔国　語〕100点(学校配点)

一　問1　各2点×2　問2　6点　問3～問6　各3点×4　問7　6点　問8, 問9　各3点×2　問10　各2点×5　二　問1　6点　問2　各2点×3　問3～問5　各3点×3　問6　6点　問7～問9　各3点×3
三, 四　各1点×20

2024年度　埼玉栄中学校

算数解答用紙　第3回

番号		氏名		評点	／100

1	(1)		(2)		(3)
	(4)		(5)		(6)
2	(1) ①	曜日	②	曜日	(2) B：C＝
	(3)	人	(4)	m	
	(5)	回	(6)	通り	
3	(1)	度	(2)		
	(3)	kg	(4)	cm^2	
4	(1)				
	(2) ①		②		

（注）この解答用紙は実物を縮小してあります。B５→A４(115%)に拡大コピーすると、ほぼ実物大の解答欄になります。

〔算　数〕100点(学校配点)

1～4　各５点×20<3の(2)，4の(1)，(2)の①は完答>

2024年度　　埼玉栄中学校

社会解答用紙　第3回

番号		氏名		評点	／50

1

問1		問2		問3	
問4		問5	①	②	
問6	①	②			
問7	①	②			

2

問1		問2			
問3	(1)	(2)			
問4		問5	(1)	(2)	
問6		問7		問8	

3

問1	①	④		問2	
問3		問4			

（注）この解答用紙は実物を縮小してあります。Ｂ５→Ｂ４（141%）に拡大コピーすると、ほぼ実物大の解答欄になります。

〔社　会〕50点（学校配点）

1～3　各２点×25

2024年度　埼玉栄中学校

理科解答用紙　第3回

番号		氏名	

評点	／50

1

問1	つなぎ	問2		問3	
問4		問5			

2

問1	秒	問2	秒	問3	秒
問4	本分	問5			

3

問1		問2		問3	t
問4	スチールウールの方が（　　　　　　　　）				
問5					

4

問1	生物	問2	枚
問3		問4	
問5			

5

問1		問2		問3	
問4		問5			

（注）この解答用紙は実物を縮小してあります。Ｂ５→Ｂ４（141％）に拡大コピーすると、ほぼ実物大の解答欄になります。

〔理　科〕50点（学校配点）

1～5　各２点×25＜1の問５は完答＞

2024年度　埼玉栄中学校

国語解答用紙　第三回

番号　氏名　評点 /100

一
問一
問二
問三
問四　A　B
問五
問六
問七　〜生活
問八
問九　①　②　③　④　⑤

二
問一　問二　問三
問四　A　B　C
問五
問六
問七
問八　問九

三
問一　①　②　③　④　⑤
問二　①　②　③　④　⑤

四
①　②　③　④
⑤　⑥　⑦　⑧
⑨　⑩

（注）この解答用紙は実物を縮小してあります。179％拡大コピーすると、ほぼ実物大の解答欄になります。

〔国　語〕100点(学校配点)

一 問1　2点　問2　5点　問3　3点　問4　各2点×2　問5　3点<完答>　問6　7点　問7，問8　各3点×2　問9　各2点×5　二 問1　2点　問2，問3　各4点×2　問4　各2点×3　問5　3点　問6　6点　問7　7点　問8，問9　各4点×2　三，四　各1点×20

２０２３年度　埼玉栄中学校

算数解答用紙　第１回

番号		氏名		評点	／100

<table>
<tr><td rowspan="2">1</td><td>(1)</td><td></td><td>(2)</td><td></td><td>(3)</td><td></td></tr>
<tr><td>(4)</td><td></td><td>(5)</td><td></td><td>(6)</td><td></td></tr>
<tr><td rowspan="3">2</td><td>(1)</td><td>枚</td><td>(2)</td><td colspan="3"></td></tr>
<tr><td>(3)</td><td>① m</td><td>②</td><td>m</td><td>(4)</td><td>円</td></tr>
<tr><td>(5)</td><td colspan="5">りんご　個　みかん　個</td></tr>
<tr><td rowspan="2">3</td><td>(1)</td><td>cm</td><td>(2)</td><td>① 度</td><td>②</td><td>cm^2</td></tr>
<tr><td>(3)</td><td>① cm^3</td><td>②</td><td>cm^2</td><td>(4)</td><td>cm^3</td></tr>
<tr><td rowspan="2">4</td><td>(1)</td><td>回</td><td colspan="4"></td></tr>
<tr><td>(2)</td><td colspan="5"></td></tr>
</table>

（注）この解答用紙は実物を縮小してあります。Ｂ５→Ａ４（115％）に拡大コピーすると、ほぼ実物大の解答欄になります。

〔算　数〕100点（学校配点）

1～4　各５点×20＜2の(5)，4の(2)は完答＞

２０２３年度　埼玉栄中学校

社会解答用紙　第１回

番号		氏名	

評点	／50

1

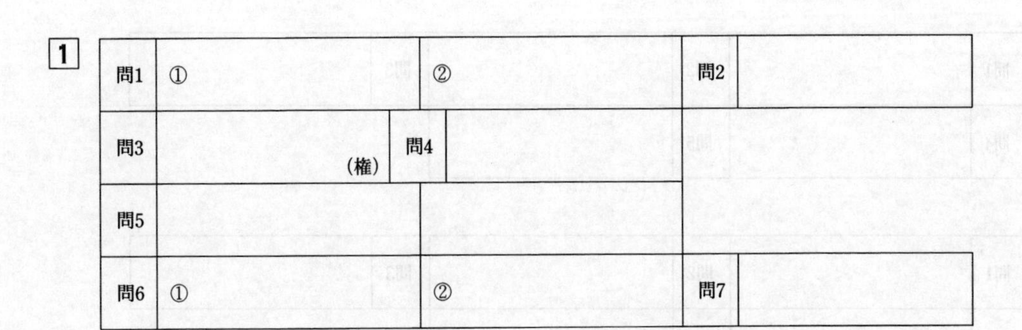

問1	①	②	問2	
問3	（権）	問4		
問5				
問6	①	②	問7	

2

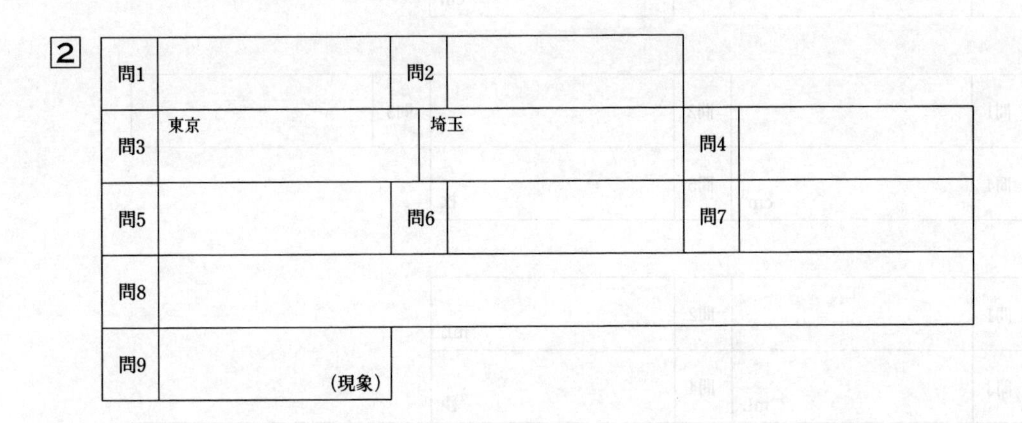

問1		問2		
問3	東京	埼玉	問4	
問5		問6	問7	
問8				
問9	（現象）			

3

問1	(X)	(Y)	問2	
問3		問4		

〔社　会〕50点(推定配点)

1～3　各２点×25

（注）この解答用紙は実物を縮小してあります。Ｂ５→Ｂ４（141%）に拡大コピーすると、ほぼ実物大の解答欄になります。

２０２３年度　　埼玉栄中学校

理科解答用紙　第１回

番号		氏名	

評点	／50

1

問1		問2		問3	
問4		問5			

2

問1		問2		問3	
問4		問5	cm		

3

問1		問2		問3	
問4	cm^3	問5	枚		

4

問1		問2	mL
問3	mL	問4	秒
問5			

5

問1	から	問2		問3	
問4		問5	km^2		

（注）この解答用紙は実物を縮小してあります。Ｂ５→Ｂ４（141％）に拡大コピーすると、ほぼ実物大の解答欄になります。

〔理　科〕50点（学校配点）

1～5　各２点×25<2の問１，問２，3の問２は完答>

二〇二三年度　埼玉栄中学校

国語解答用紙　第一回

番号　氏名　評点　/100

一　問一　問二　問三　問四　問五 A B C　問六　問七　問八　問九 ①②③④⑤

二　問一　問二　問三 A B C　問四　問五　問六　問七　問八　問九　問十

三　問一 ①②③④⑤　問二 ①②③④⑤

四　①②③④⑤⑥⑦⑧⑨⑩

（注）この解答用紙は実物を縮小してあります。179％拡大コピーすると、ほぼ実物大の解答欄になります。

〔国　語〕100点(学校配点)

一 問1　6点　問2　2点　問3　6点　問4, 問5　各2点×4　問6, 問7　各3点×2　問8, 問9　各2点×6　二 問1　3点　問2　5点　問3, 問4　各2点×4　問5　6点　問6, 問7　各4点×2　問8　2点　問9, 問10　各4点×2　三, 四　各1点×20

2023年度　埼玉栄中学校

算数解答用紙　第2回

番号		氏名		評点	／100

1	(1)		(2)		(3)
	(4)		(5)		(6)
2	(1) ①		② ○○○○○		
	(2) ①	回	②		
	(3) ①	時　分	②	時　分	
	(4)	%	(5)	個	
3	(1)	cm	(2)	cm^2	(3) cm^2
	(4)	cm^2	(5)	cm^3	
4	最低	回			
	手順				
5	1 □ 2 □ 4 □ 8 ＝ 16				

（注）この解答用紙は実物を縮小してあります。Ｂ５→Ａ４（115%）に拡大コピーすると，ほぼ実物大の解答欄になります。

〔算　数〕100点（学校配点）

1　各５点×６　2　各５点×７＜(3)は完答５点，片方正答の場合３点を配点＞　3～5　各５点×７＜4は完答＞

二〇二三年度　埼玉栄中学校

国語解答用紙　第一回

番号 ／ 氏名 ／ 評点 ／100

一
問一 A　B　C
問二
問三
問四　問五　問六　問七　こと。
問八 初め　終わり
問九
問十
問十一 ①　②　③　④　⑤

二
問一
問二　問三
問四
問五　問六　問七
問八
問九

三
問一 ①　②　③　④　⑤
問二 ①　②　③　④　⑤

四
①　②　③　④
⑤　⑥　⑦　⑧
⑨　⑩

（注）この解答用紙は実物を縮小してあります。179％拡大コピーすると、ほぼ実物大の解答欄になります。

〔国　語〕100点(学校配点)

一　問1，問2　各2点×4　問3　4点　問4　3点　問5　2点　問6～問9　各3点×4　問10　6点　問11　各1点×5　二　問1　7点　問2，問3　各3点×2　問4　7点　問5～問7　各3点×3　問8　7点　問9　4点　三，四　各1点×20

算数解答用紙　第３回

番号		氏名		評点	／100

1	(1)		(2)		(3)	
	(4)		(5)		(6)	
2	(1)	番目	(2)	個	(3)	km
	(4)	① %	②	g		
	(5)	日	(6)	個		
3	(1)	cm^2	(2)	cm^2	(3)	度
	(4)	cm^3	(5)	cm^2		
4	(1)	□ □ □ □ □ □				
	(2)	□ □ □ □ □ □				

（注）この解答用紙は実物を縮小してあります。Ｂ５→Ａ４(115%)に拡大コピーすると、ほぼ実物大の解答欄になります。

〔算　数〕100点(学校配点)

1～4　各５点×20＜4は各々完答＞

2023年度　埼玉栄中学校

社会解答用紙　第3回

番号		氏名		評点	／50

1

問1	1	2	問2		問3	
問4	①		②		③	
問5			問6	資料A	資料B	

2

問1		問2	A	B	C	D
問3		問4		問5		
問6		問7				

3

問1		問2		問3	
問4		問5			

（注）この解答用紙は実物を縮小してあります。Ｂ５→Ｂ４(141%)に拡大コピーすると、ほぼ実物大の解答欄になります。

〔社　会〕50点(推定配点)

1～3　各２点×25

２０２３年度　　埼玉栄中学校

理科解答用紙　第３回

番号		氏名		評点	／50

1

問1		問2		問3	
問4		問5			

2

問1		問2		問3	倍
問4		問5	cm		

3

問1		問2	%
問3	g	問4	
問5			

4

問1		問2	
問3		問4	
問5			

5

問1		問2		問3	
問4					
問5					

（注）この解答用紙は実物を縮小してあります。Ｂ５→Ｂ４（141%）に拡大コピーすると、ほぼ実物大の解答欄になります。

〔理　科〕50点（学校配点）

1～5　各２点×25＜4の問２，問３，5の問５は完答＞

二〇二三年度　埼玉栄中学校

国語解答用紙　第三回

番号　　氏名　　評点 /100

□一 問一　問二　問三　問四　問五　問六 A B　問七　問八　問九

□二 問一　問二 A B C　問三　問四　問五　問六　問七　問八 から。　問九　問十

□三 問一 ① ② ③ ④ ⑤　問二 ① ② ③ ④ ⑤

□四 ① ② ③ ④ ⑤ ⑥ ⑦ ⑧ ⑨ ⑩

（注）この解答用紙は実物を縮小してあります。179%拡大コピーすると、ほぼ実物大の解答欄になります。

〔国　語〕100点(学校配点)

□一 問1，問2　各4点×2　問3，問4　各3点×2　問5　7点　問6　各2点×2　問7　6点　問8　3点　問9　4点　□二 問1　6点　問2　各2点×3　問3～問5　各4点×3　問6　2点　問7～問10　各4点×4　□三，□四　各1点×20

２０２２年度　　埼玉栄中学校

算数解答用紙　第１回

番号		氏名		評点	／100

1	(1)		(2)		(3)			
	(4)		(5)		(6)			
2	(1)	個	(2) ①	人以上　人以下	②	人以上　人以下		
	(3) ①		②		③	番目		
	(4)	7時　分						
3	(1) ①	辺	②	回				
	(2) ①	cm	②	cm	(3)	cm^3		
4	(1)	通り						
	(2)							

（注）この解答用紙は実物を縮小してあります。Ｂ５→Ｂ４（141%）に拡大コピーすると、ほぼ実物大の解答欄になります。

〔算　数〕100点（推定配点）

1～4　各５点×20

２０２２年度　埼玉栄中学校

社会解答用紙　第１回

番号		氏名		評点	／50

1

問1	(1)	(2)	問2	
問3	①	②	問4	
問5		問6		
問7	①	②		

2

問1	①	A	B	②	
問2	①		②	福井県	滋賀県
問3		問4			
問5	(1)	(2)			

3

問1	①	②	問2	
問3		問4		

（注）この解答用紙は実物を縮小してあります。Ｂ５→Ｂ４（141%）に拡大コピーすると、ほぼ実物大の解答欄になります。

〔社　会〕50点（学校配点）

1～3　各２点×25＜1の問２は完答＞

２０２２年度　埼玉栄中学校

理科解答用紙　第１回

番号		氏名		評点	／50

1

問1		問2	g	問3	
問4		問5			

2

問1		問2		問3	
問4					
問5					

3

問1		問2		問3	
問4		問5	L		

4

問1		問2		問3	A
問3	B	問4			

5

問1		問2		問3	
問4		問5			

（注）この解答用紙は実物を縮小してあります。Ｂ５→Ｂ４（141％）に拡大コピーすると、ほぼ実物大の解答欄になります。

〔理　科〕50点（推定配点）

1～5　各２点×25<1の問１，4の問１は完答>

二〇二二年度　埼玉栄中学校

国語解答用紙　第一回

番号　　氏名　　評点　/100

一
問一
問二
問三　A　B　C　D
問四
問五
問六
問七
問八
問九

二
問一　A　B　C
問二
問三
問四
問五
問六
問七
問八
問九

三
問一　①　②　③　④　⑤
問二　①　②　③　④　⑤

四
①　②　③　④
⑤　⑥　⑦　⑧
⑨　⑩

（注）この解答用紙は実物を縮小してあります。196%拡大コピーをすると、ほぼ実物大の解答欄になります。

〔国　語〕100点（学校配点）

一　問1　2点　問2　10点　問3～問6　各2点×7　問7　10点　問8，問9　各2点×2　二　問1　各2点×3　問2　8点　問3～問5　各2点×3　問6　8点　問7　2点　問8　8点　問9　2点　三，四　各1点×20

２０２２年度　埼玉栄中学校

算数解答用紙　第３回

番号		氏名		評点	／100

1	(1)		(2)		(3)	
	(4)		(5)		(6)	
2	(1)	日	(2)	① 円	②	個
	(3)	個	(4)	A ふくろ	B	ふくろ
	(5)	点	(6)	g	(7)	円
3	(1)	cm^2 と		cm^2	(2)	cm
	(3)	cm	(4)	個		
4	(1)	個	(2)	組		

（注）この解答用紙は実物を縮小してあります。Ｂ５→Ｂ４（141%）に拡大コピーすると、ほぼ実物大の解答欄になります。

〔算　数〕100点（推定配点）

1～4　各５点×20＜2の(4)，3の(1)は完答＞

２０２２年度　埼玉栄中学校

社会解答用紙　第３回

番号		氏名		評点	／50

1

問1	(1)	(2)			
問2	〔Ⅰ〕	〔Ⅱ〕	〔Ⅲ〕		
問3		問4			
問5	①	②		問6	

2

問1		問2		問3	
問4		問5			
問6				問7	
問8		問9	J　現象	K　雨	

3

問1	①	法人税	消費税	②	
問2		問3			

〔社　会〕50点(学校配点)

1～3　各２点×25

２０２２年度　埼玉栄中学校

理科解答用紙　第３回

番号		氏名		評点	／50

1

問1		問2		問3	
問4		問5			

2

問1	秒速　m	問2	℃	問3	m
問4	秒後	問5			

3

問1		問2		問3	
問4		問5			

4

問1		問2			
問3		問4		問5	

5

問1					
問2	冬至の日の方が				
問3	億　万km	問4		問5	

〔理　科〕50点(推定配点)

1～5　各２点×25＜3の問２，4の問３，問４は完答＞

二〇二三年度　埼玉栄中学校

国語解答用紙　第三回

番号　氏名　評点 ／100

一
問一
問二
問三 A B C
問四
問五　問六　問七
問八

二
問一
問二 Ⅰ Ⅱ　問三　問四
問五 A B C
問六
問七
問八
問九
問十

三
問一 ① ② ③ ④ ⑤
問二 ① ② ③ ④ ⑤

四
① ② ③ ④
⑤ ⑥ ⑦ ⑧
⑨ ⑩

（注）この解答用紙は実物を縮小してあります。185%拡大コピーをすると、ほぼ実物大の解答欄になります。

〔国　語〕100点(学校配点)

一　問1　3点　問2　8点　問3　各3点×3　問4　8点　問5～問8　各3点×4　二　問1　3点　問2～問5　各2点×7　問6　7点　問7　3点　問8　7点　問9，問10　各3点×2　三，四　各1点×20